W0384901

Edition Sozialwirtschaft Bd. 31

Edition Sozialwirtschaft

Prof. Dr. Frieder Dünkel | Dr. Andreas Tietze |
Prof. Dr. Peter Zängl (Hrsg.)

Wertschöpfung durch Wertschätzung

Festschrift für Bernd Maelicke zum 70. Geburtstag

Nomos

Die Deutsche Nationalbibliothek verzeichnet diese Publikation in der Deutschen Nationalbibliografie; detaillierte bibliografische Daten sind im Internet über http://dnb.d-nb.de abrufbar.

ISBN 978-3-8329-6534-1

1. Auflage 2011
© Nomos Verlagsgesellschaft, Baden-Baden 2011. Printed in Germany. Alle Rechte, auch die des Nachdrucks von Auszügen, der fotomechanischen Wiedergabe und der Übersetzung vorbehalten. Gedruckt auf alterungsbeständigem Papier.

Vorwort

Dieses Buch ist keine Festschrift im tradierten Sinn – es versteht sich vielmehr als eine Festgabe, die Einblick in ein spannendes und produktives Leben geben will.

Alle Autorinnen und Autoren sind *Bernd Maelicke* nicht nur fachlich, sondern auch freundschaftlich verbunden. Sie schreiben deshalb nicht nur über ihn, sondern zugleich auch über sich selbst und die gemeinsam mit dem „Jubilar" realisierten Projekte.

Nur *Hannelore Maelicke* kannte bisher außer ihm selbst die Breite und Tiefe seines Wirkens – nun wird es durch die Autoren und Herausgeber erstmals systematisch erfasst, eingeordnet und kommentiert. Zunächst erschrickt man fast über die nahezu unbegrenzte Schaffenskraft und Energie und unterstellt – fälschlicherweise –, dass all dies nur zu bewältigen ist durch einen nur auf Arbeit und Erfolg programmierten Manager. Aber in jedem Beitrag wird deutlich, dass die Produktivität und Wertschöpfung all seiner Aktivitäten nur erklärbar ist durch eine Strategie der gelebten Wertschätzung für seine Kooperationspartner und Freunde, ja auch der Sorgfalt und Achtsamkeit im Umgang mit den fachlichen Themen und Herausforderungen.

Je älter *Bernd Maelicke* wird, um so mehr erzählt er aus seinen frühen Erfahrungen in der Nachkriegszeit – wahrscheinlich ist so auch seine Bereitschaft und Suche nach persönlicher und freundschaftlicher Nähe zu erklären. Dieser „Erfolgsfaktor Wertschätzung" ist offenkundig von wechselseitiger Bedeutung – seine Partner gewinnen an Motivation und Wirksamkeit und er selbst bleibt offen für ihre Erfahrungen und Ideen und versteht alle Potentiale zu einem Optimum an Kompetenz zu bündeln. Selbst seine Lehrveranstaltungen werden so zu kreativen Werkstätten, zu einem gemeinsam gestalteten Lehr- und Lernprozess.

Mit diesem Buch wollen wir die Leser/Innen in ähnlicher Art und Weise am Leben von *Bernd Maelicke* teilhaben lassen – so ist eine wohl einmalige Mischung von wissenschaftlichen Aussagen, persönlichen Kommentaren und Berichten über spannende Events entstanden.

Natürlich darf ein Beitrag über *Hannelore Maelicke* nicht fehlen. Sie ist ihren eigenständigen Lebensweg gegangen und hat diesen zusammen mit Bernd gestaltet – eine Ehe, ein Leben als gemeinsamer Lernprozess.

Unser Dank gilt allen Mitwirkenden, *Dr. Beierwaltes* vom Nomos-Verlag und den beiden zu Ehrenden. „Nach dem Lebenswerk geht's weiter" – dies könnte und sollte das Motto für die nächsten Jahre und Jahrzehnte sein. Der Dank der Herausgeber geht auch an die Mitarbeiter vom Lehrstuhl für Kriminologie in Greifswald, Thes Blanck, Immo Harders und Moritz Rohrbach, die das Korrekturlesen und redaktionelle Bearbeitungen übernommen haben.

Greifswald, Kiel, Basel, im April 2011

Frieder Dünkel, Universität Greifswald
Andreas Tietze, Deutsches Institut für Sozialwirtschaft (DISW)
Peter Zängl, Fachhochschule Nordwestschweiz

Inhalt

Das Werk

Die Weggefährten

Hannelore Maelicke

Das Werk

Resozialisierung als Lebensthema – 5 Jahrzehnte Forschung und Praxisentwicklung

Frieder Dünkel

I.

Bernd Maelicke hat sich wie kaum ein anderer um die Resozialisierung Strafgefangener verdient gemacht. Ungeachtet der wechselnden Zeitströmungen von der „Behandlungseuphorie" der 1960er und 1970er Jahre über das „nothing works" nach 1974 bis hin zu einer Revitalisierung der Straftäterbehandlung auf der Basis neuer empirischer Erkenntnisse, die einen realistischen Optimismus seit Anfang der 1990er Jahre begründen („something works", vgl. *Lösel* 1993; 1994; 2001; *Dünkel/Drenkhahn* 2001), ist sich *Bernd Maelicke* in seiner konsequent resozialisierungsorientierten Grundhaltung stets treu geblieben. Der Resozialisierungsgedanke und die Schaffung von Rahmenbedingungen erfolgreicher Wiedereingliederung ziehen sich wie ein roter Faden durch den bewegten und von Energie und Tatendrang sprühenden Lebenslauf.

Ich hatte das Glück, *Bernd Maelicke* ganz am Anfang seiner „Resozialisierungskarriere" an zwei wichtigen Eckpunkten seines Schaffens zu begegnen. Zum einen in einem Seminar bei *Günther Kaiser* im Wintersemester 1973/74 in Freiburg i. Br., das im Max-Planck-Institut für ausländisches und internationales Strafrecht abgehalten wurde, er als Promovend bei *Rudolf Schmitt* und Referendar, ich als Student mit großer Ehrfurcht vor dem weit avancierten Älteren. Der zweite Berührungspunkt ergab sich über die Anlaufstelle für Strafentlassene in Freiburg, zu deren Gründungsmitgliedern er 1968 gehörte und zu der ich Anfang 1972 als ehrenamtlicher Mitarbeiter hinzustieß. Seither haben wir uns stets in denselben Arbeitsfeldern bewegt und – obwohl räumlich z. T. weit entfernt – nicht mehr aus den Augen verloren. Ich möchte das Lebenswerk *Bernd Maelickes* mit Blick auf das Thema „Resozialisierung" nach den großen Etappen seines Lebenslaufs unterteilen: Die Freiburger Zeit mit Studium, Referendariat und Promotion (hierzu unten II.), die Frankfurter Phase im Deutschen Verein für öffentliche und private Fürsorge (1974-1978) bzw. als Direktor des Instituts für Sozialarbeit und Sozialpädagogik (ISS; 1978-1990; hierzu unten III. und IV.), die Kieler Zeit als

Abteilungsleiter „Strafvollzug, Soziale Dienste der Justiz, Freie Straffälligenhilfe, Gnadenwesen“ im Justizministerium Schleswig-Holstein (1990-2005; s. unten V.) und die Zeit des „Unruhestands“ seit der Pensionierung im Jahr 2005 (s. VI.).

II.

Die Veröffentlichung von *Bernd Maelickes* Dissertationsschrift fiel geradezu paradigmatisch mit dem Inkrafttreten des StVollzG 1977 zusammen. Es war im Nachhinein mit Blick auf die teilweise desaströsen Folgen der Föderalismusreform von handwerklich schlechter Gesetzgebung in einzelnen Bundesländern eine herausragende gesetzgeberische Leistung, die sich in diesem Strafvollzugsgesetz verwirklichte. Die klare Formulierung des § 2 StVollzG, dass alleiniges Vollzugsziel die Wiedereingliederung des Gefangenen zu sein hat, dem der Schutz der Allgemeinheit als (selbstverständliche) Aufgabe untergeordnet wird, ist in neueren Gesetzen der Länder ohne Not aufgeweicht oder gar umgekehrt worden.[1] Dabei hatte das BVerfG das Verhältnis von Ziel und Aufgabe in überzeugender Weise klargestellt: „Nicht zuletzt dient die Resozialisierung dem Schutz der Gemeinschaft selbst: diese hat ein unmittelbares eigenes Interesse daran, dass der Täter nicht wieder rückfällig wird und erneut seine Mitbürger oder die Gemeinschaft schädigt“ (BVerfGE 35, S. 202 ff., 235 f.), Und: „Zwischen dem Vollzugsziel und der Aufgabe, die Allgemeinheit vor weiteren Straftaten zu schützen, besteht kein Gegensatz,“[2] denn die Sicherheit der Bevölkerung wird am besten durch eine erfolgreiche Resozialisierung des Täters erreicht.

Bernd Maelicke war während seiner Promotionszeit in Freiburg sehr nahe an einer der Keimzellen des Strafvollzugsgesetzes und erlebte die wissenschaftlichen Vorarbeiten etwa von *Heinz Müller-Dietz* und *Thomas Württemberger* hautnah mit (vgl. *Müller-Dietz/Württemberger* 1969). Auch war er redaktionell an den Arbeiten zum Alternativ-Entwurf eines StVollzG beteiligt (vgl. *Baumann u. a.* 1973). Das Promotionsthema „Entlassung und Resozialisierung“ (*Maelicke* 1977) gehörte zu den ersten empirischen Arbeiten zum Strafvollzug und verdeutlichte die erheblichen Probleme

1 Vgl. Art. 2 BayStVollzG, der in Satz 1 den Schutz der Allgemeinheit dem in Satz 2 aufgeführten Resozialisierungsgrundsatz voranstellt. Das niedersächsische Vollzugsgesetz kehrt gar zu der Pluralität von Vollzugszielen und damit dem Entwicklungsstand der DVollZO von 1961 zurück (vgl. Nr. 57 DVollzO). In Hamburg galt 2007 bis 2009 die bayerische Lösung; seit 1.10.2009 kehrte Hamburg mit einem von der schwarz-grünen Regierung ausgehandelten Kompromiss in den Kreis der Länder, die ein möglichst einheitliches StVollzG anstreben, zurück. Wie in zahlreichen Jugendstrafvollzugsgesetzen findet man nunmehr die Formulierung, dass neben dem Resozialisierungsziel „gleichermaßen“ der Schutz der Allgemeinheit zu beachten sei. Das Wort gleichermaßen ist vieldeutig, denn es kann sowohl als Begriff i. S. eines „auch“ verstanden werden, was dann gegenüber § 2 StVollzG keine inhaltliche Änderung bedeuten würde, es kann aber auch als „in gleichem Maße“ interpretiert werden, was einer Aufwertung des Sicherungsaspekts gleichkäme. Im letzteren Sinn wird man die Intentionen der Gesetzgeber wohl verstehen dürfen, wie die schon zu Zeiten vor der Föderalismusreform lancierten Bundesratsinitiativen z. B. aus Hessen (2004) verdeutlichen, vgl. hierzu *Dünkel* 2004).

2 Diese Formulierung des BVerfG wurde in einigen Ländergesetzen wörtlich übernommen, vgl. z. B. § 2 S. 3 HmbStVollzG.

der Überleitung in Freiheit aus der Sicht der Gefangenen (vgl. auch bereits *Maelicke* 1975), ein Thema, das ihn lebenslang nicht mehr verließ. Die fehlende oder mangelhafte Entlassungsvorbereitung, der Bruch zwischen totaler Unfreiheit und totaler Freiheit nach der Entlassung, die fehlende ökonomische Grundlage für das Leben nach der Entlassung und andere die Wiedereingliederung erschwerenden Umstände wurden in seiner Arbeit eindrucksvoll empirisch belegt. Zwar sprach man damals noch nicht von Übergangsmanagement oder der Schnittstellenproblematik, jedoch wurden die Probleme unzureichender Entlassungsvorbereitung, nicht rechtzeitiger Beteiligung der Bewährungshilfe und des „organisierten Beziehungsabbruchs als Systemfehler" (*Maelicke* 2009) bereits damals evident.

III.

Der Weggang aus Freiburg hat eine Phase eingeleitet, in der sich *Bernd Maelicke* schwerpunktmäßig der Förderung der ambulanten Straffälligenhilfe bzw. Alternativen zur Freiheitsstrafe widmete. Dies lag nicht nur wegen der beruflichen Einbindung in den Verein für öffentliche und private Fürsorge und ab 1978 in das ISS nahe, sondern entsprach dem Zeitgeist. Ende der 1970er Jahre entwickelte sich die ambulante Bewegung geradezu exponentiell. Ein anderer „Macher", *Christian Pfeiffer*, beförderte die Idee sog. Brücke-Projekte in ganz Deutschland, nachdem er das Münchner Modell konzipiert und evaluiert hatte (vgl. *Pfeiffer* 1983). Das ISS war eines der Zentren, das in vielen Workshops und Tagungen das Thema der ambulanten Sanktionen und der Alternativen zur Freiheitsstrafe thematisierte. Nicht wenige sympathisierten weitergehend mit abolitionistischen Perspektiven und hielten langfristig die Abschaffung der Gefängnisse für möglich (vgl. etwa einige Beiträge in *Ortner* 1986). Andere – und dazu gehörte *Bernd Maelicke* – standen eher für den zweiten Untertitel des Buches „Freiheit statt Strafe" (*Ortner* 1986), nämlich für „Anstöße machbarer Alternativen" (dazu *Maelicke* 1986). Maelicke war immer auch Realist genug, um zu erkennen, dass man in kleinen Schritten etwas erreichen kann, wenn man zur rechten Zeit am rechten Ort ist. Ich erinnere mich gerne an die gemeinsame Arbeit in verschiedenen im Justizministerium in Hessen eingerichteten Arbeitsgruppen, die den Strafvollzug und das von den Anfang der 1980er Jahre im hessischen Landtag vertretenen Parteien der SPD, CDU und FDP angesichts der drastischen Überbelegung favorisierte gigantische Gefängnisneubauprogramm kritisch reflektieren sollten. Mit der Regierungsbeteiligung der Grünen im Jahr 1985 wurde dieses Neubauprogramm weitgehend auf ein Ersatzbautenprogramm zur Modernisierung des Strafvollzugs reduziert und gleichzeitig der Ausbau von Alternativen zur Freiheitsstrafe gefördert. Dazu gehörten auch die damals noch modellhaften Entwicklungen in Hessen im Bereich der gemeinnützigen Arbeit anstatt Ersatzfreiheitsstrafe (vgl. *Schädler* 1983; *Albrecht/Schädler* 1986).[3]

3 Inzwischen gehören derartige Programme gemeinnütziger Arbeit zum integrierten Bestandteil der Arbeit der Bewährungs- und Straffälligenhilfe in allen Bundesländern. Ein herausragendes und in seiner Wirksamkeit zur Haftreduzierung und damit Kosteneinsparung evaluiertes Modell ist das Projekt „Ausweg" in Mecklenburg-Vorpommern, vgl. hierzu *Dünkel/Scheel* 2006.

Ebenfalls naheliegend war es, dass *Bernd Maelicke* die Bedeutung der Sozialarbeit/Sozialpädagogik als Motor der Alternativenbewegung erkannte und deren Ausbau forderte. Die 1980er Jahre waren flankiert von *Maelickes* beharrlichem Insistieren auf einer Neuorientierung der Kriminalpolitik[4] in der Tat von einem erheblichen Ausbau der Sozialen Dienste der Justiz, insbesondere der Bewährungshilfe, aber auch der erst 1975 geschaffenen und zunächst wegen der starken Betonung der Kontrollfunktion eher ungeliebten Führungsaufsicht.[5] Der Gesetzgeber hat mit der Ausweitung der Strafaussetzungs- und Unterstellungsmöglichkeiten 1969, 1975 (1. und 2. StRG) und 1986 (23. StÄndG) wesentlich zum Bedeutungsgewinn der Strafaussetzung zur Bewährung beigetragen.

IV.

Die *Fortentwicklung der Sozialen Dienste der Justiz* zu einem einheitlichen Dienst, der die Beziehungsabbrüche vermeidet und das Prinzip der durchgängigen Betreuung realisiert, war zentraler Gegenstand von *Maelickes* konzeptionellen Überlegungen, die er schon seit Mitte der 1970er Jahre entwickelte, aber vor allem in den 1980er Jahren in der Zeit beim ISS weiter konkretisierte.[6] Dazu trugen nicht zuletzt internationale Erfahrungen, insbesondere in Skandinavien mit bei.[7]

Bernd Maelicke und das ISS versuchten die Idee eines einheitlichen Sozialen Dienstes im Rahmen der Politikberatung zunächst des Landes Bremen (vgl. *Maelicke/Simmedinger* 1987), später auch in Schleswig-Holstein umzusetzen. Offenbar war die Zeit allerdings noch nicht reif und die Widerstände seitens der Bewährungshilfeorganisationen in Schleswig-Holstein im Gegensatz zu Bremen beträchtlich. Es war für mich persönlich geradezu erstaunlich zu sehen, wie unterschiedlich *Maelicke* und ich gelegentlich bei ein und derselben Veranstaltung bewertet wurden, obwohl wir in der Sache die gleichen Positionen bezogen.[8] Da er als Praktiker und Gestalter weit gefährlicher für Veränderungen überkommener Strukturen war, bezog er die Prügel der Gegner, während die Ausführungen des Wissenschaftlers wohl als folgenlos empfunden wur-

4 Häufig zusammen mit dem „Weggefährten" *Helmut Ortner*, vgl. *Maelicke/Ortner* 1988; *Maelicke* 1988.

5 Mit der Reform von 2007 und dem Ausbau auch helfender Strukturen hat sich dieses Rechtsinstitut endgültig etabliert. Schon der Juristentag 1992 und das maßgebliche Hauptgutachten von *Schöch* (1992) hatten den Forderungen nach Abschaffung der Führungsaufsicht (vgl. z. B. *Dünkel/Spieß* 1992) eine Absage erteilt. Durch die Diskussion zur Sicherungsverwahrung angesichts der Entscheidung des EGMR vom 19.12.2009 hat sie einen weiteren Bedeutungsgewinn erlangt und wird ggf. in Verbindung mit elektronischer Überwachung eine realistische Alternative zur dauerhaften Unterbringung gefährlicher Straftäter sein können, vgl. zur neuen Gesetzeslage der Sicherungsverwahrung *Kinzig* 2010; zu den verfassungs- sowie völkerrechtlichen Implikationen der Unterbringung nach dem Therapeutischen Unterbringungsgesetz (ThUG) *Morgenstern/Morgenstern/Drenkhahn* 2011.

6 Vgl. *Maelicke* 1976; 1983; 1985; 1987; 1992; *Maelicke/Simmedinger* 1987a.

7 Vgl. *Dünkel/Spieß* 1983; *Maelicke/Ortner/Simmedinger* 1984; *Dünkel* 1984; 1985.

8 Vgl. zu meinen vor allem mit rechtsvergleichenden Argumenten gestützten Überlegungen i. S. eines auf durchgehende Betreuung angelegten einheitlichen Sozialen Dienstes der Justiz *Dünkel* 1984; 1984a; 1986.

den. Den richtigen Ärger hat *Bernd Maelicke* in dieser Hinsicht aber erst als Strafvollzugsabteilungsleiter im Justizministerium in Schleswig-Holstein bekommen, als er nunmehr in verantwortlicher Position Ernst machen wollte und die geballte restaurative Kraft einiger Vertreter der Bewährungshilfe zu spüren bekam. Doch dazu später.

Die konzeptionellen Arbeiten an einer Reform der Organisationsstruktur der Sozialen Dienste der Justiz gipfelten in dem von *Maelicke* wesentlich mit erarbeiteten bzw. beeinflussten Entwurf eines Bundesresozialisierungsgesetzes, den die Arbeitsgemeinschaft Sozialdemokratischer Juristen (ASJ) im Jahr 1986 vorlegte. Die Frage „Brauchen wir ein Bundesresozialisierungsgesetz?" (*Maelicke* 1986) war selbstverständlich nur rhetorisch gestellt. Leider hat dieser gut strukturierte und begründete Entwurf es niemals zu einer Bundesrats- oder Bundestagsinitiative oder zum Reifestadium eines Regierungsentwurfs gebracht. Die Zeit ist darüber hinweg gegangen und zudem wurde klar, dass die Materie wohl eher Landesrecht betrifft. Dementsprechend gibt es – wiederum mit Mecklenburg-Vorpommern als Vorreiter – inzwischen Landesgesetze bzw. Gesetzentwürfe für die Neugestaltung der Sozialen Dienste (s. u.).

Ein anderer Schwerpunktbereich der kriminalpolitischen Vorschläge der 1970er und 1980er Jahre war durch die eigene ehrenamtliche Praxisarbeit in der Freiburger Anlaufstelle für Strafentlassene geprägt. Die baden-württembergischen Anlaufstellen für Strafentlassene, die letztlich aus der Gefangenenfürsorge des 19. Jahrhunderts hervorgingen, hatten unter dem organisatorischen Dach der beiden Landesverbände für Soziale Rechtspflege in den 1970er Jahren einen enormen Aufschwung zu verzeichnen und Baden-Württemberg war das erste Bundesland mit einem flächendeckenden Netz derartiger Entlassenenhilfeeinrichtungen freier Träger. Kein Wunder also, dass in Zusammenarbeit mit *Helga Einsele*, der damaligen Leiterin der Frauenanstalt Frankfurt-Preungesheim, und seiner Frau *Hanne* 1977 die erste Anlaufstelle für Frauen in Deutschland entstand (vgl. *Einsele/Maelicke* 1980; 1980a; *Maelicke* 1981).

Eine weitere herausragende Initiative war die Idee, ein Forum für Praxis, Politik und Wissenschaft in der Form einer Zeitschrift zu gründen. Nach einer Probenummer im Herbst 1988 wurde die Herausgabe der *„Neuen Kriminalpolitik"* unter der redaktionellen Leitung von *Helmut Ortner* vom Nomos-Verlag übernommen, ein für viele Jahre sehr buntes und für Leser aus dem wissenschaftlichen Bereich ungewöhnliches Blatt, das aber auch in akademischen Zirkeln inzwischen anerkannt und häufig zitiert wird. Die Idee, eine sich vom Typus von etablierten Fachblättern unterscheidende Zeitschrift zu machen, entsprach dem Anliegen *Maelickes*, in der Praxis und der Kriminalpolitik gehört zu werden und tatsächliche Änderungen zu bewirken. Leitmotive sollten „Fachlichkeit und Innovation … Rationaler Umgang mit Kriminalität, Grundrechtsverteidigung, Abbau staatlicher Sozialkontrolle und Vorrang sozialer Konfliktlösungen" sein (vgl. das Editorial der Werbenummer 1988). *Maelickes* Position kommt sehr schön in diesem ersten Heft 1988 in den „15 Thesen zur Innovation der ambulanten und stationären Straffälligenhilfe" zum Ausdruck, die er als „dritten" Weg apostrophierte (vgl. *Maelicke* 1988a). Immer ging und geht es ihm um neue Strukturen und Organisationsformen, die angesichts des gewachsenen und die traditionellen Grenzen einzelner Fachdienste wie der Bewährungs- oder Gerichtshilfe transzendierenden Aufgabenfelder notwendig erschienen. Im Fokus lag nicht so sehr die Organisationsreform (die sich allerdings zwangsläufig aus den Sachaufgaben z. B. der durchgehenden Betreuung ergibt), sondern die neue Fachlichkeit und eine qualitativ verbesserte (und zugleich bezogen auf das Resozialisierungsziel effizientere) Straffälligenarbeit (vgl. *Maelicke* 1987; *Maelicke/Simmedinger* 1987a).

Maelicke hat sich in der Folge in der Zeitschrift wiederholt und engagiert zu kriminalpolitischen Grundsatzfragen oder zum Politikwechsel in einzelnen Bundesländern geäußert.[9] Dabei ging es häufig auch um jugendstrafrechtliche Reformfragen die z. T. auch innerhalb der Redaktion der Zeitschrift kontrovers beurteilt wurden (vgl. *Frommel/Maelicke* 1994 einerseits und *Dünkel* 1995 andererseits). Das war aber natürlich genau das Ziel der Zeitschrift, Kontroversen auszutragen und Klärungen bzw. kriminalpolitische Innovation zu bewirken. Im Falle eines Jugendstrafrechts ohne Einbindung bzw. Vernetzung mit der Jugendhilfe wie es *Frommel/Maelicke* (1994) und später *H.-J Albrecht* (2002) forderten, blieb es bei einer Außenseiterposition, nachdem sich der Deutsche Juristentag und nahezu die gesamte Wissenschaft und Praxis für die Beibehaltung eines vom Erziehungsgedanken geprägten und von der Jugendhilfe wesentlich mitzugestaltenden JGG aussprachen. Das am 1.1.2008 in Kraft getretene 2. JGG-Änderungsgesetz hat diese Orientierung mit der expliziten Aufnahme des Erziehungsgedankens als Leitprinzip für die Rechtsfolgen ebenso wie die Gestaltung des Verfahrens in § 2 Abs. 1 JGG klargestellt (vgl. hierzu *Dünkel* 2008).

V.

Im Jahr 1990 trat *Bernd Maelicke* die Stelle als Leiter der Abteilung Strafvollzug im Kieler Justizministerium an. Die genaue Bezeichnung der Abteilung war bereits die mit dem neuen Abteilungsleiter verbundene Programmatik: In der Bezeichnung „Strafvollzug, Soziale Dienste der Justiz, Freie Straffälligenhilfe, Gnadenwesen" waren praktisch die im Lebensweg von *Maelicke* vorgezeichneten Inhalte vereint. Kurz zuvor hatte das Kieler Ministerium *Maelicke* bzw. dem ISS den Auftrag für ein Gutachten zur Reform des Strafvollzugs in Schleswig-Holstein erteilt (vgl. hierzu *Cornel/Simmedinger* 1991). Nun kam er in die wenigen Menschen vergönnte Lage, seine eigenen Vorschläge auch tatsächlich umsetzen zu können.

Und *Maelicke* machte Ernst mit der Umsetzung innovativer und „evidenzbasierter" Kriminalpolitik. Dazu schaltete er den seinerzeit noch am Max-Planck-Institut für ausländisches und internationales Strafrecht in Freiburg tätigen Verfasser dieses Beitrags ein, um mit einer umfassenden Bestandsaufnahme der Strafvollzugspopulation in Schleswig-Holstein Potenziale für den Ausbau von Alternativen zur Freiheitsstrafe auszuloten. In der Tat bestätigte die Untersuchung (vgl. *Dünkel* 1992), dass sich im Strafvollzug unter den 1989 aus den schleswig-holsteinischen Strafanstalten Entlassenen ein überwiegender Anteil sozial problembelasteter, aber keineswegs besonders „gefährlicher" Personen befand. Untersucht wurde ein ganzer Entlassungsjahrgang

9 Vgl. z. B. *Maelicke* 1989; 1989a; 1990; 1990a; 1992; 1993; 1995; 1995a; 2003.

und damit der „Durchlauf" in den Anstalten. Dieser wird wesentlich geprägt durch sehr kurze Freiheitsstrafen (die bei Stichtagserhebungen unterrepräsentiert sind). 39% der Entlassenen des Männererwachsenenvollzugs und sogar 44% des Frauenvollzugs in Schleswig-Holstein verbüßten lediglich eine Ersatzfreiheitsstrafe, was das gigantische Ausmaß von Fehlbelegungen verdeutlichte. Denn diese Gefangenen belasten den Strafvollzug in organisatorischer Hinsicht und verursachen erhebliche Kosten. Zudem handelt es sich um Fälle, der die Justiz mit der Verhängung der Geldstrafe ausdrücklich bescheinigt hat, dass Freiheitsentzug nicht angezeigt ist. Es war daher konsequent, dass eines der zahlreichen von *Bernd Maelicke* angestoßenen Projekte der schleswig-holsteinischen Justizpolitik die Ausweitung der Gemeinnützigen Arbeit anstatt Ersatzfreiheitsstrafe betraf.

Die Untersuchung zum schleswig-holsteinischen Strafvollzug verdeutlichte aber auch generell ungenutzte Potenziale für Alternativen zur Freiheitsstrafe: Nach wie vor ist die Insassenstruktur des Strafvollzugs von Eigentums- und Vermögenstätern geprägt. Dabei zeigte sich, dass die Hälfte der Entlassenen des Männervollzugs nicht mehr als 2000,- DM an Schaden verursacht hatte. Bei wegen Gewaltdelikten Inhaftierten führte nur jeder Fünfte bei der Tatbegehung eine Waffe mit sich, und nur jeder Zehnte machte davon Gebrauch. Das landläufige Bild des gewalttätigen und „gefährlichen" Gefangenen konnte damit widerlegt werden. Das „Gefährlichkeitspotential" gemessen an den Kriterien „Opfer schwer oder tödlich verletzt", von einer „Waffe Gebrauch gemacht" oder im Fall von Eigentums- oder Vermögensdelikten einen „beträchtlichen materiellen Schaden" (definiert als > 5.000,- DM) verursacht zu haben, erfüllten gerade einmal 17% der aus dem Männererwachsenenvollzug, 13% der aus dem Frauenvollzug und 24% der aus dem Jugendstrafvollzug Entlassenen (vgl. *Dünkel* 1992; 1996, S. 35 ff.). Angesichts des nur in wenigen Fällen erkennbaren besonderen Handlungs- oder Erfolgsunwerts lag die Frage nach einem Ausbau von Alternativen zur Freiheitsstrafe einschließlich vermehrter bedingter Entlassungen bei gut drei Viertel der jährlich den Vollzug durchlaufenden und eine Freiheitsstrafe verbüßenden Gefangenen auf der Hand. Das Land Schleswig-Holstein hat – soweit ersichtlich – als einziges Bundesland eine auf empirischer Basis begründete Haftvermeidung zum erklärten Ziel der Kriminalpolitik. Im Ergebnis kommt Schleswig-Holstein seit Jahren mit 2009 52 pro 100.000 der Wohnbevölkerung auf eine Gefangenenrate, die sogar unter derjenigen in den skandinavischen Ländern liegt (vgl. *Dünkel* 2010, S. 9; *Dünkel/Morgenstern* 2010, S. 100, 173 und *Abbildung 1*). Im Gegensatz zu zahlreichen anderen, insbesondere ostdeutschen Bundesländern blieb die Gefangenenrate auch in den 1990er Jahren auf niedrigem Niveau stabil.

Die Kriminalpolitik in Schleswig-Holstein gestaltete *Maelicke* im Sinne des ganzheitlichen Ansatzes einer Verbesserung der Strafvollzugsstrukturen einerseits und des Ausbaus der Alternativen sowie der Verzahnung von ambulanter und stationärer Straffälligenhilfe andererseits. Das Großprojekt eines einheitlichen Sozialdienstes der Justiz scheiterte jedoch zunächst am Widerstand der Bewährungshilfefunktionäre. Es mag für *Bernd Maelicke* eine späte Genugtuung sein, dass sein Modell nach der Wende in Mecklenburg-Vorpommern 1 : 1 umgesetzt wurde. Die Zeit war einfach reif dafür und in den ostdeutschen Bundesländern waren die Bewährungshilfestrukturen nicht derart verkrustet und von ideologischen Debatten vergiftet.

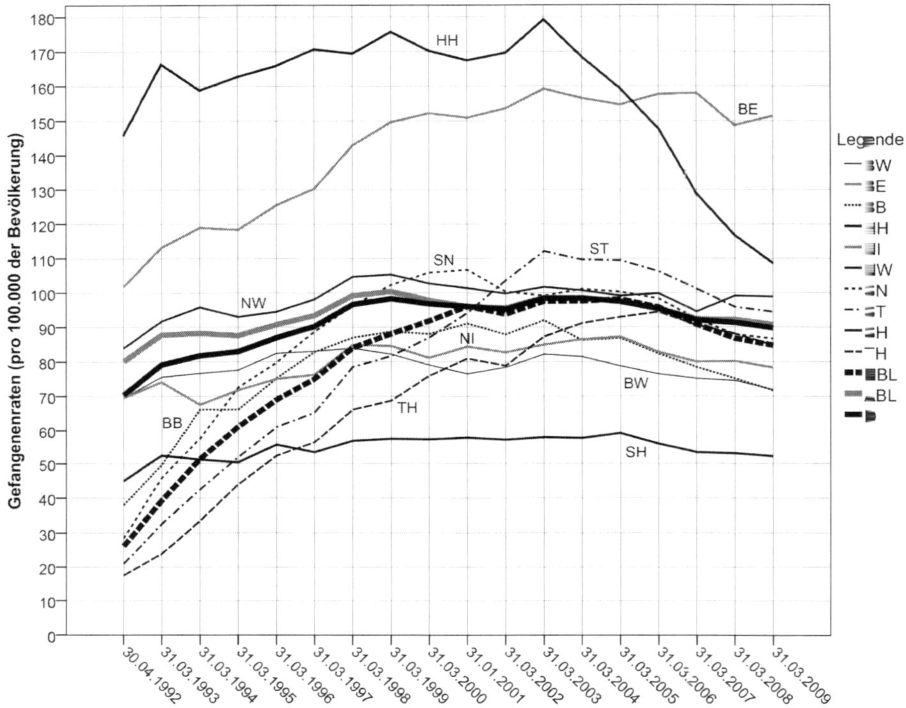

***Abbildung 1*: Die Entwicklung von Gefangenenraten im Bundesländervergleich (Auswahl) 1992-2009**

Die Bilanz der Jahre am Justizministerium liest sich dennoch beeindruckend. Er „überlebte“ vier Wahlperioden und setzte etliche seiner Ideen unter Ministern verschiedener Parteien um. Hatte *Frehsee* in seiner Einschätzung der Kriminalpolitik in Schleswig-.Holstein in den ersten Jahren der sozialdemokratischen Ära nach dem Regierungswechsel 1987 noch skeptisch das Beharrungsvermögen alter Strukturen betont (*Frehsee* 1991, S. 108 ff.), so hat die von ihm bereits konstatierte „Klimaveränderung“ (S. 121) mit *Maelickes* Amtsantritt sich noch verstärkt. Für den angestrebten Ausbau von Diversion und Täter-Opfer-Ausgleich war das Umfeld in Schleswig-Holstein mit einem besonders engagierten Generalstaatsanwalt *Heribert Ostendorf* allerdings geradezu ideal. *Maelickes* besondere Aufmerksamkeit galt neben den Sozialen Diensten der Justiz immer auch der Freien Straffälligenhilfe bzw. der Entlassenenhilfe. Für den Ausbau der ambulanten Sanktionen und Maßnahmen wurde haushaltsrechtlich umgesteuert und es wurden besondere Fördermittel bereitgestellt. Die Jugendgerichtshilfe wurde zur Beteiligung als Haftentscheidungshilfe verpflichtet und viele andere – im Gesetz seit 1990 grundsätzlich vorgesehene Maßnahmen (vgl. §§ 38, 72a JGG) – wurden verbindlicher gestaltet.

1995 erschien mit dem Handbuch der Resozialisierung ein Werk, das man ohne Übertreibung als „Standardwerk" bezeichnen kann. In der dritten Auflage von 2009 werden in 34 Kapiteln auf mehr als 600 Seiten alle Facetten des Themas umfassend behandelt. *Maelicke* bearbeitet die Themen „Gerichtshilfe", „Bewährungshilfe" und „Führungsaufsicht" und gibt – kaum überraschend – den abschließenden Ausblick auf Perspektiven einer „integrierten Resozialisierung" (vgl. *Cornel u. a.* 2009).

Das neue Jahrtausend begann mit der Herausgabe eines Sammelbandes, den man heute als „Klassiker" der innovativen Reformdiskussion bezeichnen kann: *„Das Gefängnis als lernende Organisation"* setzte neue Akzente in der seit Mitte der 1990er Jahre von der Einführung „neuer Steuerungsmodelle" geprägten Reformdebatte. Erfahrungen betriebswirtschaftlicher Konzepte des „New Public Management" zeigten in der Tat die Lernfähigkeit des Vollzugs (vgl. *Sandmann* 2010), der „Sparen als Chance" (*Maelicke* 1997) zu begreifen schien. Es ging *Maelicke* aber nie um Sparen als Selbstzweck, sondern um den „Umbau statt Ausbau" (*Maelicke* 1994) bzw. eine kostengünstigere bzw. effizientere Gestaltung des Strafvollzugs sowie die Ressourcenverlagerung von der stationären zur ambulanten Straffälligenhilfe. Die im 2001 herausgegebenen Sammelband besonders akzentuierten Sympathien für teilweise Privatisierungen tauchen in dem aktuellen Sammelband (*Preusker/Maelicke/Flügge* 2010) nur noch am Rande auf (vgl. *Sandmann* 2010) und verdeutlichen, dass die Privatisierung des Strafvollzugs zwar in verschiedenen Bundesländern ein Thema ist, jedoch punktuell auf einzelne Anstalten begrenzt und wegen der verfassungsrechtlichen Grenzen (vgl. Art. 33 Abs. 4 GG; hierzu grundlegend *Kruis* 2000; *Barisch* 2010) auf einige hoheitlich wenig geprägte Teile der Vollzugsarbeit bzw. -abläufe beschränkt bleiben muss (z. B. Gesundheitsversorgung, Hausmanagement oder die Aus- und Weiterbildung, vgl. *Sandmann* 2010, S. 262). Die nicht veröffentlichten Zahlen des groß angekündigten Experiments der JVA Hünfeld in Hessen (Einsparungen in Höhe von 15% waren avisiert) haben die Zweifel an substantiellen Einsparungspotenzialen und Qualitätsverbesserungen durch die Privatisierung bestärkt.[10] Gleiches gilt für die Privatisierung der Bewährungshilfe wie das Beispiel in Baden-Württemberg zeigt. Demgemäß haben sich Reformmodelle in diesem Bereich in öffentlicher Trägerschaft durchgesetzt.[11] Andererseits sind die ambulanten Projekte des Übergangsmanagements natürlich auch ein originärer Anwendungsfall privater Trägerschaft der Entlassenenhilfe. Sie wurden in den letzten 10-15 Jahren in zahlreichen Bundesländern als

10 *Maelicke* selbst war für entsprechende Experimente der Privatisierung, vgl. *Maelicke* 1999; die Erfahrungen auch im internationalen Vergleich werden aktuell umfassend von *Barisch* (2010) dargestellt.

11 Vgl. das Projekt der Integralen Straffälligenarbeit „InStar" in Mecklenburg-Vorpommern; hierzu *Jesse/Kramp* 2008; *Koch* 2009).

Projekte zur Arbeitsmarktintegration von Strafentlassenen entwickelt und können als erfolgversprechend angesehen werden.[12]

Der Ziethener Kreis 2004: v. links nach rechts: Gerd Koop, Christoph Flügge, Wolfgang Stein, Heinz Cornel, Bernd Maelicke, Bernd-Rüdeger Sonnen, Ulrich Freise, Frieder Dünkel, Harald Preusker, Michael Walter

Wer *Bernd Maelicke* kennt, weiß natürlich, dass er sich mit kriminalpolitischen Erfolgen in der Provinz nicht begnügen wollte und konnte. Auf der Suche nach Mitstreitern für eine konzeptionelle Weiterentwicklung der Kriminalpolitik kam es im März 2002 zur Gründung einer informellen Gruppierung, einer Art „think tank", die sich nach dem Ort des ersten Treffens in Schloss Ziethen/Brandenburg *Ziethener Kreis* nannte. Unter Konsum etlichen Rotweins entstanden kriminalpolitische Thesen, die jeweils im Anschluss an die halbjährlichen oder jährlichen Treffen in der Zeitschrift „Neue Kriminalpolitik", auf der Internetseite des Greifswalder Lehrstuhls für Kriminologie oder jüngst in der ZRP und Deutschen Richterzeitung veröffentlicht wurden (vgl. *Dünkel/Flügge/Lösch/Pörksen* 2010; 2010a). Das zweite Treffen im Oktober 2002 stand unter dem Eindruck der Bundestagswahl und fand zeitgleich mit dem Be-

12 Vgl. z. B. das Projekt MABIS.net in Nordrhein-Westfalen; hierzu *Wirth* 2006; 2009; zu weiteren Projekten vgl. z. B. *Weilbächer/Klein* 2008; *Stelly u. a.* 2010.

ginn der Koalitionsverhandlungen der knapp wiedergewählten Regierungskoalition von SPD und GRÜNEN statt. Der Versuch die kriminalpolitischen Thesen des *Ziethener Kreises* (vgl. *Cornel u. a.* 2002) den Verhandlungsführern nahezubringen misslang allerdings gründlich: Als Antwort kam ein Schreiben mit der lapidaren Bemerkung man bedanke sich für die „kommunalpolitischen Thesen". Das hat den *Ziethener Kreis* allerdings weder vom Rotwein noch von weiteren kriminalpolitischen Thesen abgehalten.

Der Ziethener Kreis 2004 bei der Arbeit: Andrea Baechtold, Gerd Koop, Bernd Maelicke, Christoph Flügge

Die Thesen des Treffens im Frühjahr 2003 zur Stärkung, zum Ausbau und der Vernetzung der ambulanten Straffälligenhilfe (*Dünkel/Cornel* 2003) standen ganz im Zeichen des Anfangs der 2000er Jahre nach der Wiedervereinigung spürbaren Aufbruchs, die ambulante Straffälligenhilfe auszubauen und neu zu strukturieren. Dies konnte in den neuen Bundesländern leichter gelingen, da es hier um den vollständigen Neuaufbau von Strukturen ging. Angesichts der neu hinzugekommenen Aufgabenfelder der gemeinnützigen Arbeit, der Ermittlungs- und Haftentscheidungshilfe sowie des Täter-Opfer-Ausgleichs stellte sich die Frage, ob die Bewährungs- und Gerichtshilfe in einem Sozialen Dienst zusammenzufassen sind, der gegebenenfalls in aufgabenspezifischen Untergliederungen/Spezialisierungen die verschiedenen Aufgaben wahrnimmt sowie in geeigneten Fällen im Sinne einer ganzheitlichen Aufgabenwahrnehmung (durchgehende Hilfe) auch in der Lage ist, Synergieeffekte zu erzielen und dadurch (auch kostensparend) wirksame Hilfen zu leisten. Weitergehend wurde von Seiten des *Ziethener Kreises* vorgeschlagen, dass dieser Dienst direkt dem Justizministerium zugeordnet wird, eine Struktur wie sie derzeit in Mecklenburg-Vorpommern mit einem Landesamt für Soziale Dienste der Justiz verwirklicht wird, nachdem bereits 2008 die Zuordnung zu den Landgerichten durch diejenige des Justizministeriums ersetzt worden war. Obwohl Organisationsfragen der Sozialen Dienste nach Landesrecht zu regeln sind, empfahl der *Ziethener Kreis* auch eine Vorschrift mit der Überschrift „Ambulante Straffälligenhilfe" in das StGB einzufügen.[13]

Noch bevor der Europäische Gerichtshof für Menschenrechte die nachträgliche Sicherungsverwahrung kritisierte hat der *Ziethener Kreis* die Einschränkung der originären Sicherungsverwahrung und die Abschaffung der nachträglichen Sicherungsverwahrung gefordert (vgl. *Dünkel/Flügge/Lösch/Pörksen* 2010a, S. 57). Mit den zum 1.1.2011 in Kraft getretenen Gesetzesänderungen wurde genau dies erreicht, allerdings zugegebenermaßen nicht aufgrund der Argumente des *Ziethener Kreises* oder anderer Strafrechtswissenschaftler, sondern aufgrund des Urteils des EGMR vom 19.12.2009.[14]

Noch während seiner Zeit als Ministerialdirigent im Justizministerium Schleswig-Holstein hat *Bernd Maelicke* sein zweites Standbein des Sozialmanagements eindrucksvoll entwickelt, das im Beitrag von *Wöhrle* in diesem Band gewürdigt wird. Dieser Arbeitsbereich war eng mit der Universität Lüneburg verbunden und führte konsequenterweise und verdientermaßen zu der 2004 verliehenen Honorarprofessur. Zugleich führte sie dazu, dass mit der abschließend zu beschreibenden Lebensphase der Pensionierung der Ruhestand kein solcher wurde.

13 Diese Vorschrift sollte folgendermaßen lauten: „*(1) Die Aufgaben der Ambulanten Straffälligenhilfe werden durch den Sozialen Dienst der Justiz und andere Träger der Straffälligenhilfe wahrgenommen. Der Soziale Dienst der Justiz nimmt insbesondere folgende Aufgaben wahr:*
1. Gerichtshilfe (Ermittlungs- und Vollstreckungshilfe),
2. Untersuchungshaftvermeidung und –verkürzung,
3. Täter-Opfer-Ausgleich,
4. Vermittlung in gemeinnützige Arbeit,
5. Bewährungshilfe,
6. Führungsaufsicht,
7. Soziale Hilfe im Vollzug, insbesondere Hilfe zur Entlassung.
(2) Die Aufgabenwahrnehmung soll die Möglichkeiten einer vernetzten und in geeigneten Fällen durchgehenden Hilfe verbessern. Zur Durchführung der erforderlichen Maßnahmen ist in geeigneten Fällen ein Gesamtplan zu erstellen. Zur Erfüllung dieser Aufgaben ist die Weitergabe personenbezogener Daten zulässig.
(3) Der Soziale Dienst ist personell und sachlich ausreichend auszustatten. Fallbelastungsobergrenzen sind festzulegen.
(4) Aufgaben der Ambulanten Straffälligenhilfe können auch privaten Trägern übertragen werden.
(5) Das Nähere regeln die Länder", vgl. *Dünkel/Cornel* 2003, S. 44.

14 Vgl. Case of M. v. Germany (Application no. 19359/04). Der *Ziethener Kreis* hat weitergehend auch die Abschaffung der vorbehaltenen Sicherungsverwahrung gefordert (ebenso kritisch zur vorbehaltenen Sicherungsverwahrung *Kinzig* 2010), die mit der Gesetzesreform allerdings im Gegenteil ausgebaut wurde, vgl. zum Gesetzestext BGBl. I, 2300.

VI.

Mit dem Ausscheiden aus dem Justizministerium blieb Kiel für *Bernd* und *Hanne Maelicke* weiterhin der Lebensmittelpunkt. Da – wie bei emeritierten Professoren üblich – jedermann glaubte, dass er jetzt ja wohl Zeit habe, wuchsen die Aufgaben und die Begehrlichkeiten, ihn zu verpflichten immens. Er hat zwar manche Verpflichtungen auch abzugeben gewusst und sich beispielsweise schon vor der Pensionierung aus dem *Ziethener Kreis* ebenso wie der Redaktion der Neuen Kriminalpolitik verabschiedet, jedoch immer weil ihn als „Macher" andere Großaufgaben reizten. Dazu gehört zweifellos die Übernahme der Redaktion der *Zeitschrift für Strafvollzug und Straffälligenhilfe*, die seit 2007 im Haupttitel zum *Forum Strafvollzug* mit neuer Konzeption umgestaltet wurde. Wenig verwundern wird, dass seine zentralen Botschaften seither vorwiegend im Forum Strafvollzug erscheinen, sei es die Kritik an der Föderalismusreform (*Maelicke* 2007), oder das Dauerthema der „Integrierten Resozialisierung" (*Maelicke* 2008; 2009) bzw. die „Komplexleistung Resozialisierung" (*Maelicke* 2009a).

Weiterhin mischt er sich in die aktive Kriminalpolitik ein und macht das, was er immer schon gut konnte: Mit analytischem Scharfblick Missstände erkennen und integrierte Konzepte für Reformen bzw. „machbare Alternativen" entwickeln. Letztes Beispiel ist das unter seinem Vorsitz am 8.2.2010 vorgelegte Gutachten einer Fachkommission für den Hamburger Senat zur „Optimierung der ambulanten und stationären Resozialisierung in Hamburg" (*Maelicke u. a.* 2010). Natürlich geht es auch hier um ein Konzept integrierter Resozialisierung mit dem Ziel der Legalbewährung und darüber hinausgehend der sozialen Integration. „Die Komplexleistung Resozialisierung erfordert eine Koordination der verschiedenen dienstleistenden Organisationen und die Kooperation der beteiligten Fachkräfte" (*Maelicke u. a.* 2010, S. 99). Der Begriff Komplexleistung ist § 30 Sozialgesetzbuch IX entnommen (dort geht es um die Früherkennung und Frühförderung behinderter Kinder) und will die Notwendigkeit interdisziplinärer Zusammenarbeit verschiedener Leistungserbringer „im Verbund" (*Maelicke* 2009b, S. 142 ff.) zur abgestimmten Deckung eines individuellen Hilfe- und Behandlungsbedarfs" (*Maelicke* 2010, S. 252) hervorheben. Dass Hamburg nach der Phase mit *Kusch* als Justizminister erhebliche Defizite einer abgestimmten und vernetzten Straffälligenhilfearbeit aufwies, wird kaum verwundern. Leider hatte die Regierung von CDU und GAL nicht genügend Zeit, um die Vorschläge der Fachkommission umzusetzen. Es wird abzuwarten sein, was die im Februar 2011 gewählte neue Regierung aus der Fülle von Vorschlägen machen wird.

Auch an dem bereits erwähnten Sammelband von *Preusker/Maelicke/Flügge* (2010) wirkte *Maelicke* neben der Herausgebertätigkeit mit einem Beitrag zur Integrierten Resozialisierung mit (vgl. *Maelicke* 2010).

Als Moderator und Tagungsredner ist *Bernd Maelicke* wie immer aktiv und seine fachliche Kompetenz wird gefragt. Die fröhliche Art als Genussmensch wird ihn auch in Zukunft zu einem angenehmen und stets willkommenen Gast machen. Deshalb am Ende dieses kurzen Überblicks über die beeindruckende Vita des Freundes und Kollegen *Bernd Maelicke*: Ad multos annos!

Literatur

Albrecht, H.-J. (2002): Ist das deutsche Jugendstrafrecht noch verfassungsgemäß? Gutachten für den 64. Deutschen Juristentag. München: C. H. Beck.

Albrecht, H.-J., Schädler, W. (1986): Community Service. A new option in punishing offenders in Europe. Freiburg i. Br.: Max-Planck-Institut für ausländisches und internationales Strafrecht.

Baechtold, A. (2001): Die Strategie der grünen Inseln – die Implementation neuer Steuerungsinstrumente im schweizerischen Strafvollzug. In: Flügge, C., Maelicke, B., Preusker, H. (Hrsg.): Das Gefängnis als lernende Organisation. Baden-Baden: Nomos, S. 350-362.

Barisch, S. (2010): Die Privatisierung im deutschen Strafvollzug unter Einbeziehung des Jugendstrafvollzugs und unter Berücksichtigung entsprechender Entwicklungen in Großbritannien, Frankreich und den USA. Münster: Waxmann.

Baumann, J,. u. a. (1973): Alternativ-Entwurf eines Strafvollzugsgesetzes. Tübingen: Mohr.

Burmeister, J., Maelicke, B. (Hrsg.) (1990): Neue Kriminalpolitik in Schleswig-Holstein. Kiel, Frankfurt a. M.: ISS.

Cornel, H., Dünkel, F., u. a. (2002): Kernpunkte einer humanen, rationalen und effizienten Kriminalpolitik. Internet-Publikation http://jura.uni-greifswald.de/duenkel/Publikationen/Internet/Ziethener Kreis.

Cornel, H., Simmedinger, R. (1991): Bestandsaufnahme und Vorschläge zur Fortentwicklung des Strafvollzugs in Schleswig-Holstein. Frankfurt a. M.: ISS.

Dünkel, F. (1984): Neuere Entwicklungen im Bereich der Bewährungshilfe und -aufsicht im internationalen Vergleich. Bewährungshilfe 31, S. 162-184.

Dünkel, F. (1984a): Sozialarbeit im Strafvollzug und Perspektiven einer Organisation Sozialer Dienste in der Justiz. ZfStrVo 33, S. 323-330.

Dünkel, F. (1986): Möglichkeiten der Fortentwicklung der Sozialen Dienste in der Justiz – eine international vergleichende Betrachtung zu Aufgabenstellungen und Organisationsstruktur. Bewährungshilfe 33, S. 129-158.

Dünkel, F. (1990): Der Strafvollzug in Schleswig-Holstein im nationalen und internationalen Vergleich – Entwicklungen und Perspektiven. In: Burmeister, J., Maelicke, B. (Hrsg.): Neue Kriminalpolitik in Schleswig-Holstein. Kiel, Frankfurt a. M.: ISS, S. 23-69.

Dünkel, F. (1992): Empirische Beiträge und Materialien zum Strafvollzug. Freiburg: Max-Planck-Institut für ausländisches und internationales Strafrecht.

Dünkel, F. (1995): Jugendhilfe und/oder Jugendstrafrecht? Neue Kriminalpolitik 7, Heft 3, S. 22-27.

Dünkel, F. (1996): Empirische Forschung im Strafvollzug. Bestandsaufnahme und Perspektiven. Bonn: Forum-Verlag.

Dünkel, F. (2000): Resozialisierung (erneut) auf dem Prüfstand. In: Jehle, J.-M. (Hrsg.): Täterbehandlung und neue Sanktionsformen. Mönchengladbach: Forum-Verlag, S. 379-414.

Dünkel, F. (2004): Gegenreform im Strafvollzug: Sicherheit als Vollzugsziel – eine Gesetzesinitiative aus Hessen. Kriminalpädagogische Praxis 32, Heft 43, S. 16-20.

Dünkel, F. (2008): Rechtsschutz im Jugendstrafvollzug – Anmerkungen zum Zweiten Gesetz zur Änderung des Jugendgerichtsgesetzes vom 13.12.2007. Neue Kriminalpolitik 20, S. 2-4.

Dünkel, F., Cornel. H. (2003): Stärkung, Ausbau und Vernetzung der Ambulanten Straffälligenhilfe. Neue Kriminalpolitik 15, S. 42-44.

Dünkel, F., Drenkhahn, K. (2001): Behandlung im Strafvollzug: von „nothing works" zu „something works". In: Bereswill, M., Greve, W. (Hrsg.): Forschungsthema Strafvollzug. Baden-Baden: Nomos, S. 387-417.

Dünkel, F., Flügge, C., Lösch, M., Pörksen, A. (2010): Für eine verantwortungsbewusste und rationale Kriminalpolitik – 14 Thesen des Ziethener Kreises zu Problemen des strafrechtlichen Sanktionensystems. Deutsche Richterzeitung, S. 54-58.

Dünkel, F., Flügge, C., Lösch, M., Pörksen, A. (2010a): Plädoyer für verantwortungsbewusste und rationale Reformen des strafrechtlichen Sanktionensystems und des Strafvollzugs. ZRP 43, S. 175-178.

Dünkel, F., Morgenstern, C. (2010): Deutschland. In: Dünkel, F., Lappi-Seppälä, T., Morgenstern, C., van ZyL Smit (Hrsg.): Kriminalität, Kriminalpolitik, strafrechtliche Sanktionspraxis und Gefangenenraten im europäischen Vergleich. Band 1, Mönchengladbach: Forum Verlag Godesberg, S. 97-230.

Dünkel, F., Scheel, J. (2006): Vermeidung von Ersatzfreiheitsstrafen durch gemeinnützige Arbeit: das Projekt „Ausweg" in Mecklenburg-Vorpommern. Mönchengladbach: Forum Verlag Godesberg.

Dünkel, F., Spiess, G. (1992): Perspektiven der Strafaussetzung zur Bewährung und Bewährungshilfe im zukünftigen deutschen Strafrecht. Bewährungshilfe 39, S. 117-138.

Einsele, H., Maelicke, B. (1980): Anlaufstelle für straffällig gewordene Frauen. Stuttgart u. a.: Kohlhammer.

Einsele, H., Maelicke, B. (Hrsg.) (1980a): „Wenn du draußen und allein …“. Materialien zur Situation haftentlassener Frauen. Frankfurt a. M.: ISS.

Einsele, H., Maelicke, B. (1981): Anlaufstelle für straffällig gewordene Frauen. ZfStrVo 30, S. 67-77.

Flügge, C., Maelicke, B, Preusker, H. (2001) (Hrsg.): Das Gefängnis als lernende Organisation Baden-Baden: Nomos.

Frehsee, D. (1991): Schleswig-Holstein: Von den Chancen und Schwierigkeiten einer neuen Regierung , eine neue Kriminalpolitik zu machen. In: Maelicke, B., Ortner, H. (Hrsg.): Thema Kriminalpolitik. Krisenmanagement oder neuer Aufbruch? Baden-Baden: Nomos, S. 108-123.

Frommel, M., Maelicke, B. (1994): Für ein normverdeutlichendes und liberal-rechtsstaatliches Jugendstrafrecht. Neue Kriminalpolitik 6, Heft 3, S. 28-34.

Jesse, J., Kramp, S. (2008): Das Konzept der Integralen Straffälligenarbeit – InStar – in Mecklenburg-Vorpommern. In: Dünkel, F., Drenkhahn, K., Morgenstern, C.: Humanisierung des Strafvollzugs – Konzepte und Praxismodelle. Mönchengladbach: Forum Verlag Godesberg, S. 135-144.

Kinzig, J. (2010): Reformüberlegungen zur Sicherungsverwahrung nach dem Urteil des EGMR in Sachen M. gegen Deutschland. Neue Kriminalpolitik 22, S. 148-151.

Koch, R. (2009): Integrale Straffälligenarbeit in Mecklenburg-Vorpommern: Nicht nur ein neuer Begriff. Bewährungshilfe 56, S. 116-144.

Kruis, K. (2000): Haftvollzug als Staatsaufgabe. ZRP 33, S. 1-5.

Lösel, F. (1993): Sprechen Evaluationsergebnisse von Meta-Analysen für einen frischen Wind in der Straftäterbehandlung? In: Egg, R. (Hrsg.), Sozialtherapie in den 90er Jahren, Wiesbaden: KrimZ, S. 21-31.

Lösel, F. (1994): Meta-analytische Beiträge zur wiederbelebten Diskussion des Behandlungsgedankens. In: Steller, D., u. a. (Hrsg.): Straftäterbehandlung. Argumente für eine Revitalisierung in Forschung und Praxis. Pfaffenweiler: Centaurus, S. 13-34.

Lösel, F. (2001): Behandlung oder Verwahrung? Ergebnisse und Perspektiven der Interventionen bei „psychopathischen“ Straftätern. In: Rehn, G., u. a. (Hrsg.): Behandlung „gefährlicher Straftäter“. Herbolzheim: Centaurus, S. 36-53.

Maelicke, B. (1975): Möglichkeiten und Grenzen der Resozialisierung. ZfStrVo 24, S. 198-202.

Maelicke, B. (1977): Entlassung und Resozialisierung. Heidelberg: C. F. Müller.

Maelicke, B. (1986): Brauchen wir ein Bundesresozialisierungsgesetz? ZRP 19, S. 203-205.

Maelicke, B. (1987): Soziale Arbeit als Soziale Innovation – Veränderungsbedarf und Innovationsstrategien. Weinheim, München: Beltz.

Maelicke, B. (1988): Ambulante Alternativen zum Jugendarrest und Jugendstrafvollzug. Weinheim: Beltz.

Maelicke, B. (1988a): Der „dritte“ Weg. 15 Thesen zur Innovation der ambulanten und stationären Straffälligenhilfe. Neue Kriminalpolitik, 15-16.

Maelicke, B. (1989): Ambulant in die Sackgasse? Kriminalpolitik als fortschreitende Irrtumskorrektur. Neue Kriminalpolitik 1, Heft 1, S. 36-40.

Maelicke, B. (1989a): Kriminalpolitik auf dem Prüfstand.: Saarland. Neue Kriminalpolitik 1, Heft 3, S. 16-19.

Maelicke, B. (1990): Die DVJJ am Scheideweg? Neue Kriminalpolitik 2, Heft 1, S. 4-5.

Maelicke, B. (1992): Innovation durch Organisation. Neue Kriminalpolitik 4, Heft 1, S. 34-37.

Maelicke, B. (1992a): Gesamtreform ist erforderlich – zur Reform des Jugendstrafrechts. Neue Kriminalpolitik 4, Heft 3, S. 28-29.

Maelicke, B. (1993): Wo bleibt das Jugendstrafvollzugsgesetz? Neue Kriminalpolitik 5, Heft 3, S. 15.

Maelicke, B. (1995): Neuer Aufbruch in der Kriminalpolitik? Neue Kriminalpolitik 7, Heft 2, S. 15.

Maelicke, B. (1995a): Grüne Kriminalpolitik. Quo vadis, Joschka? Programme, Projekte und Perspektiven „grüner" Kriminalpolitik. Neue Kriminalpolitik 7, Heft 4, S. 32-35.

Maelicke, B. (1997): Sparen als Chance? Zur Notwendigkeit der Qualitätsdiskussion in der Kriminalpolitik. Neue Kriminalpolitik 9, Heft 1, S. 26-29.

Maelicke, B. (1999): Der Strafvollzug und die Neue Wirklichkeit. ZfStrVo 48, S. 73-77.

Maelicke, B. (2003): Überbelegung = Fehlbelegung?! Plädoyer für grundlegende Systemverbesserungen im deutschen Strafvollzug. Neue Kriminalpolitik 15, S. 143-145.

Maelicke, B. (2007): Auf zu neuen Ufern? Konsequenzen aus der Föderalismusreform. Forum Strafvollzug 57, S. 9-13.

Maelicke, B. (2008): Integrierte Resozialisierung als strategische Innovationsaufgabe. Forum Strafvollzug 57, S. 6-8.

Maelicke, B. (2009): Wie Wasser von Klippe zu Klippe geworfen – Der organisierte Beziehungsabbruch als Systemfehler der Resozialisierung. Forum Strafvollzug 58, S. 301-302.

Maelicke, B. (2009a): Komplexleistung Resozialisierung: im Verbund zum Erfolg. Forum Strafvollzug 58, S. 60-62.

Maelicke, B. (2009b): Komplexleistung Resozialisierung – Im Verbund zum Erfolg. In: Koop, G., Kappenberg, B. (Hrsg.): Wohin fährt der Justizvoll-Zug? Strategien für den Justizvollzug von morgen. Lingen: Kriminalpädagogischer Verlag, S. 142-145.

Maelicke, B. (2010):Integrierte Resozialisierung – Im Verbund zum Erfolg. In: Preusker, H., Maelicke, B., Flügge, C. (Hrsg.): Das Gefängnis als Risiko-Unternehmen. Baden-Baden: Nomos, S. 246-258.

Maelicke, B., Ortner, H. (Hrsg.) (1988): Alternative Kriminalpolitik. Weinheim: Beltz.

Maelicke, B., Ortner, H. (Hrsg.) (1991): Thema Kriminalpolitik. Krisenmanagement oder neuer Aufbruch? Baden-Baden: Nomos.

Maelicke, B., Ortner, H., Simmmedinger, R. (1984) (Hrsg.): Ambulante Straffälligenhilfe – Internationale Ansätze neuer Kriminalpolitik. Frankfurt a. M.: ISS.

Maelicke, B., Simmedinger, R. (1987): Fortentwicklung der Sozialen Dienste der Justiz. Planungsgutachten für den Senator für Rechtspflege und Strafvollzug in Bremen. Frankfurt a. M.: ISS.

Maelicke, B., Simmedinger, R. (1987a): Sozialarbeit und Strafjustiz. Untersuchungen und Konzeptionen zur Reform der Straffälligenhilfe. Weinheim, München: Beltz.

Maelicke, B. u. a. (2010): Optimierung der ambulanten und stationären Resozialisierung in Hamburg. Abschlussbericht der Fachkommission. Hamburg, 8.2.2010.

Müller-Dietz, H., Würtenberger, T. (1969): Fragebogenenquête zur Lage und Reform des deutschen Strafvollzugs. Bonn-Bad Godesberg: Bundeszusammenschluss für Straffälligenhilfe.

Ortner, H. (Hrsg.) (1986): Freiheit statt Strafe. Plädoyers für die Abschaffung der Gefängnisse – Anstöße machbarer Alternativen. Tübingen: AS-Verlag.

Preusker, H., Maelicke, B., Flügge, C. (Hrsg.) (2010): Das Gefängnis als Risiko-Unternehmen. Baden-Baden: Nomos.

Sandmann, J. (2010): Teilprivatisierung als Innovationsstrategie. In: Preusker, H., Maelicke, B., Flügge, C. (Hrsg.): Das Gefängnis als Risiko-Unternehmen. Baden-Baden: Nomos, S. 259-269.

Schädler, W. (1983): Das Projekt Gemeinnützige Arbeit – Die nicht nur theoretische Chance des Art. 293 EGStGB. ZRP 16, S. 5-10.

Stelly, W., Thomas, J., Dölling, D., Beisel, H. (2010): Evaluation des Nachsorgeprojektes Chance. Forum Strafvollzug 59, S. 291-294.

Wellbächer, L., Klein, L. (2008): Das Modellprojekt „Arbeitsmarktintegration für jungendliche Strafentlassene" (ArJuS). In: Dünkel, F., Drenkhahn, K., Morgenstern, C. (Hrsg.): Humanisierung des Strafvollzugs – Konzepte und Praxismodelle. Mönchengladbach: Forum Verlag Godesberg, S. 125-132.

Innovation und Management in der Sozialwirtschaft – zur Verortung von Bernd Maelicke

Armin Wöhrle

Vorbemerkungen

Inmitten all der hektischen Anpassungsprozesse von Organisationen der Sozialen Arbeit an ein turbulentes sozialpolitisches und gesellschaftliches Umfeld, im Nachklang ideologisch aufgeladener Debatten zwischen Autonomie einklagenden Theoretikern der Sozialen Arbeit und Pragmatikern einer Sozialmanagementpraxis, die einfach ihren Job zu erledigen suchen inmitten einer rasch wachsenden Sozialwirtschaft, die erst langsam in ihrer Bedeutung begriffen wird, ist es an der Zeit, innezuhalten. Grundlegende Fragen müssen gestellt werden:

- Was ist hier in 40 Jahren passiert?
- Was ist auf dem Gebiet des Managements in der Sozialwirtschaft entstanden?
- Welche Themen bewegten und bewegen uns heute?
- Und welche Personen haben in diesen Prozessen eine Bedeutung erlangt?

Der heutige Anlass ist eine Gelegenheit, um ein paar der aufgeworfenen Fragen nachzugehen. Besonders freue ich mich auf die Gelegenheit, nicht nur abstrakte Positionen nachzuzeichnen, sondern damit fortzufahren auch Personen in der 40-jährigen Beschäftigung mit dem Thema Sozialmanagement aufscheinen zu lassen. (Man darf ja nicht übersehen, dass die DDR nicht viel länger existierte als die Diskussion über das Sozialmanagement währt. Und über wie viele Personen ist da geschrieben worden?).

Zu der Person, die hier gewürdigt werden soll, will ich hier auch gleich meinen persönlichen Bezug offenbaren. Seit den Entdeckungen der Frankfurter Schule wissen wir ja alle von unserem „erkenntnisleitenden Interesse“ bzw. dem Einfluss unserer emotionalen Bindungen auf unsere Erkenntnisse. Deshalb will ich gleich offenlegen, dass mir die Person *Bernd Maelicke* vom ersten Eindruck her sympathisch war und sich das nie geändert hat. Seine zugängliche und lockere Art und seine Wärme im Umgang mit Anderen lassen in der Science Community wenig Bewanderte kaum auf die Idee kommen, dass sie es mit einer bedeutenden Persönlichkeit zu tun haben. Eingeweihte dagegen schon, weil die wiederum wissen, dass die wirklichen Größen sich nicht „aufblasen“ müssen, sondern ganz natürlich bleiben können. Auch wenn wir uns nicht in allen Punkten einig sind, so haben wir festgestellt, dass wir am „gleichen Strang ziehen“ und ich freue mich immer, ihn zu sehen und mit ihm in die Diskussion zu kommen, wobei die besten „Sitzungen“ immer bei einem guten Tropfen nach einem guten Essen stattfanden. Auch das beschreibt seine Lebensart, die bei aller Beschäftigung mit brisanten sozialen und gesellschaftskritischen Fragen nicht ausschließt, gut leben zu dürfen.

Sein ganzes Werk zu würdigen steht mir nicht zu. Ich kann viel zu wenig über ihn als Juristen und seine innovativen Leistungen im Rahmen des Strafvollzugs und der Resozialisierung aussagen. Ich kann lediglich aus meiner Sicht zu bewerten versuchen, welche Bedeutung er für die Innovation und das Management in der Sozialwirtschaft hat.

Für dieses Vorhaben bedarf es ein paar Ausführungen, damit sein Beitrag eingeordnet werden kann.

Der Hintergrund für die Herausbildung eines Managementverständnisses in der Sozialen Arbeit und der Sozialwirtschaft

Im geschichtlichen Rückblick könnte die Phase des Managements der Sozialen Arbeit vor den 1970/1980er Jahren als die „Traumzeit“ oder „dunkle Phase“ im Sinne der fehlenden Reflexion des eigenen Tun bezeichnet werden. Dies ist auffällig, weil gerade die Soziale Arbeit großen Wert auf die Reflexion legt. Allerdings ist es der Ausblendung der Betriebs- und Volkswirtschaftslehre in den Studiengängen der Sozialen Arbeit geschuldet, dass einerseits auf die Fachlichkeit großen Wert gelegt wurde, andererseits aber Politik und Ökonomie weitestgehend nur als Kapitalismuskritik im Blick waren, so dass das gesamte Spektrum der Steuerung von Organisationen im Sozialbereich und ihre Finanzierung teilweise bis in die 1990er Jahre ausgeblendet wurden.

Selbstverständlich wurden Organisationen, die Dienstleistungen der Sozialen Arbeit erbringen, schon immer gemanagt. Dennoch entstand dieser Begriff erst in den 1970er Jahren in Fortbildungsveranstaltungen der Diakonischen Akademie Stuttgart, für die Albrecht Müller-Schöll zeichnete. Er brachte auch das erste Lehrbuch zum Thema zusammen mit Manfred Priepke heraus (*Müller-Schöll/ Priepke* 1983). Offensichtlich war zuvor keine Diskussionsöffentlichkeit gegeben für ein Führungspersonal in den freien Trägern, das sich als eigenständiges Management begriff bzw. es war nicht einmal dieses Selbstbewusstsein vorhanden.

Dieses fehlende Selbstverständnis als Management bei gleichzeitigem managerialem Handeln ist insofern dann doch wiederum nicht verwunderlich, weil bis in die 1990er Jahre die Erbringung wohlfahrtstaatlicher Leistungen in Deutschland durch ein korporatistisches System geprägt war. Die Steuerung der Organisationen wurde durch die öffentliche Verwaltung und ihre Finanzzuteilung vorgegeben. Sowohl die Wohlfahrtsverbände mit ihren engen Verbindungen zur öffentlichen Verwaltung als auch die kleinen freien Träger konnten sich dieser Logik nicht entziehen. Die lange Vorphase vor der „Erfindung“ des Sozialmanagements bestand somit für die Leitung und Führung sozialer Organisationen darin, Vorgaben der Verwaltungswissenschaft auf dem jeweiligen Stand zu übernehmen, weil man ohne Alternative am Tropf der öffentlichen Zuwendungen hing. Man verstand sich offensichtlich als verlängerter Arm der öffentlichen Verwaltung, weil man schließlich von dieser gefördert wurde und deren Verwaltungsvorschriften und Abrechnungsmodi einzuhalten hatte. Nicht erstaunlich ist deshalb, dass in der Sozialen Arbeit alle Tätigkeiten, die nicht unmittelbar fachlicher Natur waren, als „Verwaltung“ bezeichnet wurden. Darunter subsumierte alles von der Belegerbringung für Ausgaben bis zur Personaleinstellung. Es war offensichtlich kein Bewusstsein für differenzierte Führungs- und Leitungstätigkeiten vorhanden. Diese Tätigkeiten und Management generell waren eher mit einem negativen Vorzeichen versehen und die meisten Hochschulen, insbesondere die Universitäten, die in Sozialer Arbeit ausbilden, beschäftigten sich nicht bzw. erst in den 1990er Jahren damit.

Brüche hinsichtlich der einseitigen Abhängigkeit bzw. im korporatistischen System wurden erkennbar mit der in den 1980er Jahren einsetzenden Kritik an den Wohlfahrtsverbänden, an der staatlichen Verwaltung und Bürokratie und insbesondere an ihrer Verflechtung und letztlich an der Sozialpolitik (vgl. z. B. *Seibel* 1992, *Olk* 1986). Als ein historischer Beleg sei hier lediglich die Überschrift eines Artikel in „Der Spiegel“ angezeigt, der die Härte der Auseinandersetzung markieren soll: „Nur noch Lügen und Mauscheln. Korruption, Filz und Inkompetenz im System der deutschen Wohlfahrtsverbände“ (Der Spiegel 25/1989, S. 52 ff).

In dieser Phase ab den 1980er Jahren suchte sich die Führung und Leitung in Organisationen Freier Träger der Sozialen Arbeit eigenständige Steuerungsinstrumente anzueignen, weil sie eben nicht der Ableger einer Verwaltungsbürokratie sein wollte. Die Wohlfahrtsverbände kämpften um ihren Ruf und suchten ebenfalls nach eigenen Wegen. In diesem Abwehrkampf gegen eine Vereinnahmung, die nicht passte, wurde nach Instrumenten des Managements gesucht, die das Eigenständige unterstützen sollten. Dies war die Phase einer Suchbewegung, die eher durch graue Literatur dokumentiert wird als bereits durch ausgefeilte Konzepte, eher durch einen Boom an Fortbildungen und Beratungen als durch theoretische Abhandlungen. Erste Sozialmanagementkonzepte entstanden und es wurden die jeweiligen Verwaltungsmodernisierungen in praxisbezogenenen Studiengängen an Hochschulen diskursiv begleitet und unterstützt.

Diese Phase, in der auf der Basis von evolutionären Anpassungsprozessen an zunehmend neue Herausforderungen gepaart mit einem beginnenden Selbstbewusstsein die Suche nach einem eigenständigen Management betrieben wurde, dauerte nicht lange. Sie wurde inmitten ihrer intensivsten Bestrebungen in den 1990er Jahren quasi überrollt durch einen grundlegenden sozialpolitischen Umbau.

Mit den Auswirkungen der Globalisierung bzw. der Neuausrichtung der Europäischen Gemeinschaft auf einen sich im Umbruch befindlichen Weltmarkt, der Wachstumskrise der Wirtschaft in Deutschland bei gleichzeitigen Prognosen hinsichtlich einer Überalterung der Gesellschaft und Berechnungen, die dadurch eine zukünftige Finanzierung der Sozialsysteme infrage stellten, wurde politisch nach neuen Modellen der Finanzierung und Steuerung der Sozialsysteme, damit aber auch der öffentlichen Verwaltung und der von ihnen abhängigen Organisationen gesucht. In der Folge des weltweiten Vergleichs von Steuerungssystemen wurde in den 1990er Jahren nicht nur das Wohlfahrtssystem grundlegend umgebaut, sondern auch das Steuerungssystem der öffentlichen Verwaltung und der Organisationen, die soziale Leistungen erbringen. Es wurde ein „Wandel zweiter Ordnung" (vgl. *Wöhrle* 2005, 52 ff.) eingeleitet, gekennzeichnet durch einen Paradigmenwechsel oder – noch krasser ausgedrückt – eine ‚revolutionäre Umbruchsituation". Wenn man so will, wurde nun erstmalig das auf den Feudalismus zurückgehende kameralistische Regime der öffentlichen Verwaltung, das im aufkommenden Kapitalismus durch eine Formalbürokratie überformt wurde und die verschiedensten politischen Systeme als Exekutive überdauert hatte, nun frontal infrage gestellt und durch das kapitalistische Modell der betriebswirtschaftlichen Steuerung zu ersetzen gesucht.

Eine kontinuierliche Weiterentwicklung des Managements in den Organisationen der Sozialen Arbeit nach eigener Logik machte nun keinen Sinn mehr, weil alle Weichen sozialpolitisch und verwaltungspolitisch umgestellt waren. Es ging nun um Anpassungsleistungen an die neuen Vorgaben. Das Qualifizierungssystem der Fortbildungs- und Beratungsträger wurde überrollt durch den Einstieg der Hochschulen in die Ausbildung für die Sozialwirtschaft und für das Sozialmanagement. Auch für die Hochschulen war dies nicht nur ein freiwilliger Akt, denn sie wurden eingebunden in den Bolognaprozess und mussten zur eigenen Überlebenssicherung neue Chancen insbesondere hinsichtlich der weiterbildenden Masterstudiengänge ergreifen. Fortbildungsträger mussten sich hier eintakten oder haben nicht überlebt.

Wo stehen wir heute?

Auf dem Vier-Länder-Kongress in Luzern wurde von mir der vorsichtige Versuch unternommen, eine grobe Übersicht zu zeichnen und eine Prognose zu wagen. Wie die folgende Grafik zeigt, suchte ich dabei grobe Phasen zu unterscheiden (*Wöhrle* 2008, 72):

Abbildung 1: Phasen der Herausbildung des Sozialmanagements bzw. des Managements in der Sozialwirtschaft (Wöhrle 2008, 72)

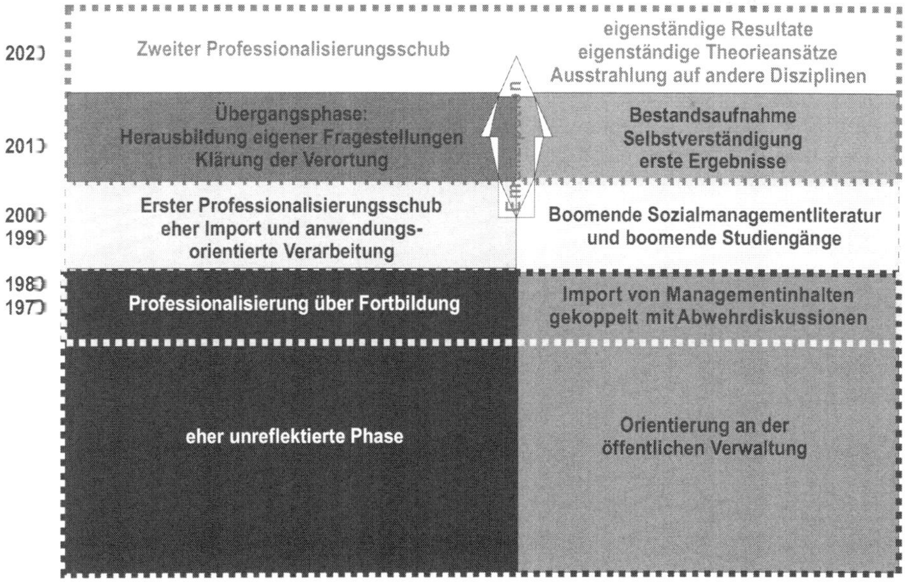

Für die Praxis des Managements in der Sozialwirtschaft ist ein völlig ungewohntes, turbulentes Umfeld entstanden:

- Die alte und lange Zeit kritisierte Allianz zwischen den öffentlichen Händen und den Wohlfahrtsverbänden ist zerbrochen. Was als „Neo-Korporatismus" und „Funktionaler Dilettantismus" (*Seibel* 1992) gescholten wurde, wurde „verflüssigt" indem eine „Verbetriebswirtschaftlichung" auch für die öffentliche Verwaltung einzuführen gesucht wurde.
- Damit sind stabile Finanzierungsgrundlagen weggebrochen. Heute muss das Management sich nach verschiedenen Seiten hin hinsichtlich des an allen Enden und Ecken knapp werdenden „Tischtuchs" strecken: Die früher sicher geltende Grundfinanzierung wird Stück um Stück gekürzt. Die Eigenmitteleinwerbung hat zugenommen. Die geringen Eigeneinnahmen durch Beiträge und Spenden reichen nicht aus.
- Die Umstellung auf Projekteinwerbung konfrontiert das Management mit völlig unterschiedlichen Finanzierungslogiken, aus der Europäischen Gemeinschaft, dem Bund, den Ländern und selbst unterschiedlichen Finanzierungslogiken aus den Kommunen, da sie die Neue Steuerung völlig unterschiedlich interpretieren. Hinzu treten weitere Finanzierungslogiken, wenn Mittel von gesellschaftlichen Einrichtungen wie Stiftungen und Sponsoren eingeworben werden sollen oder Kredite

einer Bank aufgenommen werden müssen (meist um Kosten vorzufinanzieren die dann als Projektmittel fließen sollen).

- Gleichzeitig verlangt die Umstellung in allen Bereichen, aus denen sich Organisationen des Sozialbereichs finanzieren, dass alle Finanzgeber eigene Evaluierungs- und Qualitätsmanagementanforderungen stellen, so dass ein Projekt in einer Organisation bis zu fünf unterschiedliche Qualitätsberichte abgeben muss.
- Das Versprechen, flexibler und ohne bürokratische Gängelung managen zu können, wird durch eine neu aufkommende, von den Finanzgebern aufgebürdete „Bürokratie neuer Steuerungssysteme" gebrochen.
- Die in Kauf genommene Gefahr, unter den neuen Bedingungen wie auf einem Markt auch scheitern zu können, ist eingetreten. Dagegen ist die Chance, Überschüsse erwirtschaften zu können und damit flexibler auf zukünftige Herausforderungen und Bedarfslagen der Klientel reagieren zu können, kaum entstanden. Im Gegenteil, wenn ein Management neue Möglichkeiten konsequent hinsichtlich der Erwirtschaftung von Überschuss nutzt, wird es unter Umständen wiederum bestraft.[1]

Dass inmitten dieser neuen Anforderungen ein Management entstanden ist, kann kaum mehr strittig sein, denn die Anforderungen können nur durch ein besonderes Management gemeistert werden, das auch eindeutig von dem in der öffentlichen Verwaltung abgegrenzt ist.

Dass es sich hierbei, wenn wir den Bewirtschaftungsgegenstand als Sozialwirtschaft bezeichnen wollen, um ein übersichtliches Territorium handeln soll, kann allerdings angezweifelt werden. Wir haben in diesem Gegenstandsbereich keine verlässlichen Zahlen hinsichtlich seines Ausmaßes. Die Fachwelt hat sich noch nicht einigen können, wie der Bewirtschaftungsgegenstand eingekreist werden soll. Gegenwärtig sind wir mit Zahlen konfrontiert, die aus der Beforschung des Dritten Sektors und aus der Nonprofit-Sektor-Forschung stammen, wohl wissend, dass beide Gebiete die Sozialwirtschaft nur unscharf begrenzen können, manches in ihnen nicht zu ihr gehört, dafür manches, das zu ihr gehört außerhalb liegt. Ohne hier auf Zahlen und ihre Bewertung einsteigen zu wollen, soll nur einmal eine grobe Hausnummer benannt werden. Aus berufenem Munde, nämlich von der Deutschen Bank, erfahren wir folgendes – und es schwingt ein Erstaunen bei dieser Feststellung mit: „Die Freie Wohlfahrtspflege stellt die größten Arbeitgeber in Deutschland und ist in zukunftsrelevanten Märkten aktiv. Insgesamt beschäftigte sie 2008 1,54 Mio. Menschen. Seit 1970 hat sich die Beschäftigung in etwa vervierfacht. Dennoch wird diese Institution im aktuellen Wirtschaftsleben kaum wahrgenommen" (Deutsche Bank 2010, 1). Die größten Arbeitgeber Deutschlands sind allgemein anerkannt die Caritas mit mehr als einer halben Million Beschäftigten und die Diakonie, die nahe an der halben Million liegt. Die Recherche der Deutschen Bank ergibt ferner, dass 2008 die Freien Wohlfahrtsverbände 102.000 Einrichtungen betrieben und einen Umsatz von rund 38 Milliarden Euro machten, wobei noch nicht alle Sektoren berücksichtigt wurden, in denen sie tätig sind.

1 „Der König der unteren Zehntausend", Die Zeit Nr. 27 vom 01.07.2010, S. 13 ff.

Da wir wissen, dass der Sektor, den wir als Sozialwirtschaft einzugrenzen versuchen, mehr ist als die Wohlfahrtsverbände (auch wenn einige Tätigkeitsfelder der Wohlfahrtsverbände davon unter Umständen abgezogen werden müssen – am Strittigsten ist, ob es überhaupt noch eine Trennung zwischen dem Gesundheits- und dem Sozialbereich geben kann) abdecken, kann behauptet werden, dass es sich um einen nicht unerheblichen wirtschaftlichen Faktor handelt. Wirtschaftswissenschaftler sind derzeit zudem dabei zu belegen, dass mit diesem Sektor mehr Wirtschaftskraft bewegt wird als von staatlicher Seite in ihn eingegeben wird (*Puch/Schellberg* 2010).

Für diesen Sektor wird erhebliches Leitungspersonal benötigt und dafür wird seit den 1990er Jahren auch sehr viel ausgebildet. Seit den 1990er Jahren erforschen *Boeßenecker* und *Markert* die Entwicklung der Studiengänge Sozialmanagement und Sozialwirtschaft im deutschsprachigen Raum. Leider kann ich für diesen Beitrag noch nicht die neuesten Zahlen der Forscher verwenden, die für Deutschland, Österreich und die Schweiz 2011 vorliegen werden. Die nachfolgende Grafik berücksichtigt deshalb nur die Werte bis 2006 (*Boeßenecker/Markert* 2007).

Abbildung 2: Entwicklung von Studiengängen Sozialmanagement und Sozialwirtschaft an Hochschulen im deutschsprachigen Raum (Beßenecker/Markert 2007,34)

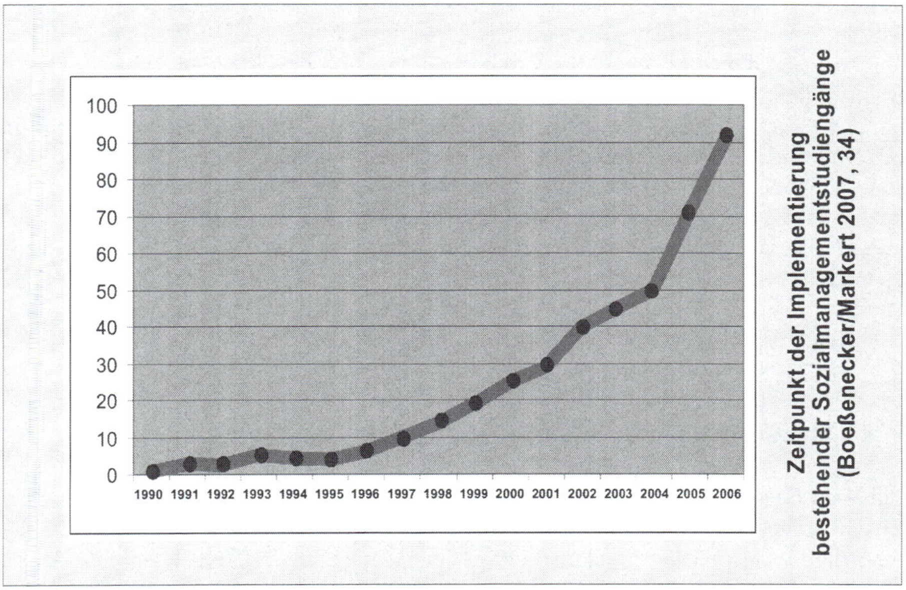

Gleichzeitig ist durch ihre Information von *Boeßenecker* und *Markert* im Rahmen der Bundesarbeitsgemeinschaft Sozialmanagement/Sozialwirtschaft bekannt, dass die Zahlen nicht sinken, sondern die Marke von 100 überschritten haben.

Um eine Bilanz zu ziehen und dabei die Hoffnung, die aus der Abbildung 1 hinsichtlich eines zweiten Professionalisierungsschubs mit einzubeziehen, kann gegenwärtig folgendes festgestellt werden:

- Die Anpassungsprozesse bezogen auf diese Umwälzungen im politischen und gesellschaftlichen Raum sind erheblich. Ob die neu entstehende Profession und ihr wissenschaftliches Hinterland hinsichtlich dieser Herausforderungen einmal in die „Vorhand" kommt, sollte als Vision bleiben, allein ob es gelingen wird, wissen wir nicht.
- Dass das Zusammenwirken aus einem real entstandenen Management der Sozialwirtschaft und den Nachfragen, die durch dieses gestellt werden sowie einem neuen Potential an Wissenschaftlichkeit, das allein durch ca. 2.000 wissenschaftliche Abschlussarbeiten im Jahr angedeutet werden soll, eine Veränderung des Zustandes eines „Schlummerns im Vorbewusstsein eines Managementstatus" bewirkt hat, ist anzunehmen.
- Für den qualitativen Umschlag in eine neue Phase der Professionalisierung kann ich gegenwärtig noch nicht genügend Anzeichen erkennen. Allerdings für die Phase eines zunehmenden Sichtens, Sortierens und Entwerfens neuer Strategien, wie wissenschaftlich vorgegangen werden kann.

Festgestellt werden kann allerdings, dass es bereits eine Institution dafür gibt, die sich um die Erfassung der Daten bemüht. Bereits in den 1990er Jahren haben sich die Lehrenden in Studiengängen des Sozialmanagements und der Sozialwirtschaft zu einer Bundesarbeitsgemeinschaft zusammengeschlossen und sich mit einem ersten internationalen, allerdings auf den deutschsprachigen Raum begrenzten Kongress 2005 in Luzern um eine erste Bestandsaufnahme bemüht (*Bassarak/Wöhrle* 2008), wobei dieser erste Versuch bereits zu wichtigen Erweiterung führte: Die Grenzen zwischen den tangierten Disziplinen wurden überschritten, indem Sozial- und Wirtschaftswissenschaftler zusammen nach Lösungen suchen und es wurden die nationalen Grenzen zumindest im deutschsprachigen Raum überschritten: Die Internationale Arbeitsgemeinschaft Sozialmanagement/Sozialwirtschaft (INAS) wurde gegründet, auf deren Grundlage weitere Bestandsaufnahmen durchgeführt werden.

Wie kommt nun Maelicke ins Spiel?

Bei einer Bestandsaufnahme kommen nun auch Personen ins Blickfeld. Es ist wie bei der Betrachtung von Organisationen: Sie müssen soziologisch unabhängig von Personen betrachtet werden können, da sie länger existieren als ein Menschenleben dauert und Personen unentwegt austauschen. Gleichzeitig existieren sie nur vermittelt durch konkrete Personen. Es tritt uns in den wenigsten Fällen eine abstrakte Organisation gegenüber, sondern wir sind immer mit konkreten Repräsentanten konfrontiert und so, wie diese uns gegenübertreten, so schätzen wir die Organisation ein. Bei der Betrachtung von Geschichte ist es nicht anders.

Bei der geschichtlichen Betrachtung der Sozialwirtschaft und ihres Managements fallen nun auch Personen auf, die den Diskussionszusammenhang befördert haben. Von einer solchen Person soll heute die Rede sein.

Bernd Maelicke, studierte in den 1960er Jahren Rechtswissenschaften einschließlich Kriminologie, Volkswirtschaftslehre und Politik an der Universität Freiburg, promovierte 1973 mit dem Titel „Entlassung und Resozialisierung“ und legte sein 2. juristisches Staatsexamen ab.

Von 1974 bis 1978 war er Leiter der Fortbildungsakademie des Deutschen Vereins für öffentliche und private Fürsorge und von 1978 bis 1990 Direktor des Instituts für Sozialarbeit und Sozialpädagogik (ISS) in Frankfurt am Main.

Bereits zu Beginn der 1970er Jahre wurde er mit dem Führungspersonal der Sozialen Arbeit konfrontiert: Den Leitungskräften in den Ämtern, in den Verbänden, in Einrichtungen der Jugend- und Sozialhilfe. In ihren Ausbildungen als Fürsorger und Fürsorgerinnen war Managementwissen nicht sonderlich verbreitet, aber auch nicht in den Studiengängen Jura, Psychologe oder Soziologe, die Grundlage der meisten Führungskräfte waren. Betriebswirtschaftlich ausgebildete Führungskräfte waren nicht anzutreffen. Also musste nachgebessert werden.

Damit hatte er 1990 die nötige theoretische Qualifikation und Praxiserfahrung, um auf eine einschlägige Universitäts-Professur für Sozialmanagement berufen zu werden. Die Stelle, auf die er sich bewarb, bekam eine andere Person. Wenn die Geschichte des Sozialmanagements einmal detaillierter geschrieben wird, werden hier sicherlich ein paar Wissenschaftler ansetzen und in die Tiefe bohren wollen, um dies nicht als Rätsel der Geschichte stehen zu lassen. In dieser Festschrift lassen wir das einfach mal so stehen und weisen darauf hin, dass *Bernd Maelicke* erst 2004 offiziell in den Schoß der Wissenschaft mittels einer Honorarprofessur an der Universität Lüneburg aufgenommen wurde. Welch ein Verlust in den 14 Jahren!

Aber halt! Welch ein Gewinn für andere Gebiete!

1990 wurde er als Ministerialdirigent im Ministerium für Justiz, Frauen, Jugend und Familie in Kiel Abteilungsleiter für „Strafvollzug, Soziale Dienste der Justiz, Freie Straffälligenhilfe und Gnadenwesen“. Aber eben kein Bürokrat, sondern jemand, der beständig innovativ tätig war und diverse nationale und internationale Entwicklungsprojekte zur ambulanten und stationären Resozialisierung in Gang brachte.

Dabei blieb er auch der Wissenschaft auf verschieden Gebieten in den 14 Jahren erhalten. Er lehrte als nebenamtlicher Dozent an verschiedenen Akademien, Fachhochschulen und Universitäten zu Themen des Sozialmanagements, der Organisationsentwicklung, Sozialwirtschaft, Kriminologie und des New-Public-Managements.

Und er war Initiator und Herausgeber von Zeitschriften und Buchreihen zum Sozialmanagement und zur Kriminologie. Insgesamt hat er mehr als 200 Aufsätze in Fachzeitschriften und über 40 Fachbücher publiziert. Da legen wir jetzt mal gnädigerweise hinsichtlich mancher Hochschulprofessur keinen Vergleichsmaßstab an.

Was hat Maelicke mit der Entwicklung im Management der Sozialwirtschaft zu tun?

Meine Hypothese lautet, dass *Bernd Maelicke* als eine der Gründerpersönlichkeiten in die Geschichte des Managements in der Sozialwirtschaft eingehen wird.

Das kann ich natürlich im Vorab nicht belegen, aber ich kann plausible Gründe anführen, weshalb es so sein wird:

Dass *Maelicke* den Vordenker *Müller-Schöll* kannte, hat noch keine Bedeutung, jedoch wurden in fruchtbaren Gesprächen sicherlich einige Ideen entwickelt, die von Bedeutung für die Qualifizierung und Fortbildung von Führungskräften waren.

Von entscheidendem Einfluss waren die Möglichkeiten, die *Maelicke* hatte, um in seiner Funktion als Leiter der Fortbildungsakademie des Deutschen Vereins für öffentliche und private Fürsorge und als Direktor des Instituts für Sozialarbeit und Sozialpädagogik (ISS) über 16 Jahre die Angebote an Weiterbildung, Beratung und Projektarbeit zu beeinflussen.

Richtungweisend für eine sich langsam selbst als Management wahrnehmende „Gemeinde", in der die eigenen Rollen noch entschlüsselt werden mussten, waren insbesondere die Erweiterung der herkömmlichen Fortbildungsansätze insbesondere durch folgendes:

- ISS-Kurse zum Thema Sozialmanagement wurden mit Organisationsentwicklungs-Projekten verknüpft,
- die Praxiserprobung durch Beratungsprojekte wurde eingeführt und
- erstmalig kamen Berater und Beraterinnen aus For-Profit-Organisationen sowie Lehrende auf Lehrstühlen der Betriebswirtschaft zum Einsatz.

Maelicke und *Reinbold* vertraten in der Zeit einen Ansatz der „ganzheitlichen und sozialökologischen Organisationsentwicklung" (*Maelicke/Reinbold* 1990, 1992). Dabei handelte es sich um ein „klassisches" Verständnis in der zuvor charakterisierten Epoche, in der die Leitungen in Organisationen, die Leistungen der Sozialen Arbeit anbieten, ihr eigenes Selbstverständnis sich anzueignen suchten. Man versuchte sich aus der Umklammerung der Verwaltung des öffentlichen Trägers zu befreien, um ein eigenständiges Profil als Organisation und ein eigenständiges Managementprofil herauszubilden. Bei dieser Suche wurden im sozialwissenschaftlichen Spektrum Ansatzpunkte der Organisationsentwicklung entdeckt, die auf die Laboratoriumsmethode, die Survey-Feedback-Methode, die Aktionsforschung und den Travistock-Ansatz zurückgehen. Diese mit Namen wie *Lewin* und *Argyris* verbundenen Ansätze fußen auf dem in der Humanistischen Psychologie maßgeblichen Menschenbild (*Maslow*, *McGregor*), beziehen sozialwissenschaftliche Erkenntnisse in Planung, Durchführung und Bewertung von Veränderungsprozessen mit ein, verlangen eine möglichst transparente Vorgehensweise unter weitgehender Beteiligung der Organisationsmitglieder, betonen das Erfahrungslernen und den Entwicklungsprozess sowie das Systemische Denken (vgl. *Comelli* 1985, 143).

Interessant waren in dieser Phase die praktischen Fragen der Weiterentwicklung der Organisationen und der Herausbildung eines Führungs- und Steuerungssystems. Nur wenige Autoren beschäftigten sich damals eingehender mit der theoretischen Anschlussfähigkeit der Ansätze an die Soziale Arbeit. Es wurden alle möglichen Versatzstücke aus angrenzenden Wissenschaftsbereichen (Betriebswirtschaft, Organisationssoziologie und –psychologie) importiert und anwendungsbezogen verarbeitet. *Maelicke* war insofern ein typischer Vertreter dieser Phase als bei ihm die Anwendung im Vordergrund stand, aber er gehörte bereits zu den paar herausragenden Vertretern, die sich um ein schlüssiges Konzept auf einer theoretischen Grundlage bemühten. Diese herausragende Stellung wird deutlich seit *Merchel* 1992 drei Sozialmanagementkonzepte unterschied: (a) das sozialtechnokratisch orientierte Konzept, (b) das Gruppe- bzw. interaktionsdynamisch orientierte Konzept und (c) das innovationsorientierte, sozialpolitisch ausgerichtete Konzept, wobei er *Maelicke* und *Reinbold* das dritte zuschrieb (*Merchel* 1992, 77 ff.).[2]

Der Weg, für die Organisationen der Sozialen Arbeit und ihr Management einen eigenständigen Ansatz des Managements über Organisationsentwicklung zu finden, hätte ein sehr interessanter werden können, aber wie bereits ausgeführt wurde, überrollten Umwälzungsprozesse im sozialpolitischen Raum dieses „zarte Pflänzchen“, womit das Suchen nach einem eigenen Weg ad absurdum geführt wurde. Die Weichen wurden höheren Orts umgestellt und es ging um Anpassungsprozesse. Ein Ausweichen war nicht möglich, da die Finanzgeber auf eine betriebswirtschaftliche Steuerung ausgerichtet wurden, womit die Freien Träger folgen mussten. Damit brach jedoch die Suchbewegung nicht ab, sie weitete sich sogar aus.

Nach der Phase der Weiterentwicklung durch Fortbildung und Beratung entstand mit dem sozialpolitischen und bildungspolitischen Umbruch die Phase des ersten Professionalisierungsschubs, der nicht nur festgemacht werden kann an der Menge der nun über Sozialmanagement publizierten Literatur und der Selbstverständlichkeit, mit der seit dem die Begriffe Sozialmanagement und Management in der Sozialwirtschaft verwendet werden, sondern insbesondere an den ca. 100 Studiengängen, die dafür ausbilden.

In dieser Phase des ersten Professionalisierungsschubs war *Maelicke* wiederum sehr präsent als Vorreiter für die Schaffung wesentlicher Plattformen für Diskussionen mit anwendungsbezogener Ausrichtung. Er ist Mitbegründer der Fachzeitschriften „SOZIALwirtschaft“ und „SOZIALwirtschaft aktuell“, die 1990 ursprünglich als Fachzeitschrift SOCIALmanagement mit Info-Dienst ins Leben gerufen wurde. 1994 begann er als Herausgeber mit der „Edition Sozialwirtschaft“. Und damit werde ich mir hinsichtlich seiner nachhaltigen Bedeutung für das Management in der Sozialwirtschaft noch sicherer, denn er hat Plattformen eingerichtet, die wiederum Veröffentlichungen geschaffen haben, die wiederum mit seinem Namen verbunden sind. Denn was bleibt schon von einem großen Denker oder „Bewirker“ übrig, wenn seine Ge-

2 Dass hinsichtlich dieser, aus damaliger Sicht richtigen Einordnung heute Revisionen angebracht werden müssen, die auch *Merchel* selbst bereits vorgenommen hat, versteht sich von selbst (*Wöhrle* 2009).

danken und praktischen Ansätze nicht publiziert werden und später auf Material zurückgegriffen werden kann? Mit der Durchsetzung von Veröffentlichungsreihen in der Nomos-Verlagsgesellschaft, insbesondere mit der von ihm entworfenen „Edition Sozialwirtschaft“, der weitere folgten, schuf *Maelicke* die Möglichkeit, über einen renommierten Verlag Themen des Managements in der Sozialwirtschaft einem noch breiteren Publikum als auf Kongressen und Tagungen zugänglich zu machen.

Als Vordenker und Initiator ist *Maelicke* maßgeblich an der Entstehung der Kongresse der Sozialwirtschaft beteiligt. Träger dieser Kongresse sind die Bundesarbeitsgemeinschaft der Freien Wohlfahrtspflege (BAGFW), die Bank für Sozialwirtschaft (BfS) und die Nomos Verlagsgesellschaft. Veranstalter sind die benannten Träger in Zusammenarbeit mit den bundeszentralen Akademien der Freien Wohlfahrtspflege und dem Deutschen Verein für öffentliche und private Fürsorge e.V. *Maelicke* ist Herausgeber der ersten vier Kongressveröffentlichungen bei Nomos:

- Veränderungsmanagement in der Sozialwirtschaft (1. Kongress der Sozialwirtschaft) (Edition Band 14) 2000.
- Strategische Unternehmensentwicklung in der Sozialwirtschaft (2. Kongress der Sozialwirtschaft) (Edition Band 17) 2002.
- Personal als Erfolgsfaktor in der Sozialwirtschaft (3. Kongress der Sozialwirtschaft) (Edition Band 21) 2004.
- Finanzierung in der Sozialwirtschaft (4. Kongress der Sozialwirtschaft) (Edition Band 23) 2006.

Die späteren Kongressbände wurden von der BAGFW herausgegeben.

Auf die bereits erwähnten 200 Fachaufsätze und über 40 Fachbücher, die *Maelicke* publiziert hat, kann hier nicht tiefer eingegangen werden. Allerdings soll seine Mitbegründung nicht nur der Fachzeitschriften „SOZIALwirtschaft“ und „SOZIALwirtschaft aktuell“ sondern auch der Fachzeitschriften „Neue Kriminalpolitik“, „Seniorenwirtschaft“ und von „Forum Strafvollzug“ Erwähnung finden. Eine Veröffentlichung, in der seine beiden Interessensgebiete zusammenflossen, soll hier herausgehoben werden. Es handelt sich dabei um das Werk, das er zusammen mit *Flügge* und *Preusker* veröffentlichte: „Das Gefängnis als lernende Organisation“ (*Flügge/Maelicke/Preusker* 2001).

Mit Ausscheiden aus seinem aktiven ministerialen Dienst gründete er 2005 zusammen mit sechs weiteren Experten aus den wichtigsten Arbeitsfeldern des Managements in der Sozialwirtschaft (Praxis, Wissenschaft, Unternehmensberatung, Finanzierungsberatung, IT-Entwicklung, Weiterbildung und Marketing) das Deutsche Institut für Sozialwirtschaft (DISW) in Kiel. „Das Institut setzt seinen Schwerpunkt auf Forschung und Entwicklung für soziale Dienstleistungsunternehmen. Auftraggeber sind u.a. Bundes- und Landesministerien, öffentliche, freie, gemeinnützige und gewerbliche Träger sowie Fachverbände. An das Institut wenden sich Fach- und Führungskräfte von sozialen Institutionen sowie andere an der Lösung von sozialen Problemen Interessierte“ (Auszug Internetauftritt 2.1.2011: http://institut-sozialwirtschaft.de/index.php?id=12). Das Institut arbeitet derzeit an folgenden Projekten:

- Gutachten über Frühförderung in Schleswig-Holstein (Prof. Dr. Maelicke, Prof. Dr. Rainer Fretschner, Fabian Frei, Nina Köhler)
- Landesprogramm „Älter werden in Schleswig-Holstein" (Prof. Dr. Bernd Maelicke, Fabian Frei, Dr. Stefan Siemer, Prof. Dr. Rainer Fretschner)
- Wissenschaftliche Beratung des Landesseniorenrats (Dr. Stefan Siemer)
- Freiwilligendienste aller Generationen (Annika Poppenborg)
- Beratung ASB Dresden (Dr. Andreas Tietze, Prof. Dr. Bernd Maelicke)
- Weiterbildung „Betriebswirt der Seniorenwirtschaft" (Elke-Maria Reinhard, Prof. Dr. Bernd Maelicke, Dr. Andreas Tietze)
- Optimierung der ambulanten und stationären Resozialisierung in Hamburg (Prof. Dr. Bernd Maelicke)
- Landeskinderschutzbericht Schleswig-Holstein (Prof. Dr. Bernd Maelicke)
- Entwicklung Info-Portal für Senioren (Prof. Dr. Bernd Maelicke, Dr. Stefan Siemer, Dr. Andreas Tietze, Fabian Frei) (Internetauftritt am 2.1.2011).

Kommen wir nun zur gegenwärtigen Phase. Die gegenwärtige Phase der Reflexion, wenn sie denn auch durch zukünftige Generationen von Wissenschaftlern so benannt werden wird, weil bislang nur ich sie so bezeichnet habe, wird mit *Maelicke* eingeleitet. Er hatte die Idee – nachdem er schon ein Lehrbuch in der dritten Auflage (*Arnold/ Maelicke* 2009) und ein Handbuch (*Maelicke* 2000) herausgebracht hatte – nun endlich ein Lexikon der Sozialwirtschaft zu veröffentlichen. Mit dem 2008 erschienenen Lexikon wird das Gebiet der Sozialwirtschaft erstmalig im deutschsprachigen Raum in einem gezielt interdisziplinären Kontext durch Vertreter aus der Sozialarbeit/ Sozialpädagogik, den Erziehungswissenschaften, der Psychologie, der Soziologie und Politologie, der Volkswirtschafts- und Betriebswirtschaftslehre, dem Recht und den Verwaltungswissenschaften wissenschaftsrelevant und praxisrelevant aufbereitet. Das Lexikon versammelt mehr als 150 Autoren und über 800 Stichworte.

Maelicke hatte mit dem umfassenden Call-for-Paper für das Lexikon eine Welle losgetreten. Viele der um Beiträge angefragten Personen meldeten weitere Stichworte und weitere Autoren. Mir fiel z. B. auf, dass etwas zur Theoriebildung geschrieben werden sollte und hatte dann aber sofort den Auftrag von *Maelicke*: „Mach das!". Glücklicherweise konnte ich noch *Wolf Rainer Wendt* gewinnen, der mitmachte und der „Überhang", der nicht in ein Stichwort passte, konnte dann auch noch veröffentlicht werden (*Wendt/Wöhrle* 2007).

Aber die Idee hat noch mehr Gehalt. All diese Fülle von sich beständig ansammelndem, notwendigerweise anwendungsbezogenem Wissen auf einem neuen Praxisfeld muss ab einem bestimmten unübersichtlichen Zustand in eine neue Qualität umschlagen. Es bedarf der Sichtung, Sortierung, der Bewertung und Ordnung. Erst dann ist es reif, um in Richtung auf theoretische Konstrukte bearbeitet werden zu können.

Aus meiner Sicht hat Maelicke mit seiner enzyklopädischen Vorgehensweise den Anstoß gegeben, dass sich in der Bundesarbeitsgemeinschaft Sozialmanagement/Sozialwirtschaft die Idee einer Bestandsaufnahme unter den Aspekten Ausbildung, Forschung und Entwicklung sowie Theoriebildung durchsetzen konnte. Auch die Vorgehensweise, einen Entwurf zu machen und diesen von allen einschlägigen Fachleuten ergänzen zu lassen, hatte etwas Bestechendes. Dieses Schneeballprinzip haben wir in der Bundesarbeitsgemeinschaft Sozialmanagement/Sozialwirtschaft sofort übernommen und den ersten internationalen Kongress zur Bestandsaufnahme nach diesem Muster ausgerichtet (*Bassarak/Wöhrle* 2008). Das demokratische Prinzip, allen, die in diesem Bereich lehren und forschen die Möglichkeit zur Veröffentlichung zu geben, blieb auch für folgende Veröffentlichungen (*Wöhrle* 2011) erhalten.[3]

Ob Zufall oder nicht, auch der Nachfolgeband zur ersten Bestandsaufnahme aus Sicht der universitären Erziehungswissenschaften (*Flösser/Otto* 1992) kam kurze Zeit später heraus als die Bestandsaufnahme der Bundesarbeitsgemeinschaft Sozialmanagement/Sozialwirtschaft (*Grunwald* 2009). Womöglich wurde auch diese neue Bestandsaufnahme durch die mehrjährige Sammlung von Beiträgen für das Lexikon angeregt.

Bilanz

Wenn wir das eingangs aufgezeigte Schema erster historischer Einordnungen hernehmen und *Maelickes* Schaffen darauf beziehen, so wird deutlich, dass er in jeder Phase einen herausragenden Beitrag geleistet hat:

- In der Phase, in der das Management sich langsam aus dem „Dunkel der Verwaltungsabhängigkeit" zu einem eigenen Selbstverständnis aufrichtete, hat er an maßgeblicher Stelle durch Fortbildung, Beratung und Projekte diesen Emanzipationsprozess gefördert.
- In der Phase als dieser langsame Emanzipationsprozess von sozialpolitischen Umwälzungsprozessen völlig überrollt wurde, hat er bedeutende Diskussionsplattformen geschaffen, auf denen die neuesten Erkenntnisse vorgestellt werden konnten und Veröffentlichungsreihen ins Leben gerufen, mit denen die Erkenntnisse verbreitert wurden. Die Konsequenzen für die Managementpraxis in der Sozialwirtschaft können kaum hoch genug bewertet werden, ebenso der damit genommene inhaltliche Einfluss auf die Ausbildung in Sozialmanagementstudiengängen.
- Für die eben erst beginnende Phase der Verortung, in der eigene Fragestellungen entstehen, und die überleiten kann zu einem zweiten Professionalisierungsschub des Managements in der Sozialwirtschaft und selbst einer Befruchtung des Managements generell – für diese Phase hat *Maelicke* mit der richtigen, nämlich der enzyklopädischen Herangehensweise begonnen. Die entsprechenden Reaktionen und Vertiefungen unterstreichen diese konsequente Herangehensweise.

3 In Vorbereitung sind der Band „Forschung und Entwicklung" (Arbeitstitel), der von *Herbert Bassarak* und *Bernd Maelicke* herausgegeben wird.

Diese Einschätzungen zeigen eine Persönlichkeit, die hinsichtlich des Managements in der Sozialwirtschaft beständig am Puls der Zeit war und ist. Wenn die Geschichte des Managements der Sozialwirtschaft durch nachfolgende Generationen akribisch aufgearbeitet werden wird, so werden sie genügend Dokumente finden, um dies belegen zu können.

Doch was sind seine besonderen Fähigkeiten, mit denen sich das erklären lässt? Warum schaffte er das?

Nun, ich habe dies eingangs schon erwähnt, er ist einfach sympathisch und umgänglich und kann mit den unterschiedlichsten Menschen in den unterschiedlichsten Zusammenhängen gut umgehen. Er kann die für Ziele und Problemlösungen wichtigen Menschen aus völlig unterschiedlichen Kontexten miteinander in Verbindung bringen. Wie kann man das bezeichnen? Er ist ein „Netzwerker" und „Ermöglicher". Er stellt Verbindungen zwischen einem Bedarf und einer möglichen Bedarfsbefriedigung, zwischen Problemen und potentiellen Problemlösern her, initiiert und ermöglicht Veröffentlichungs- und Diskussionsplattformen, Gespräche und Verhandlungen, die zu Ergebnissen führen.

Dass er einen Spagat aushalten kann aus unterschiedlichen Interessengebieten und dennoch auf beiden gleich gut sein kann, hat er ebenfalls trefflich bewiesen. Es feiern ihn zwei, nicht unbedingt miteinander sehr eng verbundene Fachgebiete.

Persönliche Bilanz von Maelicke

Nach diesem Versuch, eine objektive Einordnung seines Schaffens zu bilanzieren, interessierte mich seine persönliche Bilanz und seine Perspektive. Ich habe deshalb folgendes Interview mit ihm geführt:

Was waren Deine grundlegenden Entdeckungen in Deiner Auseinandersetzung mit dem Management in der Sozialwirtschaft?

Meine zentrale Entdeckung ist die Vernetzung. Systeme können nur durch Vernetzung weiterentwickelt werden und hierzu bedarf es der Vernetzung der Akteure hinsichtlich einer entsprechenden Strategie. Auch bei der Gründung des DISW haben wir diesen Grundsatz für jegliche Innovation beachtet. Als entscheidende Instrumente für eine vernetzte Vorgehensweise möchte ich hervorheben: Forschung und Entwicklung. Sie stehen für mich an erster Stelle gefolgt von einer normativen Strategieentwicklung mit wirkungsorientierten Fach- und Masterplänen. Im Zentrum der Reform muss ein wirkungsorientiertes, integrierendes Sozialmanagement stehen und eine Personalentwicklung, die durch eine entsprechende Aus-, Fort- und Weiterbildung der Fach- und Führungskräfte sowie durch extern begleitete Organisationsentwicklungsprojekte unterstützt wird. Das Ganze muss eingebunden sein in eine Fachdiskussion, für die Fachtagungen und Kongresse, Publikationen und Fachzeitschriften unerlässlich sind. Beim

Stand der gegenwärtigen Diskussion brauchen wir zusätzlich internationale Kooperationen. Und wir müssen stärker werden in der Politikberatung, was wiederum nur durch eine verstärkte Forschungs- und Entwicklungsarbeit gelingen kann.

Welche Irrwege hast Du im Nachhinein erkannt?

Fach- und Führungskräfte haben als Kompass nicht nur ein Höchstmaß an Fachlichkeit und Wirkung, sondern auch gegenwirkende Eigeninteressen und Widerstände. Auch Fachpolitiker „schwanken wie ein Rohr im Wind“, haben ein eigenes Bezugssystem und Eigeninteressen. Erfolg hat man nur, wenn das richtige Thema zur richtigen Zeit mit der richtigen Person verbunden werden kann – dies ist mir nicht immer aber manchmal gelungen. Rationale Strategien reichen nicht aus, irrationale Verhaltensweisen haben ihre eigenen Logiken und dürfen nicht unterschätzt werden. Diskurs und Vernetzung erhöhen die Erfolgswahrscheinlichkeit. Es gibt keine dauerhaften Lösungen, alles ist permanent im Fluss und muss weiterentwickelt werden.

War es für Dich ein Bruch mit der Managementstrecke, dass Du 1990 nicht auf einen Lehrstuhl für Sozialmanagement berufen wurdest, oder eine andere Art der Fortsetzung?

Die 15 Jahre Topmanagement in der Justiz in Schleswig-Holstein sind für meine Fachlichkeit von unschätzbarem Wert. Ich verstehe erst jetzt, was Innovation, Feldentwicklung etc. in der praktischen Umsetzung bedeuten und erfordern. Deshalb bin ich froh, dass ich nicht bereits 1990 hauptamtlich an die Universität gewechselt bin.

Neulich hat mich Gotthart Schwarz gefragt: Haben wir tatsächlich in allen Phasen die Auswirkungen der allumfassenden Ökonomisierung richtig eingeschätzt? Oder haben wir nicht auch dazu beigetragen, der Neoliberalisierung ein Einfalltor zu öffnen? Die Frage möchte ich weitergeben. Hast Du Deine Positionen als mildernde Abwehrhaltungen gegen die Ökonomisierung von Beginn an bewusst aufgebaut?

„Sozialarbeit als antikapitalistische Produktionsperspektive“ war bereits vor 1990 gescheitert und eine völlige Überforderung für eine so schwache Profession. Es ist strategisch falsch und praktisch zum Scheitern verurteilt („funktionaler Dilettantismus“) die Sozialbranche als Naturschutzpark zu verstehen. Es geht um Synergien, strategische Allianzen, wechselseitiges Lernen, Wandel durch Annäherung (sozialökologisch und sozialökonomisch). Ich bin ein Beispiel für den „Marsch durch die Institutionen“ und habe mich auch immer so verstanden. Deshalb sind wir Alt-68er auch in der Seniorenpolitik gefordert.

Waren wir nicht alle angetan von der Neuen Steuerung? War dies im Nachhinein der richtige Weg?

Eine „Neue Steuerung" nur technisch und bürokratisch verstanden, war ein Irrweg und ist dilettantisch realisiert worden. Die alten Bürokratien haben sich weitgehend durchgesetzt. Bausteine wie Leitbilder, Zielvereinbarungen, Kontraktmanagement, Personalentwicklung, Führung und Zusammenarbeit etc. (vgl. „Zwiebelmodell Integriertes Management") sind dennoch unverzichtbar und qualitativ weiterzuentwickeln.

Abb. 3: Zwiebelmodell Integriertes Management (Maelicke)

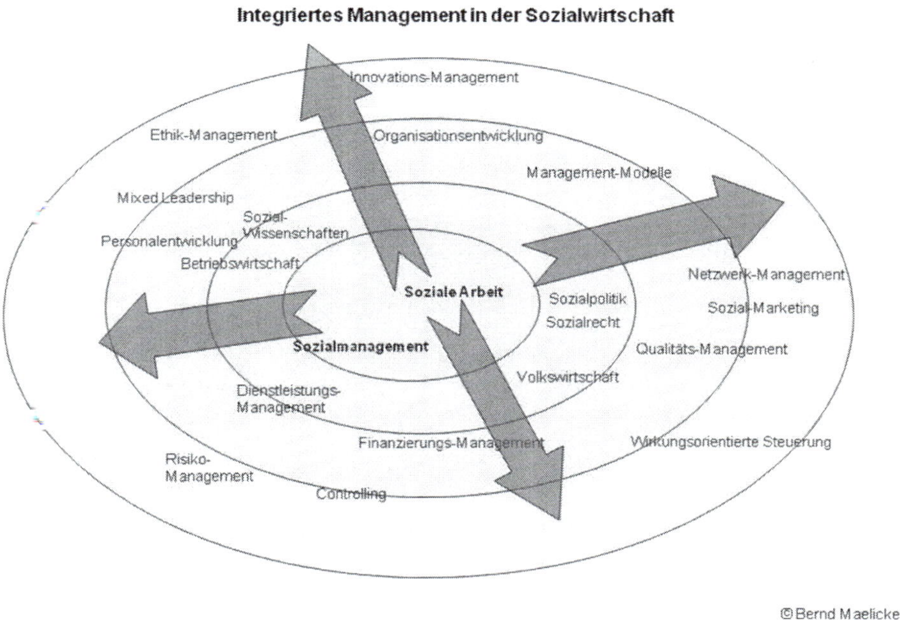

An was möchtest Du weiter arbeiten?

Ich suche für das DISW eine Nachfolgerin oder einen Nachfolger und werde mich weitgehend auf Lehre und Publikationen zurückziehen. Das geht auch noch mit 80 ff.. Meine Frau geht Mitte 2011 in den Ruhestand. Wir haben bereits zwei Enkel und erwarten noch mehr. Hundezucht könnte mein letztes Hobby werden – auf einem kleinen Hof im Grünen zusammen mit den Enkeln – Lebensqualität im Rollstuhl.

Epilog

Im Abschluss möchte ich *Bernd Maelicke* für dieses Gespräch, dafür, dass ich diese Würdigung schreiben durfte, aber insbesondere für sein bisheriges Werk, mit dem er Wesentliches zur Herausbildung des Sozialmanagements und der Weiterentwicklung des Managements der Sozialwirtschaft beigetragen hat, danken.

Literatur

Arnold, U./Maelicke, B. (Hrsg.): Lehrbuch der Sozialwirtschaft, Baden-Baden (Nomos) 2009, 3. Aufl..

Bassarak, H./Wöhrle, A. (Hrsg.): Sozialwirtschaft und Sozialmanagement im deutschsprachigen Raum. Bestandsaufnahme und Perspektiven, Augsburg (Ziel) 2008.

Boeßenecker, K. H. /Markert, A.(Hrsg.): Sozialmanagement studieren, Studienangebote im Bereich Sozialmanagement und Sozialwirtschaft und Analysen veränderter Rahmenbedingungen. Hans Böckler Stiftung, Reihe: Arbeitspapier, Nr. 141, Düsseldorf 2007.

Comelli, G.: Training als Beitrag zur Organisationsentwicklung, München, Wien (Hanser) 1985.

Deutsche Bank: Wirtschaftsfaktor Wohlfahrtsverbände. Gefunden im Internet unter: http://www.dbresearch.de/PROD/DBR_INTERNET_DE-PROD/PROD0000000000264932.pdf (Zugriff am 16. November 2010).

Grunwald, K. (Hrsg): Vom Sozialmanagement zum Management des Sozialen?, Hohengehren (Schneider-Verlag) 2009.

Puch, H.-J./Schellberg, K.: Sozialwirtschaft Bayern. Umfang und wirtschaftliche Bedeutung (Studie im Auftrag der Landesarbeitsgemeinschaft der Freien Wohlfahrtspflege in Bayern, gefördert durch das Bayerische Staatsministerium für Arbeit und Sozialordnung, Familie und Frauen. Datenerhebung durch xit GmbH Nürnberg (amtliche Daten) und durch eigene Befragungen.) Nürnberg, Juni 2010.

Flügge, Chr./ Maelicke, B./ Preusker, H. (Hrsg.): Das Gefängnis als lernende Organisation, Baden-Baden (Nomos) 2001.

Flösser, G./ Otto, H.-U. (Hrsg.): Sozialmanagement oder Management des Sozialen? Bielefeld (Karin Böllert KT-Verlag) 1992.

Grunwald, K. (Hrsg): Vom Sozialmanagement zum Management des Sozialen?, Hohengehren (Schneider-Verlag) 2009.

Reinbold, B./ Maelicke, B. (Hrsg.): Ganzheitliche und sozial-ökologische Organisationsentwicklung für Non-Profit-Organisationen, Bank für Sozialwirtschaft, 1990.

Reinbold, B./ Maelicke, B.: Sozialmanagement und Organisationsentwicklung für Non-Profit-Organisationen. In: Flösser/ Otto (Hrsg.) 1992.

Maelicke, B. (Hrsg.): Beratung und Entwicklung sozialer Organisationen, Baden-Baden (Nomos) 1994.

Maelicke, B. (Hrsg.): Qualität und Kosten sozialer Dienstleistungen, Baden-Baden (Nomos) 1997.

Maelicke, B. (Hrsg.): Handbuch Sozialmanagement 2000 (Loseblattsammlung), Grundwerk: Baden-Baden (Nomos) 1998 ff.

Maelicke, B. (Hrsg.): Veränderungsmanagement in der Sozialwirtschaft, Baden-Baden (Nomos) 2000.

Maelicke, B. (Hrsg.): Strategische Unternehmensentwicklung in der Sozialwirtschaft, Baden-Baden (Nomos) 2002.

Maelicke, B. (Hrsg.): Personal als Erfolgsfaktor in der Sozialwirtschaft, Baden-Baden (Nomos) 2004.

Maelicke, B. (Hrsg.): Finanzierung in der Sozialwirtschaft, Baden-Baden (Nomos) 2006.

Maelicke, B. (Hrsg.): Lexikon der Sozialwirtschaft, Baden-Baden (Nomos) 2008.

Merchel, J.: Sozialmanagement als Innovationsstrategie? Anmerkungen zu Hintergrund und Bedeutung der aktuellen „Management“-Diskussion bei Freien Trägern der Sozialarbeit, S. 73 ff. In: Flösser/ Otto (Hrsg.) 1992.

Müller-Schöll, A./Priepke, M.: Sozialmanagement. Zur Förderung systematischen Entscheidens, Planens, Organisierens, Führens und Kontrollierens in Gruppen, Frankfurt/M. 1983, 1. Aufl.; 1989, 2. Aufl.*Olk, T.*: Abschied vom Experten. Sozialarbeit auf dem Weg zu einer alternativen Professionalität, Weinheim und München 1986.

Seibel, W.: Funktionaler Dilettantismus. Erfolgreich scheiternde Organisationen im "Dritten Sektor" zwischen Markt und Staat, Baden-Baden (Nomos) 1992.

Wendt, W.-R./Wöhrle, A.(Hrsg.): Sozialwirtschaft und Sozialmanagement in der Entwicklung ihrer Theorie, Augsburg (Ziel) 2007.

Wöhrle, A.: Den Wandel managen – Organisationen analysieren und entwickeln, Baden-Baden 2005.

Wöhrle, A.: Zur Untersuchung des Sozialmanagements. Eine kritische Bestandsaufnahme und eine Vision, S. 139 ff.. In: Grunwald (Hrsg.) 2009.

Wöhrle, A. (Hrsg.): Auf der Suche nach Sozialmanagementkonzepten und Managementkonzepten für und in der Sozialwirtschaft. Eine Bestandsaufnahme zum Stand der Diskussion und Forschung“, Augsburg (Ziel) 2011.

Mit robuster Nettigkeit zum politischen Unternehmer

Andreas Tietze

Der Mensch wird, was er wird,
durch die Sache, die er zu der seinen macht.
(Karl Jaspers)

„Am Samstag, den 9. April 2005 um 10.00 Uhr kamen in den Räumlichkeiten der Universität Lüneburg, die aus der beigefügten Anwesenheitsliste ersichtlichen Personen zusammen, um über die Gründung des künftigen Vereins „Deutsches Institut für Sozialwirtschaft (DISW)" zu befinden. Herr Prof. Dr. Bernd Maelicke begrüßt die Erschienenen und erläutert den Zweck der Versammlung. Er verteilt einen Satzungsentwurf, der im Einzelnen erörtert wird. Nach intensiver Beratung und Aussprache wird der Satzungsentwurf einstimmig in der vorliegenden Form verabschiedet. Herr Prof. Dr. Maelicke stellt fest, dass damit der Verein Deutsches Institut für Sozialwirtschaft (DISW) gegründet ist"
(Auszug aus dem Gründungsprotokoll des DISW e.V. vom 9.4.2005).

Damit begann eine gemeinsame Wegstrecke mit *Bernd Maelicke*. Am 9. April 2005 wurde das Deutsche Institut für Sozialwirtschaft (DISW) e.V. in Lüneburg gegründet und ich gehörte zum Gründungskreis dazu.

Der 9. April ist ein gutes Datum für eine Unternehmens- oder Vereinsgründung, denn Menschen, die am 9. April geboren wurden, sind im Zeichen des Widders geboren. Es heißt Widdergeborene sind mutige und risikofreudige Zeitgenossen. Als stürmische Draufgänger gehören herausfordernde Pionieraufgaben zu den Lieblingsbeschäftigungen dieses unerschrockenen Zeichens. Auf Neuland, mag es noch so unbekannt und unerforscht sein, stürzt sich der Widder mit Begeisterung. Wie kein zweiter ist er/sie in der Lage, sämtliche Energien quasi aus dem Stegreif zu mobilisieren, wodurch der Widder als dynamischer und energischer "Wegbereiter" unentbehrlich ist. Was für die Menschen gilt, gilt natürlich auch für Organisationen.

Das DISW ist also ein Widder und die ihm zugeschriebenen Eigenschaften kann es gut gebrauchen, um sich in der Welt der Beratungsinstitute zu behaupten. In einem

Interview zur Institutsgründung äußerste sich *Bernd Maelicke* in der Zeitschrift SOZIALwirtschaft (SOZIALwirtschaft 10/2005) wie folgt: *„Ich freue mich auf eine neue Arbeits- und Lebensphase. Ich wollte ein gutes Angebot der Universität Lüneburg nicht ausschlagen, dort ohne Altersgrenze das Fach "Management in der Sozialwirtschaft" zu vertreten. Und so konnte ich zugleich mit sechs befreundeten Experten endlich das neue Institut für Sozialwirtschaft gründen (...) wir finanzieren uns vollständig selbst, also gibt es deutliche Grenzen (...) nicht mehr lange wird in Deutschland überwiegend in verbandspolitischen und gemeinnützigen Kategorien gedacht und gehandelt werden können. Den sich abzeichnenden Wandel wollen wir beispielsweise durch regelmäßige Repräsentativbefragungen der Betriebs- und Unternehmensleiter befördern; gedacht ist ferner an Fachtagungen, Kongresse, Weiterbildungen des Deutschen Instituts für Sozialwirtschaft.“*

Die Intention des Gründungskreises und Gründungsdirektors war also die Selbständigkeit und die Unabhängigkeit. Dieser Wunsch ist nur zu verständlich, denn *Bernd Maelicke* hat im Laufe seiner Berufstätigkeit mit zwei großen Fachinstituten zu tun gehabt. Er begann seine berufliche Laufbahn als Abteilungsleiter beim Deutschen Verein für öffentliche und private Fürsorge e.V., dem Fach- und Lobbyverband für Sozialpolitik in Deutschland und seit mehr als hundert Jahren im Feld tätig. Danach wechselte er als Direktor zum Institut für Sozialarbeit und Sozialpädagogik (ISS) e.V. mit Sitz in Frankfurt a.M., ein vom Bund institutionell gefördertes Fachinstituts, welches bundesweite Projekte der Praxisforschung, wissenschaftlichen Begleitung von Modellversuchen, Institutionsberatung und Fort- und Weiterbildung anbietet. Nach all diesen Erfahrungen wollte *Maelicke* für das DISW die finanzielle Unabhängigkeit. Das DISW sollte sich am Markt behaupten und nicht in Abhängigkeit von der ihn tragenden Mutterorganisationen stehen. *Bernd Maelicke* war im Jahr 2005 in der Sozialwirtschaft angekommen. Bis heute finanziert sich das DISW ausschließlich aus Projekten und Beratungsaufträgen.

„Das Deutsche Institut für Sozialwirtschaft e.V. setzt seinen Schwerpunkt auf Forschung und Entwicklung für soziale Dienstleistungsunternehmen. Auftraggeber sind u.a. Bundes- und Landesministerien, öffentliche, frei- gemeinnützige und gewerbliche Träger sowie Fachverbände. An das Institut wenden sich Fach- und Führungskräfte von sozialen Institutionen sowie andere an der Lösung von sozialen Problemen Interessierte. Der rapide Wandel der Rahmenbedingungen der Betriebe und Unternehmen der Sozialwirtschaft bedarf einer grundlegenden und innovativen Strategie- und Konzeptentwicklung mit entsprechenden Innovationen in der Praxis. Die neuen Erfolgsfaktoren sind Kunden- und Marktorientierung, Wettbewerb, Steigerung von Effektivität und Effizienz, Qualitätsmanagement, Finanzierungsmix, strategische Allianzen, Verbundsysteme, Marketingprojekte und -aktionen, Einführung von Controlling-Konzepten (z.B. Balanced Score Card) – alles mit dem Ziel, die Qualität zu steigern und die Kosten besser zu kontrollieren. Bei akuten und dringenden Problemstellungen übernimmt das DISW durch seine interdisziplinär besetzte TASK-FORCE die aktuelle Problemanalyse, entwickelt schnell umsetzbare und direkt wirkende Lösungsschritte mit den erforderlichen Qualifizierungsmaßnahmen, begleitendem Controlling und

strategischen Weichenstellungen" (http://www.institut-sozialwirtschaft.de/index.php?id=23 aufgerufen am 7.1.2010).

Das DISW will als dynamischer und energischer Wegbereiter Forschung und Entwicklung als Motor für Innovation in der Sozialwirtschaft in Deutschland voranbringen.

Bernd Maelicke war 2004 der Initiator und „Spiritus Rector" des 2004 gestarteten 1. bundesweiten universitären Studienganges: „MBA – Management in der Sozialwirtschaft" an der Universität Lüneburg. Auch die Idee einer Honorarprofessur für das Lehrgebiet „Management der Sozialwirtschaft" hatte er schon lange mit sich rumgetragen. Nach seiner Pensionierung aus dem Amt des Ministerialdirigenten in Schleswig-Holstein nach der Landtagswahl 2005 und dem Verlust der rot-grünen Regierungsmehrheit war es endlich soweit. *Bernd Maelicke* war befreit von der Last und Bürde seines Amtes. Nur kurz vorher hatte ein spektakulärer Ausbruch eines Schwerverbrechers aus einem Gefängnis in Schleswig-Holstein mit einem anschließenden Mord und das darauffolgende anschließende politische Krisenmanagement (Rücktrittforderungen an die grüne Justizministerin) noch einmal den ganzen Mann und Krisenmanager gefordert. Ich war als Student in dem postgradualen MBA-Studiengang eingeschrieben und gleichzeitig war ich als Grünen-Politiker natürlich sehr an der Geschichte interessiert, stand doch eine grüne Justizministerin auf der Kippe. *Bernd Maelicke* meisterte auch diese schwierige Krise. Die rot-grüne Landesregierung wurde unter Tolerierung des SSW nicht mehr in ihr Amt gewählt. Ein „Verräter" verhinderte dies. *Heide Simonis* konnte auch im 4. Wahlgang nicht zur Ministerpräsidentin gewählt werden. Schleswig-Holstein bekam eine große Koalition und der neue Ministerpräsident hieß *Peter-Harry Carstensen*.

Bernd Maelicke versteht es vorzüglich durch seine Lehrmethode des Storytelling seine Studenten aktiv mit einzubinden. Im Rahmen einer solchen Lehrveranstaltung sprachen wir auch darüber, dass es gerade in der Sozialwirtschaft an unternehmerischem Mut und Entschlossenheit fehlt, Innovationen auf den Weg zu bringen. *Bernd Maelicke* berichtete mir von der Idee der Institutsgründung und ich war Feuer und Flamme mitzuwirken. Es war der Anfang einer langjährigen und intensiven Zusammenarbeit zwischen *Bernd Maelicke* und mir im DISW, in dem ich von Anfang an als Geschäftsführer und Projektentwickler viele Institutsprojekte mit entwickeln und begleiten und jene Pionierarbeit leisten durfte, die das Institut bundesweit profilierte. Diese für mich sehr lehrreichen Jahre endeten 2010 mit dem Abschluss meiner Promotion zum Dr. phil. (*Bernd Maelicke* war selbstverständlich der Doktorvater) an der Leuphana Universität Lüneburg. Es war aber auch der Anfang einer langjährigen Freundschaft, wie man sie nur mit *Bernd Maelicke* erleben kann.

Mittlerweile ist der Pensionär *Maelicke* seit 2005 als Institutsdirektor und Honorarprofessor fleißig tätig, akquiriert neue Projekte, ist Vorgesetzter junger engagierter Wissenschaftler/Innen, fährt kreuz und quer durch die Republik, hält Vorträge und Lehrveranstaltungen im In- und Ausland. Dieser „rüstige Einsatz unseres Rentners" zollt unser aller Respekt, denn es ist ein Vorbild dafür, wie der Mensch auch im Ruhestand zu größten Taten, Initiativen und Innovationen fähig ist. Wir alle fragen uns ja, wie werden wir unseren Ruhestand in Zeiten des demografischen Wandels wohl gestalten? Für *Bernd Maelicke* jedenfalls ist das DISW, wie seine Lehr- und Publikationstätigkeit, Jungbrunnen und Anregung. Der Geist altert nicht!

Wer ist dieser *Bernd Maelicke* eigentlich und wie arbeitet er? Ich habe bewusst als Titel für diesen Artikel die Überschrift gewählt, mit „robuster Nettigkeit" zum politischen Unternehmer" und ich werde im folgenden erläutern wieso.

Bernd Maelicke – Handeln mit robuster Nettigkeit

Um den Begriff der robusten Nettigkeit näher zu verstehen, muss man sich mit der Spieltheorie befassen. Die Spieltheorie wurde 1944 von den Amerikanern *John von Neumann* und *Oskar Morgenstern* in ihrem Buch *„Spieltheorie und wirtschaftliches Verhalten"* vorgestellt, später bekamen beide dafür den Nobelpreis für Wirtschaftswissenschaften. Im Ansatz der Spieltheorie werden Entscheidungssituationen modelliert, in denen sich mehrere Beteiligte gegenseitig beeinflussen. Die Spieltheorie versucht dabei unter anderem, das rationale Entscheidungsverhalten in sozialen und wirtschaftlichen Konflikt- und Konkurrenzsituationen abzuleiten. Die damalige und heutige These für die weltweiten Lösungsversuche von Konflikten in Konkurrenzsituationen lautet: Es gibt keinen Anreiz für Kooperation: Die Welt ruft heute wie damals nach Ethik und je größer eine Gruppe, desto geringer sind die Chancen für gemeinsame, öffentliche Interessen. Öffentliche Ressourcen werden rasch von allen ausgebeutet, weil jeder der Mäßigung mißtraut. Das Problem ist so alt wie die Menschheit selbst. Im 20. Jahrhundert hat man ein theoretisches Modell dafür entdeckt – das Gefangenendilemma. Das Gefangenendilemma wurde in einer weiteren Betrachtung der Spieltheorie von dem Mathematiker *Merrill Flood* beschrieben (vgl. LUCE, R.D ; RAIFFA, H: Games and Decisions. New York : Wiley,

1957). Das Gefangenendilemma beschreibt eine konkrete Situation, welche auch dem Kriminologen *Bernd Maelicke* nicht unbekannt sein dürfte. Zwei Gefangene werden verdächtigt, gemeinsam eine Straftat begangen zu haben. Beide Gefangene werden in getrennten Räumen verhört und haben keine Möglichkeit, sich zu beraten. Die Höchststrafe für das Verbrechen beträgt sechs Jahre. Wenn die Gefangenen sich entscheiden zu schweigen (Kooperation), werden beide wegen kleinerer Delikte zu je zwei Jahren Haft verurteilt. Gestehen jedoch beide die Tat (Defektion), erwartet beide eine Gefängnisstrafe, wegen der Zusammenarbeit mit den Ermittlungsbehörden jedoch nicht die Höchststrafe, sondern lediglich vier Jahre Haft. Gesteht nur einer (Defektion) und der andere schweigt (Kooperation), bekommt der erste als Kronzeuge eine symbolische einjährige Bewährungsstrafe und der andere bekommt die Höchststrafe von sechs Jahren.

Verrat ist also im Falle von Nichtkooperation die beste Variante, da es das beste Ergebnis für den Einzelnen bringt. Jeder ist besser dran, wenn er egoistisch ist. Der amerikanische Politologe *Robert Axelrod* hat nun das Dilemma in seinem Buch: *Die Evolution der Kooperation* zu lösen versucht, in dem er wiederholt verschiedene Strategien ausgewählt hat – was jeweils die bessere Strategie ist, hängt vom Verhalten des anderen ab (vergl. *AXELROD, Robert* (2005): Die Evolution der Kooperation, 6. Aufl., Oldenburg).

Die insgesamt erfolgreichste Strategie und gleichzeitig eine der einfachsten, ist die Tit-for-Tat-Strategie. Tit for Tat ist eine englische Redewendung und meint auf deutsch sinngemäß *„wie du mir, so ich dir"*. In der Spieltheorie bezeichnet Tit for Tat die Strategie eines Spielers, der in einem mehrperiodigen Spiel im ersten Zug kooperiert und danach genauso handelt wie sein Gegenspieler in der jeweiligen Vorperiode. Hat letzterer zuvor kooperiert, so kooperiert auch der Tit-for-Tat-Spieler. Hat der Gegenspieler in der Vorrunde hingegen defektiert, so antwortet der Tit-for-Tat-Spieler zur Vergeltung ebenfalls mit Defektion. *Axelrods* Strategie besagte nun, kooperiere im ersten Schritt (freundliche Strategie) und den folgenden und verzichte auf den Verrat, solange dein Mitspieler kooperiert. Versucht dein Gegenüber sich einen Vorteil zu verschaffen („Verrat"), tut er das beim nächsten Mal ebenfalls (er lässt sich nicht ausbeuten), kooperiert aber sofort wieder, wenn der andere kooperiert (er ist nicht nachtragend).

Die daraus abgeleitete Strategie, mit der die meisten der hoffungslosen Konflikt- und Konkurrenzfälle gelöst werden können, bezeichnet *Axelrod* als die Strategie der „robusten Nettigkeit". Sie besagt im Kern, sei nett und beginne ein Spiel nie mit einer Aggression, sei bereit zurückzuschlagen, wenn du provoziert wirst und drittens sei versöhnlich und das heißt im Kern vergesslich, sei weder Zyniker noch Gutmensch.

Wer *Bernd Maelicke* eine gewisse Zeit in unterschiedlichen professionellen und fachlichen Kontexten erleben durfte, kommt nicht umhin festzustellen, dieser wache Zeitgenosse hat die Tit-for-Tat-Strategie der „robusten Nettigkeit" verinnerlicht und spielt sie meisterhaft. Er erzeugt durch seine Art der Kooperation Vertrauen. Die Art und Weise wie *Bernd Maelicke* dazu seine Netzwerke nutzt und einbindet ist phänomenal und der Erkenntnis geschuldet, dass der nette Einzelne in einer Welt von Fieslingen natürlich keine Chance hat. Für *Maelicke* gilt, die Netten müssen schon als Gruppe oder Netzwerk auftauchen und dann gewinnen sie eine Markt- und Definitionsmacht. Daher ist für *Bernd Maelicke* die robuste Nettigkeit ein Programm, das gewinnt ohne andere zu besiegen. Nicht Schwächung der anderen, sondern Stärkung der gegenseitigen Interessen.

Bernd Maelicke – der politische Unternehmer

Bernd Maelicke ist wenig zu beeindrucken von theoretisch vorgetragenen Ansätzen, meistens erscheinen ihm die Ansätze zu weit von den Problemlösungen des Alltags entfernt. Wissenschaft und Forschung haben für *Bernd Maelicke* eine dienende Funktion inne. Ich konnte aber erleben, wie ihn ein theoretischer Ansatz besonders beeindruckte. Jedenfalls erhielt ich eines Tages oder besser gesagt morgens eine Mail von ihm (das sind übrigens die besten Mails von *Bernd Maelicke*, meistens zwischen 4.50 Uhr und 5.30 Uhr gesendet). Es war auch die Zeit, in der *Bernd Maelicke* in der ganzen

Republik unterwegs war, um vor den Gefahren der Kompetenzverschiebung beim Bundesstrafvollzugsgesetz von der Bundes- auf die Länderebene zu warnen und es war die Zeit des Landtagswahlkampfes in Hessen, in dem ein *Roland Koch* gegen zu lasche Jugendstrafvollzugsgesetze zu Felde zog. Die Stimmung war hochexplosiv und *Bernd Maelicke* mitten im fachpolitischen Getümmel. In diesen aufregenden Zeiten erhielt ich besagte Frühmail, mit der Ansage, das musst du dir mal durchlesen, was hältst du davon? Als folgsamer Doktorand machte ich mich selbstverständlich gleich zu Werke.

Die Mail enthielt im Anhang eine interessante Diplomarbeit, in der junge Uni-Absolventen den Multiple-Stream-Ansatz des amerikanischen Politologen *John W. Kingdon* vorstellen. Ich recherchierte gleich weiteres Material und fand heraus, das *John W. Kingdon* den Ansatz 1984 in seinem Werk „Agendas, Alternatives, and Public Policies" vorstellte, um damit das Agenda-Setting im US-amerikanischen Regierungsapparat zu untersuchen.

Wichtig für das Verständnis des Multiple-Stream-Ansatzes sind mehrere Grundannahmen. Die Umstände, unter denen Entscheidungen getroffen werden und Politik gemacht wird, sind im zunehmenden Maße durch Ambiguität geprägt und stellen die Entscheidungsträger vor neue Herausforderungen. Ambiguität ist die Möglichkeit zur mehrfachen oder mehrdeutigen Interpretation eines Sachverhalts (*ZAHARIADIS, Nikolaos* 2003: Ambiguity and Choice in Public Policy. Washington D.C.: Georgetown University Press. S. 152f).

Es wird angenommen, dass erstens politische Entscheidungsträger oftmals unklare Präferenzen haben, weil sie sich nicht festlegen wollen oder auch zum Beispiel aus Zeitmangel nicht können. Zweitens sind die Arbeitsmechanismen einer Organisation (z.B. im Regierungs- und Verwaltungsapparat) hochkomplex, der Weg zu einer Entscheidung ist als Übersetzung von Inputs in Outputs, vielfach nur in Ansätzen explizit dargelegt oder folgt keinem klaren Muster. Oft wissen die Beteiligten selbst nicht um die exakte Aufgabenverteilung innerhalb der Organisation. Zum dritten fluktuiert die Partizipation in den Organisationen mitunter sehr stark. Die Teilnehmenden schwanken in Bezug auf ihre Anzahl und Bereitschaft zur aktiven Mitarbeit und auch der ständige personelle Austausch – in besonderer Weise etwa nach einem Regierungswechsel – führt zu immer neuen Akteurskonstellationen (*KINGDON, John W.* 1995: Agendas, alternatives and public policy. 2. Edition. New York: HarperCollins S. 84f).

Eine positive Beeinflussung ist das entscheidende operative Prinzip für einen politischen Unternehmer. Es geht darum, Entscheidungsträger in durch Ambiguität gekennzeichneten Systemen zu beeinflussen. Die Transformation von Mehr- in vermeintliche Eindeutigkeit wird zentral für den politischen Prozess und steigt zur Kernkompetenz politischer Unternehmer auf. Positive Beeinflussung will Ordnung schaffen, wo es eigentlich keine gibt und, will Ereignissen einen Sinn geben.

Politische Unternehmer sind daher Personen mit klaren politischen oder fachlichen Präferenzen, die dadurch – und in Verbindung mit sehr guten Kenntnissen über die verwendeten Technologien oder Fachinformationen – in der Lage sind, politische Entscheidungsträger in angezeigter Art und Weise zu beeinflussen.

Zwei Kriterien sollten politische Unternehmer erfüllen, um ihre Gewinnaussichten im Prozess der Durchsetzung ihrer Interessen zu erhöhen: Erstens sollten sie über (privilegierten) Zugang zu politischen Entscheidungsträgern verfügen oder selbst diesem Kreis angehören. Zum zweiten erhöht sich die Erfolgschance mit dem Einsatz persönlicher Ressourcen. Diejenigen politischen Unternehmer, die bereit sind, mehr Zeit und Energie, aber auch mehr monetäre Mittel einzusetzen, werden mehr Aussicht auf Erfolg haben als andere, die weniger investieren (vgl. *ZAHARIADIS* 2003: 156). Gleich der Losung (frei nach Willy Brandt), das richtige Thema, der richtige Mann zum richtigen Zeitpunkt.

Es gibt aktive und passive politische Unternehmer. Als aktiv gilt dabei derjenige politische Unternehmer, der (direkten oder indirekten) Zugriff auf die Zirkel der Macht hat. Er kann zum Beispiel ein Minister sein, der sich einer bestimmten Sache annimmt und auf eine Entscheidung drängt. Denkbar ist er aber auch als Vertreter einer großen Lobbyorganisation, die in enger Verbindung zu Entscheidungsträgern steht. Passiv ist auf der anderen Seite ein politischer Unternehmer zu nennen, der diesen bevorzugten Zugang nicht hat und daher auf andere Mittel der Beeinflussung von Entscheidungsträgern zurückgreifen muss. Erfolgreiche Petitionen oder Verfassungsklagen, politische Kampagnen, Fachbeiträge in der Presse etc. können solche probaten Mittel eines passiven politischen Unternehmers sein, da sie die Möglichkeit bieten, politische Entscheidungsträger „über Umwege" zu beeinflussen. Gleichwohl sind nicht alleine die genannten Merkmale Grundlage für den Erfolg des politischen Unternehmers.

Drei zentrale Erfolgsstrategien des politischen Unternehmertums sind im Fokus: 1. Aufzeigen von Gewinnen und Verlusten, 2. die Salamitaktik und 3. der strategische Einsatz von Symbolen:

1. Lösungsvorschläge sollen als Gewinne oder Verluste dargestellt werden. Grundlage dieser Technik ist die Annahme, dass Menschen generell Verluste vermeiden wollen und sich daher große Abweichungen vom Status Quo besser verkaufen lassen, wenn die Probleme als Verluste dargestellt werden. Umgekehrt sollte bei relativ kleinen Abweichungen vom Status Quo das Problem als Gewinn dargestellt werden.
2. Unter der Salamitaktik versteht man die Unterteilung einer größeren Idee mit vergleichsweise geringen Realisierungschancen in kleinere Unterpunkte, die nacheinander vorgestellt werden. Politiker, die schon in eine bestimmte Sache investiert haben, sind in der Regel nicht bereit, ihre Entscheidung zurückzunehmen, sondern werden vielmehr den eingeschlagenen Weg weiterverfolgen.
3. Der strategische Einsatz von Symbolen ist zentral wichtig. Symbole sprechen in der Regel kognitive und emotionale Dimensionen an, um Komplexität zu reduzieren, Emotionen zu erzeugen und Interesse hervorzurufen.

Ich konnte hautnah miterleben, wie *Bernd Maelicke* in den schwierigen Zeiten nach der Föderalismusreform II als politischer Unternehmer im Land unterwegs war, um die politischen Akteure der großen Koalition in Berlin davon zu überzeugen, wie unsinnig eine Verlagerung der Bundeskompetenz beim Strafvollzuggesetz auf die Länder ist. Waren es doch *Bernd Maelicke* und seine 68er Generation, die durch den langen Marsch durch die Institutionen für einen menschenwürdigeren Strafvollzug in Deutschland gekämpft und ihn auch fachlich umgesetzt haben. Als erfahrener SPD-Genosse berichtete er, wie er selbst den großen *Hans-Jochen Vogel* gegen *Franz Müntefering* und andere SPD Größen mobilisieren konnte, um diese für ihn falsche politische Rahmensetzung zu verhindern.

Maelicke sah sein Reso-Konzept bedroht, wenn der Strafvollzug in die Hände der Kochs und Stoibers gelangen würde und dennoch waren es dann *Koch, Merkel, Müntefering* und *Stoiber*, die in einer historischen Nachtsitzung ihre politische Geschichte und den Weg für die Föderalismusreform II frei machten. *Bernd Maelicke* gehörte nicht zu den Gewinnern, dennoch bleibt er bei dem Thema als politischer Unternehmer am Ball (siehe: DER SPIEGEL vom 5/2011 – „Gefährliche Freiheit“) und das gilt auch für das kommende Jahrzehnt, denn *„...alle große politische Aktion besteht im Aussprechen dessen, was ist, und beginnt damit. Alle politische Kleingeisterei besteht in dem Verschweigen und Bemänteln dessen, was ist.“ (Ferdinand Lassalle).*

In diesem Sinne wünsche ich dem Jubilar vom ganzen Herzen noch viele Jahre als Unternehmer – privat und professionell.

Innovationen in der Seniorenwirtschaft

Peter Zängl

Das erste Mal traf ich auf *Bernd Maelicke* im Sozialministerium des Landes Schleswig-Holstein in Kiel im Jahr 2007. Ich war Referatsleiter für Seniorenpolitik. Vom damaligen Staatssekretär bekam ich ein Konzept des Deutschen Instituts für Sozialwirtschaft (DISW) auf den Schreibtisch mit der Bitte um fachliche Einschätzung. Im Kern ging es um die Einrichtung einer Geschäftsstelle Seniorenwirtschaft, die ich aber ablehnen musste. Ich schrieb einen entsprechenden Brief an das DISW mit der Begründung, das Vorhaben passe erstens nicht in die damals neue politische Linie "Inklusion" und sei zweitens viel zu teuer.

Kurze Zeit später stand *Bernd Maelicke* gemeinsam mit Andreas Tietze bei mir im Büro und ließ einfach nicht locker. Er zog einen "Masterplan" Seniorenpolitik aus der Tasche, wir diskutierten lange und ich wusste anschließend unter anderem, dass *Tietze* den falschen Fußballverein favorisierte und *Bernd Maelicke* im Sternzeichen des Stiers geboren war. Nichtsdestotrotz oder vielleicht gerade deswegen hatten wir irgendwie nach einer Weile das Gefühl, es könne thematisch "etwas gehen". Wir hatten aber noch keine Ahnung, was eigentlich.

Das Landesprogramm zur Seniorenpolitik

Bernd Maelicke hatte den richtigen Riecher, anders kann man es kaum bezeichnen. Die Veröffentlichung des sog. Weltaltenplans, eine kleine Förderlinie des Bundes und etwas Druck aus dem politisch Raum ließen schnell die Notwendigkeit erkennen, in relativ kurzer Zeit ein Schleswig-Holstein spezifisches Landesprogramm zur Seniorenpolitik aufzulegen. Der Titel "Älter werden in Schleswig-Holstein" war schnell gefunden; allerdings konnte sich *Bernd Maelicke* in diesem Zusammenhang ausnahmsweise einmal nicht durchsetzen: Sein Titelvorschlag "Gutes Leben im Alter" ließ sich bei der damaligen politischen Führung leider nicht realisieren. Zu "hedonistisch" hieß es.

In zahllosen Sitzungen mit der eigens ins Leben gerufenen Projektgruppe, mit den Beteiligten im Sozialministerium und mit den Kooperationspartnern im Land wurde unter enormem Zeitdruck das Landesprogramm konzipiert und zu Beginn des Jahres 2008 ins Leben gerufen. In dieser Zeit lernte ich bereits viele Facetten von *Bernd Maelicke* kennen. Er verstand es immer in den nicht immer einfachen Gesprächen den richtigen Ton zu treffen, um das Landesprogramm sachgerecht zu entwickeln. Mal war er Moderator, mal Ideengeber und manchmal auch einfach nur Geschichtenerzähler, um das Eis zu brechen oder eine angenehme Gesprächsatmosphäre zu schaffen. Selbst bei eher unangenehmen Themen war er wertschätzend und loyal, auch wenn wir beide hin und wieder am Gestaltungswillen und der Kooperationsbereitschaft unserer Gegenüber zweifelten; schließlich produzierten wir Arbeitsaufträge mit einer engen Terminsetzung.

In dieser Zeit habe ich *Bernd Maelickes* Fähigkeit kennengelernt, Menschen Initiativen und Organisationen binnen kürzester Zeit zu einem funktionierenden Netzwerk zusammenzubinden. Das DISW war aber nicht nur "verlängerte Werkbank" des Sozialministeriums, es trug insbesondere durch *Bernd Maelicke* dazu bei, dass die Seniorenpolitik im Lande wieder einen größeren Stellenwert erhielt. Der letzte sogenannte "Altenplan" war schließlich von Mitte der 90er Jahre datiert und wirklich nicht mehr auf der Höhe der Zeit. *Bernd Maelickes* Anspruch war, eine solidarische und zukunftsorientierte Seniorenpolitik in Schleswig-Holstein zu entwickeln. Dementsprechend war auch das Ziel des Landesprogramms, die Förderung der Lebensqualität älterer Menschen, eine aktive Selbstbestimmung und Teilhabe zu gewährleisten, Familien und Solidarität zu unterstützen, ein gesundes Leben zu ermöglichen und die sozialen Sicherungssysteme weiter zu entwickeln. Für sich selbst hatte er ja schon längst das Motto verinnerlicht: "Tauben füttern oder produktiv weiterarbeiten" (*Maelicke* 2009: 121).

Das Landesprogramm wurde in mehrere Gestaltungsfelder aufgeteilt, die sich thematisch in allen Ressorts der Landesregierung wieder fanden. Für die Ministerialbürokratie bedeutet dies so etwas wie die Höchststrafe, drohte doch damit unmittelbar die Einrichtung eines von den Ministeriumsmitarbeiterinnen und Mitarbeitern gefürchteten (arbeitsaufwendigen, bürokratischen und in den meisten Fällen höchst ineffektiven), interministeriellen Arbeitskreises (IMAK). *Bernd Maelickes* Gespür für Strategien gepaart mit seiner hohen Organisationskenntnis innerhalb der Landesregierung war es letztlich zu verdanken, dass es nicht zum Äußersten kam: Er tingelte durch die Ressorts, führte Einzelgespräche und brachte mit seinem "Management by Walking Around" das Landesprogramm erst richtig "zum Fliegen". So konnte der Anspruch verwirklicht werden, bestehende Initiativen zusammen zu führen, neuen Initiativen ein Netzwerk zur Entfaltung zu bieten und einen Überblick über die Angebote des Landes für Ältere zu geben. Diesen Dreischritt von (1) Überblick verschaffen, (2) Netzwerke bilden, (3) Neues ermöglichen habe ich häufig als Grundprinzip im Wirken von *Bernd Maelicke* wiedererkannt. Er kennzeichnet seine ganz persönliche Innovationskraft.

Rückblickend auf die Jahre 2008 bis 2010 lässt sich beeindruckend (und auch nicht ohne Stolz) feststellen, wie viel in dieser doch recht kurzen Zeit in der Kooperation mit *Bernd Maelicke*, Mitarbeiterinnen und Mitarbeiter des DISW und des Sozialministeriums im Rahmen des Landesprogramms in Schleswig-Holstein an Aktivitäten entwickelt und umgesetzt wurde:

1. Einrichtung einer Geschäftsstelle „Älter werden in Schleswig-Holstein“ im Sozialministerium mit einer Mitarbeiterin des DISW
2. Info-Broschüre „Landesprogramm: Älter werden in Schleswig-Holstein“
3. Fachtagung: „Gutes Leben im Alter“ mit Dokumentation im Internet, MASG)
4. Internet-Portal: „Seniorenpolitik aktuell“
5. diverse Vorträge: „Älter werden in Schleswig-Holstein“
6. zahlreiche Fachgespräche mit Fach- und Führungskräften des „Netzwerks: Älter werden in Schleswig- Holstein“
7. Komplette Überarbeitung und "Relaunch" des Internet-Portals www.seniorenpolitik-aktuell.de
8. Fachkongress "Netzwerke in der Seniorenpolitik - im Verbund zum Erfolg"
9. Entwicklung und Durchführung einer Workshopreihe: Zukunftswerkstätten für "Gutes Leben im Alter in Schleswig-Holstein"
10. Jahrbuch 2010 "Älter werden in Schleswig-Holstein“
11. Jahrbuch 2011 "Netzwerkentwicklung in der Seniorenpolitik“ (im Erscheinen).

Für den Erfolg des Landesprogramms steht auch, dass dessen Laufzeit die Legislatur- bzw. Amtsperioden einer Ministerin/ zweier Minister sowie einer Staatssekretärin/ zweier Staatssekretäre unterschiedlicher politischer Couleur - SPD, CDU und FDP - überdauert hat bzw. immer noch andauert. Das ist bemerkenswert.

Zwischen *Bernd Maelicke* und mir entwickelte sich recht schnell ein Vertrauensverhältnis. Ich fühlte mich aufgenommen in das Netzwerk "Maelicke", das auch als sein persönliches "Social Enterprise" bezeichnet werden könnte. Seine Orientierung auf Produkte und Zielgruppen trieben und treiben ihn an und in diesem Sinne entwickelte er weitere "Formate", die unter dem Label "Seniorenwirtschaft" zu fassen sind:

Die Zeitschrift "Seniorenwirtschaft"

Wieder so ein Treffen bei mir im Büro: *Bernd Maelicke* hatte die Idee eine Zeitschrift zum Thema Seniorenwirtschaft herauszugeben. Er fragte mich, ob ich als Redakteur mitmachen wolle. Die Zeitschrift sollte Beiträge und Forschungsberichte hinsichtlich der aktuellen Entwicklungstrends des Seniorenmarktes zusammenfassen sowie daraus resultierende neue Produkte, Dienstleistungen und Technologien für Ältere vorstellen.

Expertinnen und Experten sollten aus der wissenschaftlichen Perspektive Bilanz ziehen und zusätzlich exemplarisch aus der Praxis referieren.

Wieder war ich wenig begeistert, hatte bereits jetzt schon genug zu tun und die geplante Besetzung insbesondere des Redaktionsbeirates passte mir aus verschiedenen

Gründen nicht. Irgendwie hatte er es dann doch geschafft, mich zu überreden bzw. zu überzeugen. Er stellte ein Redaktionsteam zusammen. Seine Auswahlkriterien waren Sympathie und fachliche Wertschätzung. Sehr positiv in Erinnerung sind mir die Redaktionssitzungen in Hamburg geblieben, die geprägt waren von einer produktiven aber auch humorvollen und freundschaftlichen Arbeitsatmosphäre - leider gab es zum Mittag lediglich Papp-Pizza und verkochte Nudeln vom Pizzaservice.

Auch hier: Das entstandene Produkt konnte sich sehen lassen. Insgesamt sind fünf Hefte der "Seniorenwirtschaft" im Nomos-Verlag erschienen mit folgenden Titelthemen:

- Startschuss für die Seniorenwirtschaft
- Älter werden und schöner Wohnen
- Innovative Dienstleistungen für Senioren
- Lebenslanges Lernen
- Gesundheit für ein gutes und langes Leben

Bernd Maelicke wäre nicht *Bernd Maelicke*, wenn nicht weitere Produkte wie zum Beispiel ein Jahrbuch und verschiedene Internetangebote zum Thema "Seniorenwirtschaft" in Planung wären.

Die Lehre von der Sozial- und der Seniorenwirtschaft

Meine nachhaltigsten Begegnungen mit *Bernd Maelicke* hatte ich zweifelsohne im Zusammenhang mit der Lehre zu verschiedenen Themen. Er beauftragte mich im Rahmen des von ihm konzipierten Weiterbildungskurses "Betriebswirt/in in der Seniorenwirtschaft" mit mehreren Lehraufträgen zum Thema Seniorenpolitik und - für meine persönliche und berufliche Entwicklung noch wichtiger - er berichtete mir von seinen Lehraufträgen zum Thema Sozialmanagement an der Fachhochschule Nordwestschweiz, an der er wie an mehreren anderen Fachhochschulen und Universitäten auch als Lehrbeauftragter tätig war. Über diesen Kontakt und über zahlreiche weitere mehr oder weniger verschlungene Wege bin ich dann - natürlich wieder nach grosser anfänglichen Skepsis und "gefühlvoller" Überzeugungsarbeit von *Bernd Maelicke* - selbst in der Schweiz gelandet und habe es noch keinen Tag bereut. Mittlerweile gestalten wir an der Fachhochschule Nordwestschweiz gemeinsam ein Modul im Rahmen der Bachelor Ausbildung zum Thema Sozialmanagement und ich genieße auch diese Form der Kooperation mit ihm - auch wenn seine Folien und Unterrichtsmaterialien nicht immer….. aber davon sollen lieber *Agnès Fritze* und *Beat Uebelhart* in ihrem Beitrag berichten.

Bernd Maelickes Fähigkeiten als Dozent, als Story Teller und in der Konzeption von Lehrveranstaltungen sind wirklich außergewöhnlich. Er versteht es Fakten, Theorien und trockene Sachverhalte anschaulich zu vermitteln und mit seinen persönlichen Erfahrungen zu würzen. So werden seine Unterrichtseinheiten sowohl zu unterhaltsamen Events mit viel Autobiographischem als auch zu lehr- und lernintensiven Veranstaltungen für Studierende und Dozierende.

Schlussbemerkungen

Bernd Maelicke hat in den letzten Jahren großen Einfluss auf die Seniorenpolitik des Landes Schleswig-Holstein genommen. Die Entwicklung des Landesprogramms sowie zahlreiche andere Projekte zeugen davon und sind mittlerweile auch bundesweit beispielgebend. Ich bin mir nicht sicher, ob er in diesem Zusammenhang vom Grundsatz "Betroffene zu Beteiligte machen" angetrieben wurde; fest steht aber: Ohne ihn hätte die Seniorenpolitik nicht den Stellenwert, den sie derzeit hat und das Thema "Seniorenwirtschaft" wäre in Schleswig Holstein nicht besetzt.

Persönlich habe ich *Bernd Maelicke* viel zu verdanken. Er hat mir manche Tür geöffnet und mich auch durch die eine oder andere getragen. Aus dem vertrauensvollen Verhältnis zu Beginn ist ein freundschaftliches geworden und ich freue mich sehr auf noch ganz viel Gemeinsames - berufliches und privates - mit ihm.

Die Weggefährten

Bernd Maelicke – Freund, Förderer und biografischer Begleiter

Josef Faltermeier

Als *Bernd* und ich uns Anfang der 1970er Jahre kennenlernten, war er Lehrbeauftragter an einer Fachhochschule für Soziale Arbeit, ich war dort Student. Dass der Jurist im Leben des angehenden Sozialarbeiters dann so eine entscheidende Rolle spielen sollte, konnte natürlich damals niemand wissen.

Um es vorweg zu sagen: Ohne *Bernd Maelicke* wäre ich wohl heute Sozialarbeiter in einer badischen Großstadt im Schwarzwald. Die bundesweite Sozialarbeit wäre an mir vorbeigegangen, die große Fachpolitik hätte ich vielleicht gelegentlich zur Kenntnis genommen, mehr aber auch nicht. Dass es aber eben ganz anders kam, lag einfach daran, dass sich seinerzeit eine der seltenen „Männerfreundschaft fürs Leben“ anbahnte.

Die zentrale Botschaft meines kurzen, sehr persönlichen, Beitrags will ich vorneweg stellen: In meiner Freundschaft zu *Bernd Maelicke* entdeckte ich etwas, was für mein gesamtes berufliches und privates Leben orientierungsleitend werden sollte: Erfolgreiche Biografien brauchen Selbstwert und Chancen! Leistungen, berufliche wie private Kompetenzen, können sich nur voll entfalten, wenn zu spüren ist, dass jemand an einen glaubt und wenn sich starke Handlungsoptionen eröffnen. Diese Erfahrungen haben mich geprägt. Sie spiegeln sich in allen meinen fachlichen und politischen Überzeugungen wider, und sie sind so etwas wie zum Orientierungsrahmen für den „Eigensinn meines Lebens“ geworden.

Bernd war in aller erster Linie für mich als Freund wichtig: Achtung, Wertschätzung, Selbstwert – das war es, was ich durch ihn in besonderer Weise erfahren habe. Aber ich habe *Bernd* auch erlebt als jemand, der berät, unterstützt, anhört, tröstet, ermutigt, Perspektiven aufzeichnet.

Erst danach kam für mich der Förderer, der mich und meine Eigenschaften so gut kannte wie kaum ein Zweiter. So entdeckte ich erst durch ihn mir bis dahin völlig unerschlossene individuelle Stärken und Fähigkeiten – und er zeigte mir auch meine Grenzen auf (z. B. beim Tennisspielen).

Aber der Reihe nach: Unser gemeinsames Hobby, das Tennisspielen, war dann auch so ein erstes wichtiges Bindeglied zur Vertiefung unserer persönlichen Beziehung. Es ging dabei natürlich um Sieg und Niederlage, aber auch um Freude und Trost, um ermutigen und motivieren. Später dann hat sich diese Freundschaft weiter „ausgebaut", persönliche Lebensthemen wurden besprochen, in schwierigen Lebensphasen gaben wir uns gegenseitige Unterstützung – und auch Krisen in der Freundschaft vor dem Hintergrund blieben nicht aus. Aber was in anderen Beziehungskonstellationen vielleicht zum Bruch der Verbindung führt, hat unsere Freundschaft gestärkt.

Schließlich holte mich *Bernd* Mitte der 1970er Jahre als Fortbildungsreferent zu einem großen Dachverband der Sozialen Arbeit nach Frankfurt/M, wo er seinerzeit Abteilungsleiter für Fort- und Weiterbildung war. Dies war für mich der Beginn eines Weges in die bundesweite Fachpolitik und eine entscheidende Wendemarke nicht nur in meiner beruflichen Karriere.

Besonders beeindruckt hat mich an *Bernd* immer seine offene Art und seine Fähigkeit, auch bei schwierigen Gesprächsthemen „locker" zu bleiben; damit konnte er stets eine gute zwischenmenschliche Atmosphäre schaffen, die zu dichter Kommunikation angeregt hat. Trotz der Lockerheit hatte man nie das Gefühl, dass man nicht ernst genommen wird. Vertrauliches blieb auch vertraulich - man konnte sich auf *Bernd* absolut verlassen. Bei Sachthemen waren seine Beiträge zumeist „Horizont" erweiternd: Obschon Jurist hat er sich in sozialwissenschaftlichen Fragestellungen sehr gut ausgekannt oder aber schnell in entsprechende Kontexte hineindenken können. Dass er aber beim Sport trotz eines (damals) kleinen Wohlstandsbauches über eine derart hervorragende Beinarbeit verfügte, hat mich stets verblüfft: Er flog nur so über den Tennisplatz – es war einfach grandios.

Herbert Mead, amerikanischer Sozialphilosoph, beschreibt in seinem 1968 erschienen Werk „Geist, Identität und Gesellschaft", dass eine erfolgreiche und als zufrieden erlebte Biografie davon abhängig ist, ob im Leben von Menschen „Signifikant Andere" vorhanden sind. Mit der Rolle des „Signifikant Anderen" beschreibt *Mead* solche Personen, die mit dem Biografieträger eine besondere Beziehungsqualität verbindet. Es sind jene – wenigen - absolut vertrauenswürdigen Menschen, die im Lebensverlauf eine einmalige Rolle spielen. Sie besitzen die besondere Fähigkeit, Lebenssituationen aus der Sicht des „Anderen" zu sehen und zu verstehen. So können diese Personen Denken und Handeln des „Anderen" wie kaum ein Zweiter nachvollziehen. Genau dadurch entsteht eine Beziehung besonderer Qualität, die in gewisser Weise den Status der Einmaligkeit erwirbt. *Bernd* ist für mich im Sinne *Herbert Meads* genau dieser „Signifikant Andere".

Die Geschichten „rund um unsere Freundschaft" sind so zahlreich, dass sie ein ganzes Buch füllen würden. An einige aber denke ich zwischendurch besonders gerne: Zum Beispiel an unsere „Männerfreizeit" zu Viert mit unseren beiden, damals 8jährigen Söhnen *Steffen (Maelicke)* und *Jan (Faltermeier)* nach Husum, wo unser PKW mit Motorschaden stehen blieb und als „rettender Engel" *Bernds* wunderbare Frau *Hanne* ein Fiasko verhinderte, oder an das Tennisturnier in Oberursel/Ts., wo *Bernd* im Finale trotz meines Coaching nach dramatischem Kampf knapp verloren hat, an die

„Hüttenabende“ im Vogelsberg und an einige besonders gelungene Fachtagungen zum Strafvollzug und zur Bewährungshilfe.

Für diese Freundschaft bin ich unendlich dankbar. Sie hat meinem Leben Richtung und Impulse zum persönlichen Reifen gegeben. Diese Freundschaft stimmt mich auch für die Zukunft froh und zuversichtlich.

Danke, mein Freund und Förderer – und so wertvoller biografischer Begleiter.

Die Frankfurter ISS-Jahre

Vera Birtsch

Hautnahe Erfahrungen mit der sozialen Wirklichkeit von Frauen und Kindern in belasteten Lebensverhältnissen machte ich in einem der ISS-Projekte in den Jahren 1983 bis 1987 ‚Mütter und Kinder im Strafvollzug'.[1] Noch heute erzähle ich manchmal von den damaligen Eindrücken

- beim Besuch in einem sozialen Brennpunkt in Stuttgart. Ich wurde dort Zeugin einer Verhaftung. Die Frau, mit der ich zu einem Interview über Ihre Zeit nach der Inhaftierung verabredet war, traf ich jedoch nicht an.
- an einem Nachmittag bei einer schwäbischen Familie in einem Dorf bei Ravensburg. Diese hatte während der Haft der Mutter alle Kräfte versammelt, um den kleinen Enkel nach allen Regeln der Großmutterkunst bestens zu versorgen.
- beim Besuch in einer Mannheimer Sozialsiedlung. Beim Entwicklungstest feuerten sechs Geschwisterkinder die kleine ‚Hedi' als Zuschauer zu Bestleistungen an, während beim späteren Besuch in der Nachbarwohnung drei Schäferhunde der Interviewerin abwechselnd auf den Schoß sprangen und zugleich diverse Fernseh- und Videogeräte aus der vermutlich noch nicht abbezahlten Schrankwand im Dauerbetrieb waren.

Vier Mitarbeiterinnen und Mitarbeiter eines multiprofessionellen Teams: *Ilka Riemann, Joachim Rosenkranz, Sabine Wester* und ich selbst konnten vier Jahre lang die Situation von Müttern und Kindern im Strafvollzug untersuchen. Bei den Kindern sollte festgestellt werden, inwieweit sich ihre kognitive und soziale Entwicklung zu den Kindern einer Kontrollgruppe unterschied, welche von ihren inhaftierten Müttern getrennt lebten. Nach einer in den 70er Jahren zumeist positiven Einschätzung der Mutter-Kind-Einrichtungen war die Kritik – auch auf politischer Ebene – an dieser Unterbringungsform vor allem unter dem Aspekt des Wohls des Kindes im Laufe der

1 Birtsch, Vera und Rosenkranz, Joachim (Hg.) 1988: Mütter und Kinder im Gefängnis. Orientierungen und Ergebnisse zum Frauenstrafvollzug und zu Mutter-Kind-Einrichtungen im Strafvollzug. Weinheim und München.

Zeit immer mehr in den Vordergrund gerückt. An diesem Diskussionsstand knüpfte das Projekt an, mit dem Ziel, zumindest einige der offenen Fragen in empirisch abgesicherter Weise einer Antwort näher zu bringen. Dabei haben die inhaftierten Frauen uns als ihnen weitgehend fremde Personen mit bemerkenswerter Offenheit geantwortet und Einblicke in ihre persönlichen Erfahrungen gewährt, die in der Gesamtauswertung genutzt werden konnten, um Vorschläge für die Verbesserung der Lebenssituation von straffälligen Frauen innerhalb und außerhalb der Mauern zu entwickeln.

Direktor des ISS war in diesen Jahren *Bernd Maelicke* (von 1978 bis 1990). Er hatte das Projekt maßgeblich initiiert. Stets engagierte er sich auf der Suche nach Alternativen für einen besseren Umgang mit Straftätern, einen Umgang, der die Lebensrealität der betroffenen Menschen genauso berücksichtigen sollte wie den Strafanspruch des Staates, so dass Resozialisierung wirklich gelingen kann. Er engagierte sich in Vorträgen, in Publikationen, Seminaren und vor allem in der Ausrichtung der Institutsarbeit.

‚Mütter und Kinder im Strafvollzug' war zu dieser Zeit ein typisches ISS Projekt und kann deshalb als Beispiel für die Institutsarbeit gelten. Drei Merkmale des Projektes kennzeichnen auch das damalige ISS-Profil insbesondere in der Zeit unter der Leitung von *Bernd* Maelicke.

Praxisnah vorgehen: Konkrete Fragen des Mutter-Kind-Heimes der Frankfurter Frauenstrafanstalt in Preungesheim waren Ausgangspunkt der Projektentwicklung, vor allem die Frage, ob es den Kindern für ihre weitere Entwicklung schadet oder nützt, wenn sie gemeinsam mit ihren Müttern während deren Haftzeit im Strafvollzug leben? Oder wird man der Entwicklung der Kinder besser gerecht, wenn Mutter und Kind während der Haftzeit voneinander getrennt werden? Frau Prof. *Helga Einsele*, ehemalige Leiterin der Frankfurter Frauenstrafanstalt, hatte diese Fragestellung schon lange beschäftigt. Sie war mit anderen Praxisvertreterinnen und –vertretern Ideengeberin und auch fachliche Begleiterin des Projekts. Das gilt auch für den Kinderheim-Verein, der an der Projektfinanzierung beteiligt war.

Fachpolitisch relevant arbeiten: unter Bezug auf aktuelle kriminologische Fragestellungen wurde der Projektaufbau ausgearbeitet, berücksichtigte aber auch die gesamte Lebenssituation straffälliger Frauen als Mütter und die ihrer Kinder. Die These war: die Gestaltung des Strafvollzugs muss die Lebenssituation der inhaftierten Mütter berücksichtigen – darf aber nicht das Kindeswohl beeinträchtigen. Die Untersuchung knüpfte aber auch an die damalige Grundsatzdiskussion zur Freiheitsstrafe an, in der z.B. die Haftverschonung von Müttern kleiner Kinder gefordert wurde.

Forschungsbasiert argumentieren: Interview, teilnehmende Beobachtung, standardisierte Entwicklungstestverfahren – also quantitative und qualitative Methoden wurden in einem angemessenen Verhältnis in das Untersuchungsdesign integriert. Dafür war die Arbeit in einem multiprofessionellen Team erforderlich, in dem kriminologischer, entwicklungs- und sozialpsychologischer wie auch methodischer Sachverstand vertreten war.

‚Mütter und Kinder im Strafvollzug' war ein Vorhaben, das über vier Jahre von verschiedenen Geldgebern in beträchtlichem Umfang überwiegend über Drittmittel finanziert wurde und nach seinem erfolgreichen Abschluss mit einer guten Öffentlichkeitsarbeit in ganz Deutschland bekannt gemacht werden konnte. Es hat nicht nur das Erfahrungsspektrum aller derer, die dort mitgearbeitet haben, bereichert, sondern auch (hoffentlich nachhaltig) zur Weiterentwicklung der Praxis des Frauenstrafvollzugs beigetragen. Dies wäre nicht zuletzt der guten fachpolitischen Vernetzung des damaligen Direktors zu verdanken, der die Institutsarbeiten stets in die relevanten Diskussionszusammenhänge eingebracht hat und damit im Übrigen dem ISS sein damaliges Ansehen im Bereich der Straffälligenhilfe, der Kriminalpolitik, der Jugendhilfe und dem weiten Feld der Sozialarbeit festigte.

Sicherlich waren – auch zur damaligen Zeit - nicht alle ISS-Projekte so gut ausgestattet, so empirisch ausgerichtet und so zeitintensiv wie ‚Mütter und Kinder im Strafvollzug'. Die Tätigkeitsfelder des Instituts waren im Übrigen deutlich weiter gesteckt, als es der Rahmen des Mutter-Kind-Projektes aufzeigt. Es ging um Fragen der offenen und geschlossenen Heimerziehung, der Wohngruppenarbeit und der offenen Jugendarbeit im Feld der Jugend- und Familienhilfe, um Frauen- und Mädchenarbeit, um Hilfen für Erwachsene in besonderen Lebensverhältnissen und um ‚Ausländersozialarbeit':

Organisationsfragen standen im Mittelpunkt verschiedener Projekte mit kommunalen Behörden sozialer Arbeit. Im Praxisansatz wie in der Vielfalt waren die Arbeitsschwerpunkte bereits von Gründung des ISS an aus der Praxis entstanden oder sogar Teil einer sich weiter entwickelnden Praxis. *Bernd Maelicke* hat diese Arbeit in seiner Zeit als Direktor weiter gestützt und den Projektmitarbeiterinnen und –mitarbeitern dabei stets Eigenständigkeit und Freiraum zugestanden. Seine fachpolitischen Impulse, sein kriminalpolitisches Engagement haben das Profil des ISS in den achtziger Jahren besonders geprägt. Fragen der Qualifizierungen und später des Sozialmanagements waren stets zentral, so z.B. über begleitende Fachtagungen mit den an den Projekten beteiligten Institutionen, mit Fachorganisationen, Verbänden und Stiftungen, aber auch den zuständigen ministeriellen Ebenen.

Bernd Maelicke prägte die Arbeit des ISS aber nicht nur mit seinem fachpolitischen Blick, sondern auch mit seinem kollegialen Arbeitsstil. Partnerschaftlicher Umgang und konstruktive Diskussionsatmosphäre prägten den Institutsalltag - engagierter fachbezogener Austausch konnte sich in interdisziplinär zusammengesetzten Teams entfalten, sachbezogene Arbeitsmotivation vielfältig entwickeln.

Bei allen innovativen Ansätzen z.B. des Sozialmanagements blieb *Bernd Maelicke* für die Institutsmitarbeiter aber stets der fachpolitisch engagierte Kriminologe und Verfechter eines modernen Resozialisierungskonzeptes. Uns schien es deshalb kein Zufall zu sein, dass seine Direktorentätigkeit im ISS vom Neubeginn als Ministerialdirigent im Kieler Justizministerium abgelöst wurde.

Aus heutiger Sicht erscheint die damalige Ausrichtung der Institutsarbeit immer noch fachlich interessant und profiliert, wenn aus der aktuellen Perspektive der Globalisierung heraus der Blick auch mehr auf die Herausforderungen zu lenken wäre, die durch Migration und die Ungleichverteilung der Bildungschancen entstanden sind. Diese waren zwar bereits in den 80er Jahren sichtbar und wurden in den Ansätzen der

Sozialarbeit auch berücksichtigt - ihre wirkliche Dimension und Reichweite sind uns aber erst heute deutlich, wo sich die Probleme aufgetürmt haben und feststeht, dass nur mit übergreifenden Bildungs-, Interventions- und Unterstützungsansätzen die notwendigen Fortschritte erzielt werden können.

Zum Schluss noch einmal zurück zur Kriminalpolitik: auch die Resozialisierungsperspektive wäre mit dem Wissen von heute ganz klar zu ergänzen. Erst mit der konsequenten Aufdeckung des Missbrauchs an früheren Heimkindern ist die Bedeutung der Opferperspektive bei Straftaten deutlich geworden, sie wird inzwischen auch bei Gewalttaten im häuslichen wie im öffentlichen Bereich eingenommen und programmatisch berücksichtigt (z.B. im Aktionsplan der Bundesregierung zur Bekämpfung von Gewalt gegen Frauen 1999 und in den korrespondierenden Länderprogrammen). Fachpolitische Orientierungen sind eben immer auch zeitbezogen.

Soziale Arbeit und ihr Innovationsmanagement in Zeiten der Postdemokratie

Andreas Strunk

Bernd Maelicke wird 70 Jahre alt und das nimmt der Nomos-Verlag zum Anlass, eine Festschrift herauszugeben. Gut so.

Ich bin gebeten worden, einen Beitrag zu leisten. Dieser Bitte folge ich gerne.

Wenn ich mich recht erinnere, begann meine sehr vielfältige Beziehung zu *Bernd Maelicke* im Jahr 1981. Das ISS arbeitete an einer Untersuchung zum Thema „Wirkungsweise und Wirksamkeit von Zentralen Beratungsstellen für Personen mit besonderen sozialen Schwierigkeiten“ (veröffentlicht 1984).

Ich war damals als Sozialplaner zuständig für das Stuttgarter Hilfesystem. Diese Tätigkeit endete 1983 mit meiner Entlassung basierend auf einer Entscheidung des Sozialausschusses des Stuttgarter Gemeinderates, weil die Sozialplanung einen „Sog von Pennern“ nach Stuttgart ausgelöst habe, dieses sei nicht länger tragbar und deshalb müsse man auf die Arbeit des Sozialplaners in Zukunft verzichten. Diese Entscheidung löste einen erheblichen Medienwirbel aus. Die Sache mit der „Sogwirkung“ war sachlich falsch. Das alles wird hier nicht dargestellt. Am ISS konnte ich dann im selben Jahr als wissenschaftlicher Mitarbeiter beginnen.

Dies war eine mutige Entscheidung des Institutsdirektors und für mich der Beginn einer wissenschaftlichen Laufbahn. Dank dem damaligen Chef! In diesen Jahren - erst als teilweises Objekt einer Evaluation - und später als Mitarbeiter des evaluierenden Institutes konnte ich erfahren, wie *Maelicke* die Kunst des Balancierens beherrscht. In der Evaluation wurde der zentrale Konflikt zwischen Problemen der Rechtsverwirklichung und kommunaler Handlungsgewohnheiten nicht thematisiert, aber der „Partisan“ (so die Aussage eines CDU-Gemeinderatsmitgliedes) wurde im ISS später eingestellt.

Der ISS hat die Vermeidung der Thematisierung des Stuttgarter Konfliktes im Hinblick auf die Akquisition neuer Aufträge mit Sicherheit gut getan.

Was hier aber deutlich wurde, ist die große Schwierigkeit in der Sozialen Arbeit, Innovation zu denken und zu praktizieren.

Diese Thema nehme ich zum Anlass, rückblickend und vielleicht vorausschauend ein paar Gedanken zu formulieren u. a. im Blick auf Texte von *Bernd Maelicke*.

Im Jahre 1987 erschien im Juventa Verlag das von Maelicke herausgegebene Buch „Soziale Arbeit als soziale Innovation".

Der Herausgeber formulierte in dem Einleitungskapitel und in dem abschließenden Kapitel Aussagen, die heute noch von vielen als aktuell angesehen werden.

Ich fasse diese Aussagen zusammen.

Soziale Arbeit entwickelt sich nicht in einem freien Raum. Sie ist abhängig vor allem von ihrer politischen Programmierung.

Diese orientiert sich an den Normen des sozialen Rechtsstaates. Allerdings sind im Praxisfeld der Sozialen Arbeit häufig Normendefizite erkennbar, die über Innovationsprozesse dort überwunden werden müssen. Insofern kann es keine wertfreie Innovation geben. Die ethische Fundierung ruht einerseits auf Sozial- und Menschenrechtsnormen und andererseits auf den fachlichen Standards der Profession.

Innovation ist nicht konfliktfrei zu organisieren. In den unvermeidbaren Konflikten entwickelt sich die Kunst des Balancierens. Insofern setzt die Innovation häufig auf Kompromisse in der Hoffnung, dass es beim nächsten innovativen Schritt weiter geht mit der Sozialrechts- und Menschenrechtsentwicklung.

Soziale Arbeit muss sich also beständig selbst überprüfen und von anderen überprüfen lassen.

Der Herausgeber hat damals 20 Autoren um Mitarbeit am Band gebeten. Er fasst zusammen: „Aus den einzelnen Beiträgen werden in hohem Maße Übereinstimmungen deutlich. Konsens besteht in dem Bejahen der Notwendigkeit der permanenten und gezielten Innovation, der Erforderlichkeit einer fundierten Fachlichkeit, der gemeinsamen Verteidigung der Postulate des Sozialstaates" (S. 241).

Die Autoren, zu denen ich ebenfalls zählte, sind alle von einem Optimismus gegenüber den Handlungsmöglichkeiten der Sozialen Arbeit als Innovation des Sozialstaates überzeugt gewesen.

Bernd Maelicke deutet allerdings eine gewisse Skepsis an, wenn er über das Schicksal von Dauerarbeitslosen und der „stillen Reserve" schreibt. Ihre Realität und ihre Zukunftsperspektiven sind „weit entfernt von Freiheit, Gerechtigkeit, Solidarität und entfaltetem Sozialstaatsprinzip". (S. 20)

Er spricht auch davon, dass „der Glaube an den gesellschaftlichen Fortschritt erschüttert ist" (S. 21).

Aber dennoch: die damals formulierte und heute noch überwiegend geteilte generelle Zielsetzung lautet: Wir müssen uns um eine sozial-ökologische Infrastrukturentwicklung bemühen.

Ist das angesichts der aktuellen Entwicklung des Sozialstaates nun eine leere Formel? Diese Frage müssen wir beantworten, um nicht in die Gefahr zu geraten, Soziale Arbeit nur noch als reaktiv auf ihre jeweilige politische Programmierung zu erleben.

Sehr nachdenklich hat mich eine Analyse des englischen Politikwissenschaftlers gemacht: *Colin Crouch* schreibt über „Postdemokratie" (Frankfurt 2008). Vieles von dem, was er sagt, entspricht meiner politischen Erfahrung.

Einige seiner Kernaussagen sind:

- Die gegenwärtige Demokratie funktioniert auf zwei Ebenen. Es gibt die offiziellen Strukturen und Prozesse (Parteien, Wahlen, Regierungen etc.). Diese sind aber „unterwandert" von Einflüssen vor allem durch industrielle Lobby und vergleichbare Agenten.
  Insofern ist von „Postdemokratie" zu reden.
- Regierungen und ihre Bürokratien befinden sich in einem Zustand der selbstverschuldeten Unmündigkeit, weil Handlungsmuster und Einstellungen wirksam geworden sind: „Marktstrategien sind besser geeignet zur Lösung gesellschaftlicher Probleme. Deshalb: Weniger Staat, aber mehr Markt."
- Das privatwirtschaftliche Management als Vorbild führt u. a. zunehmend zur Privatisierung öffentlicher Aufgaben und damit zur Dominanz finanzieller Macht. Der Staat zieht sich in vielen Feldern als „Fürsorge für das Leben" zurück. Die Bürger werden weniger als Träger sozialer Rechte wahrgenommen, eher als Kunden und damit als „Besitzer von Kaufkraft".
- Die gesellschaftliche Spaltung im Sinne wachsenden Reichtums für wenige und wachsender Armut für viele nimmt zu. Das hängt u. a. damit zusammen, dass sich staatliche Sozialpolitik beginnt zu verändern: sie konzentriert sich eher auf die „wirklich Armen" und überlässt viele Menschen ungesicherten Lebensverhältnissen: amerikanische Verhältnisse drohen sich zu entwickeln.
- Von entscheidender Bedeutung sind die Bedingungen der „Politikproduktion".

Politik verkommt zur Marketingveranstaltung. Die Sprache der Verantwortlichen verändert sich entsprechend. Medientaugliche Formeln werden wichtig; diese spiegeln nur selten die Alltagsprobleme der Bürgerinnen und Bürger. Die Parteien haben weitgehend den Bezug zur Realität der sog. kleinen Leute verloren. Politik wird gesteuert von Machtzentren, die elitäre Binnengruppen bilden: Lobbyisten, Spitzenpolitiker, Spitzenbeamte und Parteifunktionäre. Auf diese Weise verstärken und reproduzieren die neuen Eliten ihre Macht und eine entsprechende Parteilichkeit.

Crouch setzt zur Politikentwicklung im Sinne einer „Demokratisierung der Demokratie" u. a. auf folgende Treiber.

1. Mentalitätswechsel: „Es ist nicht sinnvoll, den Markt zu einem absoluten Prinzip oder kategorischen Imperativ zu erheben, da er lediglich ein Mittel darstellt, gewisse Ziele zu erreichen, keinen Zweck an sich."
2. Stärkung des Ethos von Regierungen und Behörden und neuen Mut entwickeln, damit Politik dem Markt stärkere Grenzen setzt.
3. Stärkung substanzieller Partizipation von Bürgerinnen und Bürgern an politischen Entscheidungen.
4. Parteien durch soziale Bewegungen in entsprechende Lernprozesse bringen, damit sich diese wieder mehr um die Alltagsprobleme der Bürgerinnen und Bürger kümmern.

5. Die Resignation bekämpfen („Die da oben machen ja eh das, was sie wollen und was ihnen selber nützt.“) durch eine neue Thematisierung von sozialer Gerechtigkeit.

Wenn das alles nur annähernd stimmt, dann hätte das Konsequenzen für Innovation im Bereich der Sozialen Arbeit. Dann dürfen wir uns nicht nur auf interne Innovation konzentrieren, dann müssen wir uns stärker als bisher auf Innovationen im Bereich der politischen Programmierung von Sozialer Arbeit konzentrieren.

Das hätte auch Konsequenzen für Innovationsberater, die nach *Maelicke* häufig gerufen werden, um „ein ,‘inneres Klima‘ herzustellen, das ,‘mild‘ und ‘freundlich‘ ist.“

Nun hat der Jubilar in vielfältiger Form Erfahrungen im Gesamtbereich der Sozialwirtschaft gesammelt: Regierungsarbeit, Parteipolitik, Privatisierung öffentlicher Aufgaben, Praxisforschung, Innovationsberatung, Institutsleitung, um nur die wichtigsten Aspekte seiner beruflichen Biografie zu nennen.

Vielleicht sollten wir mit ihm ein Symposium gestalten zum Thema „Soziale Arbeit und ihr Innovationsmanagement in Zeiten der Postdemokratie“.

Fragen wir ihn doch!

Sozial und wirtschaftlich

Gerhard Pfannendörfer

Im kleinen Sitzungssaal im Keller des Instituts für Sozialarbeit und Sozialpädagogik (ISS) in Frankfurt am Main trafen sich Ende der 1980er Jahre eine Reihe von Personen aus Wohlfahrtsverbänden, Kommunalverwaltungen, Fachhochschulen, Trägern und Beratungsorganisationen, um endlich Nägel mit Köpfen zu machen. Man kannte sich flüchtig oder intensiv aus formeller Gremienarbeit oder informellen Treffen, aus Weiterbildungen oder aus Projekten zur Organisationsentwicklung.

Einige hatten in der Arbeitsgruppe Armut und Unterversorgung mitgearbeitet, die sich seit Anfang der 1980er Jahre in regelmäßigen Stellungnahmen zumeist kritisch zur Sozialpolitik des Landes geäußert hatte. »Arbeitslosigkeit, Ausgrenzung und Armut in der Bundesrepublik Deutschland« und wie man ihnen abhelfen kann, waren die Themen der Stellungnahmen, die oft auf der Dokumentationsseite der »Frankfurter Rundschau« veröffentlicht wurden und — auch — deshalb nicht ohne Beachtung blieben. Organisiert wurden die Treffen und die Veröffentlichungen vom Institut für Sozialarbeit und Sozialpädagogik, das der Arbeiterwohlfahrt nahe stand und dessen Direktor *Bernd Maelicke* oft seine schützende Hand über die mitunter angegriffene Arbeitsgruppe hielt.

Nach und nach setzte sich bei manchen Teilnehmerinnen und Teilnehmern der Treffen die Erkenntnis durch, dass die kritischen Themen und die sozialpolitischen Vorschläge zwar immer noch richtig seien, dass man aber auch vor der eigenen Tür kehren sollte. Vieles, was damals in sozialen Diensten und Einrichtungen nicht gut war, ließ sich mit falscher Politik und mangelnder Finanzierung nur bedingt erklären. Undurchsichtige Strukturen, mangelnde fachliche Qualifikation und wirtschaftliche Unkenntnis hatten ihren Anteil an fehlenden oder unzureichenden sozialen Dienstleistungen. Bereits einige Jahre zuvor hatten *Albrecht Müller-Schöll* und *Manfred Priepke* von der Diakonischen Akademie in Stuttgart das Thema »Sozialmanagement« in die Diskussion eingeführt und gezeigt, dass man die Leitung sozialer Organisationen lernen kann, aber auch lernen muss.

Ein Abschluss als Sozialarbeiter, Theologe oder Jurist reicht allein zur Mitarbeiterführung und zum wirtschaftlichen Betrieb einer Werkstatt für behinderte Menschen oder eines Pflegeheims nicht aus.

Aus diesen Überlegungen trieb *Bernd Maelicke* — auch gestützt auf die Erfahrungen des Instituts für Sozialarbeit und Sozialpädagogik bei der Beratung von Verbänden und Organisationen des sozialen Bereichs — die Entwicklung eines Verbundkonzeptes zur Qualifizierung der Sozialwirtschaft voran. Elemente des Systems sollten eine Zeitschrift, eine Buchreihe, ein bundesweiter Kongress, eine fachliche Fortbildungsreihe und eine Vermittlungsagentur für Organisationsberatung sein. Nach langen Vorgesprächen mit Experten aus verschiedenen Verbänden und Arbeitsfeldern kam es schließlich in der eingangs erwähnten Sitzung zur Gründung einer Zeitschrift, damals unter dem Titel SOCIALmanagement.

Bernd Maelicke konnte seinen Studienfreund *Volker Schwarz*, Geschäftsführer der damals zur Suhrkamp-Gruppe gehörenden Nomos Verlagsgesellschaft, für die Idee gewinnen und im Januar 1990 erschien die erste Ausgabe der neuen Zeitschrift. Auch die Buchreihe und der Kongress der Sozialwirtschaft konnten bald in die Tat umgesetzt werden; die weiteren Elemente des Verbundkonzeptes mussten mangels personeller Kapazitäten bald aufgegeben werden.

Heute ist die zweimonatlich erscheinende Zeitschrift SOZIALwirtschaft und der zweiwöchentlich verschickte Informationsdienst SOZIALwirtschaft aktuell etabliert und der zweijährlich stattfindende Kongress der Sozialwirtschaft erlebt kurz nach dem 70. Geburtstag von *Bernd Maelicke* seine siebte Folge. Auch die inzwischen drei Buchreihen bei Nomos zum Themenfeld der Sozialwirtschaft sind etabliert und die Zahl der Titel wächst von Jahr zu Jahr.

Der Erfolg hat bekanntlich immer viele Väter (und Mütter) — aber niemand kann bestreiten, dass es letztlich vor allem *Bernd Maelicke* war, der mit seiner über Jahrzehnte hinweg geübten sanften Hartnäckigkeit mitgeholfen hat, der Sozialwirtschaft als Branche eine Identität und ein Selbstbewusstsein zu geben.

Der Nomos Autor

Klaus Letzgus

Persönlich ist mir Bernd Maelicke seit Anfang der 60er Jahre aus dem gemeinsamen juristischen Studium in Freiburg i. Br. bekannt. Nahezu 30 Jahre später bin ich ihm dann wieder unvermittelt bei einer Justizministerkonferenz begegnet, nachdem wir beide für einige Zeit in einer Landesjustizverwaltung tätig waren, er als Leiter der Strafvollzugsabteilung in Kiel, ich als Justizstaatssekretär in Schwerin. Richtig und intensiv kennen gelernt habe ich freilich Bernd Maelicke erst weitere zehn Jahre später während meiner Tätigkeit als Bevollmächtigter des Verlages C.H. Beck beim Nomos Verlag in Baden-Baden.

Schon nach wenigen Wochen in Baden-Baden wurde ich mit Bernd Maelicke bzw. mit einem seiner zahlreichen bei Nomos erscheinenden Werken konfrontiert. Maelicke war für Nomos ein zwar nicht immer einfacher, aber doch ideenreicher und wichtiger Autor. Obwohl er auch bei einigen anderen Verlagen veröffentlicht, war und ist Nomos gewissermaßen sein Hausverlag.

Bernd Maelicke hat zweifellos den Begriff der Sozialwirtschaft literarisch und wissenschaftlich hoffähig gemacht. Die Mehrzahl seiner Veröffentlichungen beschäftigt sich mit dieser Materie. So hat er bereits im Jahr 1990 die Zeitschrift „Sozialwirtschaft", früher „Sozialmanagement" gegründet, die heute im 21. Jahrgang monatlich zusammen mit dem Infodienst „sozialwirtschaft aktuell" bei Nomos erscheint.

Begleitet wird diese Zeitschrift durch die im Jahr 1994 begründete Schriftenreihe „Edition Sozialwirtschaft", deren Initiator sowie Mitherausgeber ebenfalls Bernd Maelicke war und von der inzwischen 32 Bände erschienen sind. Hervorzuheben sind in dieser Reihe die beiden von Bernd Maelicke zusammen Christoph Flügge und Harald Preusker herausgegeben Bände „Das Gefängnis als lernende Organisation" (2001) und „Das Gefängnis als Risiko-Unternehmen" (2010), dem vielleicht dann zum 80. Geburtstag des Jubilars als dritter und abschließender Band „Das Gefängnis als überflüssige Institution" folgen wird (?).

Der Schriftenreihe folgte im Jahr 1998 ein Lehrbuch der Sozialwirtschaft, das inzwischen als Klassiker auf diesem Gebiet 2009 bereits in 3. Auflage erschienen ist und das Bernd Maelicke zusammen mit Arnold herausgibt. Krönender Abschluss und gewissermaßen das Eldorado der sozialwissenschaftlichen Veröffentlichungen von Bernd Maelicke ist das im Jahr 2008 erschienene, umfangreiche „Lexikon der Sozialwirtschaft“ mit insgesamt über 130 Autoren.

Schließlich darf in diesem Zusammenhang nicht der von Maelicke initiierte „Kongress der Sozialwirtschaft“ unerwähnt bleiben, der von der Bundesarbeitsgemeinschaft der Freien Wohlfahrtspflege e.V., von der Bank für Sozialwirtschaft und vom Nomos Verlag veranstaltet wird. Dieser zum ersten Mal im Jahr 1999 und im folgenden alle zwei Jahre stattfindende Kongress ist inzwischen zu der zentralen Veranstaltung für Praxis und Wissenschaft der Sozialwirtschaft geworden. Die Tagungsbände mit den dort gehaltenen Vorträgen werden ebenfalls von Bernd Maelicke herausgegeben.

Naheliegenderweise hat Maelicke erst als älter gewordener Autor und nach Beendigung seiner beruflichen Laufbahn den neuen Begriff der „Seniorenwirtschaft“ geprägt und auch eine Zeitschrift sowie ein Jahrbuch zu dieser Thematik dem Verlag angeboten. Die in den Jahren 2009/2010 erschienene Zeitschrift wird zukünftig als „Jahrbuch der Seniorenwirtschaft“ fortgeführt.

Ein zweiter Schwerpunkt der bei Nomos erscheinenden Veröffentlichungen von Bernd Maelicke geht auf seine Tätigkeit im Bereich des Strafvollzugs zurück. So war er Initiator und Mitbegründer der bei Nomos seit 1989 erscheinenden Zeitschrift „Neue Kriminalpolitik“, die sich bereits im 22. Jahrgang befindet und das derzeit einzige deutschsprachige Publikationsorgan zur Kriminalpolitik darstellt.

Im gleichen Jahr ist die 1. Auflage einer von ihm zusammen mit Cornel herausgegebenen Textausgabe zum „Recht der Resozialisierung“ erschienen; die sechste Auflage befindet sich derzeit in Vorbereitung. Sein zusammen mit Cornel und Sonnen 1995 herausgegebenes „Handbuch der Resozialisierung“ gilt inzwischen als Standardwerk zu dieser Thematik und ist im Jahre 2009 in 3. Auflage erschienen.

Die Zusammenarbeit mit Bernd Maelicke war aus Verlagssicht nicht immer ganz einfach, aber stets anregend und fruchtbar. Er war aus Sicht des Verlages der originelle Ideengeber für zahlreiche Projekte, die jedoch konzeptionell nicht immer bereits ausgereift waren und dem Verlag deshalb genügend Spielraum zur Gestaltung überließen. Insofern unterscheidet sich Bernd Maelicke erfreulicherweise von den meisten anderer mir bekannter Autoren, die häufig ein schon in allen Einzelheiten festgelegtes Konzept vorlegen, das sich dann nur mit großer Mühe ändern lässt, obwohl dies sowohl aus redaktionellen wie auch aus wirtschaftlichen Gründen notwendig wäre.

Eine ganz besondere und bemerkenswerte Eigenschaft Maelickes liegt in seiner Fähigkeit – wie kaum ein anderer – als Herausgeber von Büchern und Zeitschriften, die Autoren für die jeweiligen Bereiche und Themen zu finden, diese für das Werk zu begeistern und sie schließlich auch zur rechtzeitigen Anfertigung eines Manuskriptes zu veranlassen.

Über die Einzelveröffentlichungen hinaus hat sich der Jubilar stets auch als Berater des Verlages insbesondere auf dem Gebiet der Sozialwirtschaft verstanden und wurde deswegen bereits 1991 mit einem Beratervertrag ausgestattet, zumal er finanziellen Zuwendungen des Verlages nicht von vorne herein abgeneigt war (!).

Kennzeichnend für Bernd Maelicke ist ferner, dass er bei Zeitschriften, Büchern oder Schriftenreihen, die er einmal initiiert und begründet hat, nach einer gewissen Zeit wieder aussteigt, wenn er zu der Auffassung gelangt, dass das Projekt auch ohne seine Mitwirkung gut läuft. Diese durchaus vernünftige Haltung ist bei Autoren und Herausgebern, vor allem zunehmenden Alters, leider nur selten anzutreffen.

Möge der jugendliche, der Senioreneigenschaft noch weit entfernte Jubilar auch über seinen 70. Geburtstag hinaus noch viele Jahre für sein Kind „Sozialwirtschaft“ tätig sein und die „Seniorenwirtschaft“ vorerst noch etwas im Hintergrund belassen.

Bernd Maelicke hat sich als Autor um den NOMOS Verlag in hohem Maße verdient gemacht. Im Namen des Verlages darf ich ihm hierfür sehr herzlich danken und ihm auch für das kommende Jahrzehnt viel Schaffenskraft, Erfolg und Freude bei seinen literarischen Arbeiten wünschen.

Lockerheit, Konzentration, Kreativität und Wertschätzung

Heinz Cornel

Fünf Auflagen des Rechts der Resozialisierung,[1] drei Auflagen des Handbuchs der Resozialisierung, über mehr als zehn Jahre gemeinsame Herausgabe und Redaktion der Fachzeitschrift Neue Kriminalpolitik von ihrer Gründung an und unzählige wissenschaftliche Begleitungen sozialer und kriminalpolitischer Projekte sowie freier Träger der Straffälligenhilfe und Justizverwaltungen – das ist der äußere Rahmen meiner mehr als 25 -jährigen Zusammenarbeit mit *Bernd Maelicke*.

Kennengelernt haben wir uns in den frühen achtziger Jahren in Frankfurt am Main, als er Direktor des Instituts für Sozialarbeit und Sozialpädagogik war und ich wissenschaftlicher Mitarbeiter und Leiter der soziotherapeutischen Abteilung am Institut für psychoanalytische Soziotherapie und Kriminalsoziologie, das gegründet war im Zuge einer Kooperation zwischen zwei Strafrechtslehrstühlen der Johann Wolfgang Goethe Universität (Professor Dr. *Herbert Jäger* und Professor Dr. *Klaus Lüderssen*) und dem Sigmund Freud Institut. Beide wurden wir mit Arbeiten über Strafvollzug bzw. der Straffälligenhilfe promoviert und das Thema Resozialisierung hat uns beide seit Studententagen nicht mehr losgelassen.

Bernd Maelicke holte mich dann 1985 an das ISS, wo es zunächst um wissenschaftliche Begleitungen Konzeptionierungen und Fortbildungen zum Thema Untersuchungshaftvermeidung ging. Schnell aber erweiterte sich das Spektrum der von uns gemeinsam bearbeiteten Themen – ich profitierte sehr von seinem Überblick und seiner Kreativität von der Drogenhilfe bis zur Sozialplanung, von der Organisationsentwicklung über die Arbeit mit alleinstehenden Wohnungslosen bis zu unterschiedlichen Ansätzen der Jugendhilfe und die ersten Anfänge des Sozialmanagements.

In dieser Zeit, der zweiten Hälfte der achtziger Jahre, entwickelten wir einen gemeinsamen Arbeitsstil, den wir trotz einiger Rollenwechsel und damit unter anderem organisatorischer Veränderungen, meist beibehielten. Auf der Basis sehr unterschiedlicher Arbeitsstile und des Umgangs mit Fachliteratur und Theorie waren wir nicht nur

1 Die sechste Auflage bereiten wir gegenwärtig vor.

durch die Thematiken eng verbunden, insbesondere wenn es um Kriminalpolitik, Strafvollzug und ambulante Straffälligenhilfe ging, sondern insbesondere durch unsere Freude an der Zusammenarbeit mit den Fachkräften und den Spaß, den wir bei aller ernsthafter Arbeit immer hatten. Ich kann mich an kaum eine Redaktionssitzung, Fortbildung, Projektplanungssitzung oder auch Besprechung der Endredaktion eines Forschungsberichtes erinnern, an der wir nicht mehrfach herzlich gelacht haben. Nach einigen Jahren – und so ist es bis auf den heutigen Tag – genügte meist ein Stichwort, um uns an gemeinsam erlebte Anekdoten zu erinnern oder sich an der Komik des Augenblicks zu erfreuen. Das war und ist eine gute Basis, um auch Meinungsverschiedenheiten und unterschiedliche Sichtweisen zu überbrücken.

Bei allem Spaß ging es regelmäßig um sehr ernsthafte Projekte, teils auch um Ausschreibungen, die erst einmal gewonnen werden wollten. Gerade in diesen Phasen habe ich die Zusammenarbeit immer wieder genossen, die sich durch Lockerheit bei größter Konzentration, hohe Kreativität und gegenseitige Wertschätzung sowie Bereitschaft zur Zusatzarbeit zu allen möglichen Zeiten und an ungewöhnlichsten Orten auszeichnete. Wir haben uns frühmorgens und spät abends bei *Bernd* zuhause getroffen, um Anträge zu besprechen, wir haben Konzepte im Speisewagen und an Flughäfen entwickelt und bei dem einen oder anderen Glas Rotwein in Restaurants und Hotels neue Ideen formuliert.

Wer *Bernd* kennt, weiß, dass es bei aller Verschiedenartigkeit dieser Entwicklungsprozesse ein wiederkehrendes Element gibt: irgendwann versieht er ein Blatt Papier mit einer Reihe von Spiegelstrichen und ordnet so einige Begriffe an. Dann ist die erste Phase des kreativen Prozesses abgeschlossen und wer nicht ganz starke Argumente gegen die Struktur dieser Auflistung hat und sofort anführt, der wird sich für die weitere Zusammenarbeit an diesen Stichpunkten abzuarbeiten haben. Möglicherweise sieht die Struktur im Endergebnis völlig anders aus – aber diese Spiegelstrichlisten sind immer wieder wichtige Etappen, sie strukturieren weniger das Produkt als den Prozess des gemeinsamen Bearbeitens. Manche der Begriffe werden später durch 5 neue ersetzt, mancher steht im Zentrum der Untersuchung und ein anderer nur für eine Fußnote – aber immer bildet diese Liste – gerne auch einmal einfach zugefaxt – einen wichtigen Arbeitsschritt, hinter den es kein Zurück mehr gibt.

Bernd ist beharrlich in der inhaltlichen Debatte und im Besetzen von Begriffen. Wer an ähnlichen kriminalpolitischen Diskursen beteiligt ist, oft die gleichen Veranstaltungen besucht und auf den gleichen Podien sitzt, dem kann es schon mal passieren, dass er die Folien der Vorträge kennt oder Textpassagen mitsprechen kann. Aber das liegt an der gemeinsamen Mission selbst und daran, dass wir beide wissen, dass nicht alle gleich beim ersten mal zuhören oder zumindest keine Konsequenzen daraus ziehen.

Nun also wird *Bernd Maelicke* 70. Ich erinnere mich noch recht gut an ein Gespräch in seinem Büro als Direktor des Instituts für Sozialarbeit und Sozialpädagogik in Frankfurt, als er – damals knapp über 40 - mir belustigt, aber auch ein wenig entrüstet erzählte, dass er im Tennisclub seines damaligen Wohnortes Bad Vilbel in der Senioren-Mannschaft spielen solle. Das entsprach so gar nicht seinem Selbstbild – aber in den nächsten 10 Jahren bleibt ihm wohl nichts anderes übrig, als sich langsam in dieser Liga einzurichten. Allerdings haben wir am Rande einer Redaktionssitzung gemeinsam mit *Helmut Ortner* bereits vor knapp 20 Jahren beschlossen, wie wir dann sein wollen: ‚fit'. Auch das gehörte zu den Running-Gags der letzten Jahre.

Man muss doch etwas tun...

Christoph Flügge

Lang, lang ist es her, da habe ich an einer Tagung der Arbeiterwohlfahrt in Bonn-Rolandseck teilgenommen. Es muss etwa 1980 gewesen sein. Ich war junger Referent in der Strafvollzugsabteilung der Berliner Justizverwaltung und für Sicherheit und Gestaltung der Untersuchungshaft zuständig. Bei der Tagung, die sich natürlich mit der Reform des Strafvollzuges beschäftigte, traf ich das erste Mal auf *Bernd Maelicke*, der einer der Moderatoren der Tagung war. Wir verfassten Papiere, stellten Forderungen auf und waren sehr kreativ. Was wir alles forderten, weiß ich nicht mehr. Immerhin eine Forderung ist bald darauf in Erfüllung gegangen, nämlich die Abschaffung des alten und verhängnisvollen Rückfallparagrafen. Unsere damaligen Vorschläge zur Entkriminalisierung einzelner Straftatbestände würden heute allerdings noch viel weniger in die Zeit passen als damals.

Nach dieser Tagung sind *Bernd Maelicke* und ich uns immer wieder begegnet. Meist von den gleichen Ideen beseelt, mit ähnlichem politischen Hintergrund und mit der Überzeugung ausgestattet, man müsse doch etwas tun, um die Verhältnisse im Bereich Kriminalpolitik und bei der Gestaltung des ambulanten und stationären Vollzuges von Sanktionen zu ändern. Ob wir dabei wirklich durchschlagend erfolgreich waren, kann man bezweifeln. Hier und da ist uns aber sicher manches Gute gelungen. Entscheidend dabei war etwas, das ich von *Bernd Maelicke* gelernt habe: Es geht nichts ohne Mitstreiter, heute sagt man dazu Netzwerke. Und im Netzwerken ist *Bernd* ein Meister. Und wenn man einmal in diesem Netz ist, gibt es kein Entrinnen. So sind *Bernd* und ich uns immer wieder begegnet und haben die Zusammenarbeit gesucht.

Wenn meine Erinnerung nicht trügt, war unser erstes gemeinsames Projekt eine Reform des Berliner Strafvollzuges. Ich war im April 1989 Abteilungsleiter Strafvollzug in der Berliner Senatsverwaltung für Justiz geworden und brauchte dringend Unterstützer von außen, die mich bei diesem Vorhaben unterstützen könnten. *Bernd Maelicke* mit seinem damaligen Institut für Sozialarbeit und Sozialpädagogik (ISS) in Frankfurt als Projektmanager und Moderator sowie *Heinz Cornel* als wissenschaftlicher Begleiter und Forscher haben kräftig mit angepackt und zusammen mit Vollzugsmitarbeitern praxistaugliche Programme entwickelt, die tatsächlich in großem Umfang Realität geworden sind und noch heute weitgehend die Struktur des Berliner Strafvollzuges, insbesondere des Frauenvollzuges, bestimmen.

Mitten in dieser Reformphase fiel die Berliner Mauer. Nach wenigen Monaten wurde klar, dass die kommende Wiedervereinigung weitreichende Folgen für unser Strukturprojekt haben wird. Sie machten uns schwindlig. Es war aber zugleich eine riesige Chance. Mit den nun zur Verfügung stehenden Standorten konnte der Frauenvollzug als selbständige Anstalt dezentralisiert werden und so seine zukünftige differenzierte und frauenspezifische Form finden. Hoffentlich bleibt dieses Konzept auf zukünftig erhalten.

Zwischenzeitlich war *Bernd Maelicke* beim ISS in Frankfurt ausgeschieden und hat sich erstaunlicherweise zum Ministerialbeamten machen lassen. Als Vollzugsabteilungsleiter in Kiel war er plötzlich mein Kollege. Wir konnten so auf ganz anderer, sozusagen offizieller Ebene zusammenarbeiten, vor allem im Strafvollzugsausschuß der Länder. Dabei haben wir zumeist an einem Strang gezogen und immer wieder gemeinsame Vorhaben angestoßen. Allerdings haben wir eines immer unterschiedlich bewertet: Er war als Schleswig-Holsteiner immer stolz auf "seine" niedrigsten Gefangenenraten aller Bundesländer, ich betrübt über die hohen Raten in Berlin. Ob dieser Unterschied an guter oder schlechter Kriminalpolitik oder gar Vollzugspolitik liegt, darüber konnten wir uns nie einigen. Im Hinblick auf die Zahl von Urlaub, Vollzugslockerungen und offenen Vollzug haben "wir in Berlin" fast alle Bundesländer und auch Schleswig-Holstein weit abgehängt. Das muss doch mal gesagt werden!

Trotz der großen Probleme mit der deutschen Einheit im Strafvollzug waren einige Kollegen im Strafvollzugsausschuss der Länder überzeugt, dass wir weiter denken müssen. Osteuropa war plötzlich erreichbar und Teil eines europäischen Strafvollzugskomplexes geworden. Viele suchten Rat und Unterstützung in Deutschland. Um dem entstehenden Wildwuchs entgegenzuwirken und die Kräfte zu bündeln, gründeten *Bernd Maelicke, Harald Preusker,* der in Sachsen Vollzugsabteilungsleiter geworden war, und ich die "Europäische Koordinierungsgruppe" des Strafvollzugsausschusses. Damit begann - oft in Zusammenarbeit mit dem Europarat und im Konflikt mit dem Bundesjustizministerium - eine spannende Zeit der internationalen Aktivitäten. *Bernd Maelicke* mit der Region Archangelsk in Russland, *Harald Preusker* mit seinen Aktivitäten in Armenien und Aserbaidschan und ich in der Ukraine haben vielleicht einiges zur dortigen Entwicklung beitragen können, sicher aber selbst viel gelernt und unseren Institutionen den Blick über die deutschen Probleme hinaus erweitert.

Es war nicht *Bernd Maelickes* Verdienst, aber er hat die Chance, die sich ihm bot, vortrefflich genutzt. Schleswig-Holstein war turnusgemäß Gastgeber und Ausrichter der 100. Tagung des Strafvollzugsausschusses der Länder nach dem Krieg. Es wurde ein großes Fest. Alle ehemaligen Vollzugsabteilungsleiter aller Länder waren eingeladen, es gab den offiziellen Beratungsteil, einen Festakt mit Festredner (natürlich Prof. *Müller-Dietz*) und Politikern, ein schönes Essen, bei dem ich einen Rückblick auf Geschichte des Ausschusses, dem ich zwölf Jahre angehört hatte, geben durfte. Vor allem aber gab es ein rauschendes Vollzugsfest, das allen Teilnehmern aus vielen Ländern sehr gut tat, wo sie ihre Arbeit doch zumeist in der gesellschaftlichen "Schmuddelecke" verrichten. Vielleicht wird das ja bei der 200. Tagung wiederholt.

Natürlich hat sich *Bernd Maelicke* nicht mit diesen hauptberuflichen Tätigkeiten begnügt. Daneben musste es immer wieder "netzwerkbasierte" Aktivitäten und Projekte gegeben. Seine in die Öffentlichkeit gerichteten Aktivitäten sind für den Vollzug ein großer Gewinn. Er hat die "Neue Kriminalpolitik" mit aus der Taufe gehoben und mir dort während der aufregenden Wendezeit Gelegenheit gegeben, über die Eindrücke vom Vollzug der DDR zu schreiben. Später hat er dieser Zeitschrift den Rücken gekehrt und sich daran gemacht, die "blaue Zeitung" umzukrempeln und aus ihr das "Forum Strafvollzug" zu gestalten. Und seit er dort Verantwortung trägt, sitzt er einem immer wieder im Nacken und fordert einen - mal mit und mal ohne Erfolg - zum Schreiben auf. Dafür braucht man in der Tat einen hartnäckigen, manchmal auch lästigen Ideengeber und Antreiber.

Noch stärker haben uns allerdings die beiden Buchprojekte, "Das Gefängnis als lernende Organisation" und "Das Gefängnis als Risiko-Unternehmen" zusammengebracht. *Harald Preusker, Bernd Maelicke* und ich haben uns zweimal auf das Wagnis einer gemeinsamen Herausgeberschaft eingelassen. Wenn wir vorher gewusst hätten, wie viel Arbeit das macht und wie viel Reibung entstehen kann, dann... Nein, wir hätten es dennoch getan. Denn die Reflexion und das öffentliche Nachdenken über unsere Arbeit im Vollzug und darüber hinaus sind unverzichtbar, wenn Kriminalpolitik weiter lebendig bleiben und nicht einseitig als Sicherheitspolitik daherkommen soll. Besonders gern erinnere ich mich an die Tagungen, die wir gemeinsam anlässlich des Erscheinens der Bücher in Baden-Baden (zusammen mit dem Nomos-Verlag) und Berlin (zusammen mit der Friedrich-Ebert-Stiftung) durchgeführt haben. Leider ist aber auch da die ganz große öffentliche Resonanz über den Kreis der ohnehin Überzeugten hinaus ausgeblieben.

Irgendwann nach September 2001 saßen *Bernd Maelicke, Harald Preusker* und ich in meinem Staatssekretärsbüro in der Berliner Justizverwaltung zusammen und beklagten wieder einmal die Welt und insbesondere die Kriminalpolitik. Doch es dauerte nicht lange, dann fanden wir mal wieder: Man muss doch etwas tun! Das war die Geburtsstunde des "Ziethener Kreises", benannt nach einem wunderschönen Schlosshotel vor den Toren Berlins, wo wir unsere erste Tagung hatten. Da ging es gleich hoch her, insbesondere beim Thema Privatisierung des Strafvollzugs oder im Strafvollzug. *Bernd Maelicke* und *Harald Preusker* auf der einen, ich und die meisten anderen Teilnehmer auf der anderen Seite gerieten in lautstarke Konflikte und es ist bis heute ein Wunder, dass niemand verletzt wurde. Der Kreis hat sich weiterentwickelt, heißt immer noch nach Ziethen und nicht nach Hiddensee, wo wir später tagten und wo *Bernd Maelicke* erfolglos eine Umbenennung vorschlug. Diese beiden Meinungsverschiedenheiten waren aber - offiziellen Verlautbarungen zufolge - nicht der Grund für *Bernds* Ausscheiden aus dem Kreis. Er wollte wieder einmal neue Prioritäten setzen und hat sich nach Lüneburg, Basel und sonstwo in der Welt orientiert. Allerdings hat er allen Ziethenern eine unschätzbare und unvergessliche Erfahrung beschert, die in der Zukunft für uns alle von großem Nutzen sein wird. Eine unserer Tagungen hat er auf Sylt organisiert. Gewohnt und getagt haben wir in einer nagelneuen behindertengerechten Senioreneinrichtung. Das war wirklich zukunftsweisendes Probewohnen. Irgendwann wird es ernst. Dann können wir auf diese Erfahrung zurückgreifen.

Bis es so weit ist, gibt es ja immer wieder etwas zu tun. Ich denke, die Auseinandersetzungen um die für den Strafvollzug so verhängnisvolle Föderalismusreform hat deutlich gemacht, dass Netzwerke und mutiges Zu-Wort-Melden nötig sind. Hinter den Kulissen haben wir gemeinsam Organisationen und Personen zusammengebracht, die dann einzeln oder zusammen u.a. in "Dringenden Appellen" wirkungsvoll gewarnt haben. *Bernd Maelickes* Beitrag als "Außenansicht" in der Süddeutschen Zeitung und die von ihm moderierte Protestversammlung im Berliner Rathaus Schöneberg, an der ich als Staatssekretär verständlicherweise nicht teilnehmen durfte, und all die anderen Aktionen haben sicherlich dazu beigetragen, dass der befürchtete "Wettbewerb der Schäbigkeit" so nicht Realität geworden ist. Dazu haben aber auch die Anhörungen in den Landtagen beigetragen, zu denen wiederum *Bernd Maelicke* als Sachverständiger oft eingeladen worden ist.

Die damalige Erfahrung hat eindrucksvoll vor Augen geführt, dass *Bernd Maelickes* Qualitäten auch zukünftig unverzichtbar sind. Ich möchte sie mit den Worten Solidarität, Initiative, Konfliktfähigkeit (man könnte auch Reibung sagen), Gemeinsamkeit, Offenheit, Aktivität, Schreibwut, aber auch mit den Worten Feiern und Rotwein umschreiben. Und um letzteres soll es jetzt gehen: Herzlichen Glückwunsch zum Geburtstag, alles Gute weiterhin und Prost!

THE BERND – der Komplize

Helmut Ortner

Jetzt wird es ein bisschen kompliziert. Denn es stimmt zwar, dass *Bernd Maelicke* in vielfacher Hinsicht ein verdienter Mann im kriminalpolitischen Koordinatensystem der Republik ist (man könnte auch pathetisch formulieren: »Er hat sich um unser Land verdient gemacht!«...), es ist aber auch richtig – und muss hier allein schon gegen den möglichen Verdacht der Geschichtsfälschung und Legendenbildung gesagt werden – *Bernd Maelicke* hat alle diese vielfältigen und kaum mehr überschaubaren Aktivitäten nur aus einem Grund initiiert, inszeniert, durchgestanden und zu Ende geführt: er wollte Spaß haben!

Es geht hier also im folgenden weder um falsche Wahrheiten, noch um richtige Lügen.

Es geht um das Eigentliche – um das wirkliche Leben. Und das findet ja bekanntermaßen nicht in Hörsälen, Ministerialstuben und Verlagsräumen statt, sondern in Gaststuben, Weinkneipen, meinetwegen noch auf dem Tanzboden und auf dem Tennisplatz. Kurz: überall dort, wo *Bernd Maelicke* – nennen wir ihn der Einfachheit halber fortan THE BERND – zeitlebens am liebsten aufhält.

Gut, dazwischen musste THE BERND sich auch noch um ein paar Dinge kümmern, die das Leben als Mann heute so mit sich bringt: also Frau, Kind, Hund – daneben Karriere planen, Haus bauen (na ja, kaufen...), Baum pflanzen. Danach Institute leiten, Zeitschriften gründen, Reden halten, Bücher schreiben. Schließlich Beamter, Professor und Pensionär werden. Wir dürfen sagen, THE BERND ist angekommen: er gehört zu den 68ern, die heute 68 und älter sind. Verdammt viel richtig gemacht im Leben.

Wir sind uns in Frankfurt begegnet. Er war Chef eines sozialdemokratisch infiltrierten Instituts mit den Kürzel ISS. (nein, keine Terrororganisation, sondern irgendetwas mit Sozialarbeit), Er fuhr häufig mit einem wunderbaren Saab Cabrio (natürlich plus integriertem Tennisschläger) in die dortige Tiefgarage, was mir sehr imponierte. Als er mir ordentliche Honorare dafür anbot, kriminalpolitische Forschungsberichte umzuschreiben und stellenweise von dem qualvollen Duktus wissenschaftlicher Langweile zu befreien, war klar: der Mann könnte ein Komplize werden.

Und so kam es. Bald erdachten wir zusammen eine Zeitschrift, die die Welt zwar nicht brauchte, die wir aber machen wollten. Unsere Vorstellung: eine Zeitschrift bei der es keinen »Schriftführer gibt, die kein autistisches Verbands- , Lobbyisten- und Parteimagazin ist, und in der rhetorische Behäbigkeit und akademische Langweile nicht als Qualitätskriterium missverstanden wird.‹‹

Statt dessen: eine Zeitschrift , die neue Impulse setzen sollte, Forum sein für eine interdisziplinäre Diskussion und vor allem Ziele verfolgt wie: rationaler Umgang mit Kriminalität, Grundrechtsverteidigung, Abbau staatlicher Sozialkontrolle und Vorrang sozialer Konfliktlösungen. Alles sollte diese neue Zeitschrift sein, nur nicht langweilig: analytisch und pragmatisch, kritisch und aktuell, kompetent und kontrovers, informativ und engagiert, überraschend und provokant. Und weil Erkenntnisgewinn mit Lesespaß keine Gegensätze für uns waren, alles in einer Optik, die sich an modernen US-Wissenschaftsmagazinen orientiert. So entstand sie, die NEUE KRIMINALPOLITIK.

Jetzt brauchte es noch Unterstützer, Mitmacher, Autoren – vor allem aber einen Verleger, der unseren Enthusiasmus teilt. THE BERND rief seinen Freund *Volker Schwarz* an, Chef des Nomos Verlags in Baden-Baden. Ein Mann mit Charisma, ansteckendem Optimismus und jener Mischung aus hartnäckigem Erfolgswillen und nachsichtiger Leidensfähigkeit, die große Verlegerfiguren auszeichnet. Keine großen Verträge, salbungsvolle Worte. Ein Handschlag – und ran an das erste Heft. Zum Start hatte sich eine illustre Runde gefunden, die die »NK« noch über Jahre prägen sollte: *Renate Simmedinger, Joachim Kersten, Heinz Steinert, Arno Pilgram, Monika Frommel, Frieder Dünkel, Heinz Cornel und Bernd Rüdiger Sonnen.* Vier Hefte, Jahr für Jahr. Abonnenten und Ansehen stiegen. THE BERND war der kommunikative Netzwerker, mein Part der des Blattmachers.

Zweimal jährlich traf sich die Runde zu zweitägigen Redaktionssitzungen in ausgesuchten Baden-Badener Hotels. Zu Beginn ein gemeinsamer Spaziergang durch die badische Rebenlandschaft, danach Diskussion, Debatte und Disput, schließlich der Höhepunkt: das NK-Abendmahl mit hervorragenden Speisen und besten Weinen So ging das Dank des spendablen Verlegers ein gutes Jahrzehnt. *Volker Schwarz* war nicht nur bereit, unsere chronisch defizitäre Zeitschrift tapfer zu alimentieren, sondern dieses hedonistische Gipfeltreffen Jahr für Jahr freigiebig zu finanzieren. Keine Frage: hier hat sich ein Mann für die badische Gastronomie ebenso verdient gemacht wie für das deutsche Rechtswesen.

Irgendwann bin ich dann bei der NK von Bord gegangen. Eine Schiffsreise muss auch für Gründungsmitglieder nicht ein Leben lang dauern. Unsere Wege trennten sich. Freundschaftliche Ferne. THE BERND blieb – im Gegensatz zu mir – dem kriminalpolitischen Kosmos treu. Ob als *Beamter* (... hat ihn auf die Folgen mal jemand hingewiesen?...) im Justizministerium, als *Professor* oder *Publizist*: er blieb ein Mann für alle Fälle. Geistes- und Genussmensch, Lebens-und Menschenfreund. Wie viele Reform-Programme er formuliert hat, wie viele Bücher er geschrieben, herausgegeben und angeregt hat? Sind es zwanzig, zweihundert oder doch viel weniger? Egal. Wichtig ist, er hat Spuren gelegt und hinterlassen. Auch bei mir. Ach, eine Frage noch... Was macht er eigentlich jetzt mit Siebzig?

Kriminalpolitik und Auslandsprojekte

Wolfgang Gottschalk

Bernd Maelickes Anruf erreichte mich Anfang November 2000 in der JVA Neumünster und er fragte mich, ob ich Ende des Monats für eine Woche nach Archangelsk fliegen könnte, um den Besuch des Leiters des dortigen Strafvollzugs in Schleswig-Holstein vorzubereiten. Der Anruf leitete einen weiteren Abschnitt unserer gemeinsamen beruflichen Zusammenarbeit ein, doch war natürlich damals nicht abzusehen, wie nachhaltig und bedeutsam dieser für meine eigene berufliche Fortentwicklung, aber auch für die internationalen Kontakte unseres Bundeslandes werden würde.

Wir hatten zu dieser Zeit schon seit 1995 Kontakte zum Strafvollzug in Archangelsk, die aber eher zögerlich und gelegentlich durch einige Besuche von Fachleuten beider Seiten gepflegt wurden, weil es damals noch keine Programme mit einer gesicherten Finanzierung gab und weil auch die Pflege solcher Kontakte nicht im Geschäftsverteilungsplan der schleswig-holsteinischen Justizverwaltung vorgesehen war.

Mit meiner ersten Reise in den Nordwesten Rußlands und dem im folgenden Monat erfolgten Gegenbesuch des dortigen Leiters der UFSIN[1] änderte sich dies allerdings grundlegend: *Bernd Maelicke* und ich verfolgten jetzt gemeinsam das Ziel, über eine Drittmittelförderung zu einer systematischen Zusammenarbeit mit der russischen Seite zu gelangen, was uns schließlich ab dem Jahr 2002 gelang. Der Europarat hatte ein Förderprogramm aufgelegt, das in Staaten des ehemaligen Ostblocks helfen sollte, die in Westeuropa gültigen Standards der Rechtsstaatlichkeit und Menschenrechte auch in deren Strafvollzug zu realisieren.

Wir entwickelten auf der Grundlage jeweils einer jährlichen Delegationsreise in beide Richtungen ein Programm zur Einführung professioneller Sozialarbeit und zur Entwicklung systematischer Vollzugsplanung. Dabei erwies es sich als Vorteil, dass die deutsche Gruppe immer aus denselben Personen bestand, während aus Archangelsk stets andere Personen Gelegenheit erhielten, in schleswig-holsteinischen Vollzugsan-

1 UFSIN ist die regionale Untergliederung der föderalen Verwaltung für den Strafvollzug und die sog. Vollstreckungsinspektionen (in Deutschland: Bewährungshilfe) in einem Oblast (vergleichbar mit deutschen Ländern).

stalten praktisch zu erfahren, was sie bei sich begonnen hatten zu entwickeln. Dieses Prinzip funktionierte bis 2007 und führte in den beiden Anstalten, in denen wir gearbeitet hatten, zu für uns erkennbaren Verbesserungen. Ich verdanke es *Bernd*s tatkräftiger Unterstützung in Fachfragen aber natürlich besonders seiner Hilfe in allen Dingen, die mit der praktischen Realisierung zusammenhingen, dass die Grundlage für weitere wesentlich umfangreichere Programme gelegt werden konnte.

Als wir im Rahmen der durch den Europarat geförderten Projektarbeit feststellten, dass zwar innerhalb des Justizvollzugs soziale Arbeit zur Verbesserung individueller Lebenslagen sich zu entwickeln begann, dass aber nach der Haftentlassung im Gemeinwesen praktisch keinerlei Sozialarbeit mehr stattfand, trachteten wir danach, diese unbefriedigende Situation zu verändern. So konnten wir innerhalb von zwei Jahren erreichen, dass schon im Jahr 2005 ein Programm der EU (im Rahmen von TACIS) realisiert werden konnte, in dem unsere Entwicklungsarbeit auf das Gemeinwesen ausgeweitet wurde. Dieses Programm wurde in Trägerschaft des schleswig-holsteinischen Verbands für soziale Strafrechtspflege durchgeführt, der das organisatorische Projektmanagement leistete - ein Modell, das anschließend in zwei weiteren Projekten[2] fortgesetzt wurde. Die einzelnen Bausteine (fact finding, Studienreise und workshops) des TACIS- Seminarprogramms stellten für 24 Angehörige der mittleren Führungsebene aus unterschiedlichen Institutionen (z.B. Gerichte, Staatsanwaltschaft, UFSIN,[3] städt. Sozialarbeit, NGO's, Oblastverwaltung) einerseits Management-Wissen zur Verfügung. Andererseits ermöglichte das Programm diesen Personen, ihre soziale Arbeit mit Straffälligen zu qualifizieren und zu koordinieren, also das Arbeitsfeld selbst weiter zu entwickeln.

Das erste Seminar in diesem Projekt haben *Bernd Maelicke* und ich in Archangelsk zusammen durchgeführt. Wir konnten auf gemeinsamen Trainererfahrungen aus den 90iger Jahren aufbauen und fühlten uns diesmal in Archangelsk in der täglichen aufeinander abgestimmten Arbeit richtig wohl: es bedurfte nur geringer organisatorischer Absprachen, um im Kursbaustein „Leitbildentwicklung und Zielfindung" die Teilnehmerinnen und Teilnehmer zu praktisch verwertbaren Ergebnissen zu führen. Der persönliche Ertrag der jahrelangen fachlichen Zusammenarbeit, die uns seit 1990 regelmäßig zusammengeführt hatte, wurde in diesem workshop besonders erlebbar.

Auf die Details und Ergebnisse des gesamten Programms kann im Rahmen eines kurzen Festschriftbeitrags nicht eingegangen werden, nur kann an dieser Stelle festgestellt werden, dass dieses erste Seminar von entscheidender Bedeutung für die Erschaffung eines institutionsübergreifenden Netzwerks war, das bis heute in ganz entscheidendem Maß zum Erfolg der Zusammenarbeit in allen Folgeprogrammen und künftigen Entwicklungen beiträgt. [4]

2 „Aktion Mensch" zur Vermeidung stationärer Unterbringung von delinquenten Jugendlichen 2007 - 2009 und EU-ENPI zur Einführung einer spezialisierten Jugendgerichtsbarkeit und JGH 2008 -2010 - beide in ARH.

3 S.o. Fn 1.

4 Näheres siehe http://www.soziale-strafrechtspflege.de/index.php/zeitschrift-fuer-soziale-strafrechtspflege/2006/21-zeitschrift-fuer-soziale-strafrechtspflege-nr-42.html.

Dass die Arbeit in Archangelsk insgesamt seit nunmehr zehn Jahren so erfolgreich verlaufen ist und gute Aussicht besteht, auch in Zukunft auf verschiedenen Arbeitsgebieten neue Felder deutsch-russischer Entwicklungskooperation zu erschließen, ist also ganz wesentlich auf die einvernehmliche Zielsetzung und der darauf basierenden konsequenten engen Zusammenarbeit zwischen *Bernd Maelicke* und mir zurückzuführen.

Ich möchte gleichwohl die Tatsache nicht verschweigen, dass auch *Bernd Maelickes* Amtsnachfolger im Kieler Justizministerium, *Johannes Sandmann*, dessen Engagement für die Auslandsprojekte aufgegriffen hat und diese ebenfalls tatkräftig unterstützt bzw. in diesen auch mitwirkt. Wäre es nicht so, hätte vieles von dem, was *Bernd* und ich bereits für notwendig erachtet und geplant hatten, überhaupt nicht realisiert worden.

Die entscheidende Überzeugung, die uns drei gemeinsam ist, ist die, dass es im Interesse der europäischen Stabilität und damit von Nutzen für unser Land ist, wenn wir uns - unabhängig vom politischen Tagesgeschehen - aktiv u.a. an der Stärkung der Zivilgesellschaft und der Förderung von Rechtsstaatlichkeit in den Ländern beteiligen, die nach dem Ende der kommunistischen Herrschaft sich vor die Aufgabe einer oft schwierigen Umgestaltung ihrer Gesellschaften gestellt sehen. Diese Überzeugung wird allerdings hierzulande keineswegs von jedermann geteilt, so dass uns auch das ständige Bemühen eint, durch Tätigsein Überzeugungsarbeit zu leisten.

Bernd ist nun schon einige Jahre im „Unruhestand“ statt im Ruhestand - wie wir alle leicht sehen können. Daher nimmt es nicht wunder, dass wir unsere bisherige Zusammenarbeit keineswegs beendet haben oder beabsichtigen, dies in naher Zukunft zu tun: Verschiedene Entwicklungen auf kriminalpolitischem Gebiet in Zusammenhang mit Auslandsprojekten werden durch den Umstand behindert, dass es zwar eine ganze Reihe hervorragender Fachleute gibt, die sich auf diesem Gebiet betätigen oder sich anbieten dies zu tun, dass es aber neben den großen Organisationen (IRZ, GIZ) keine fachlich spezialisierte Plattform gibt, die für diese Spezialisten zur Verfügung steht, um das neben dem Finanz- und Organisationsmanagement erforderliche fachliche Management (z.B. fachliches Projektdesign, Tagungsmanagement, Materialiensammlung, Dozentenbörse u.s.w.) zu leisten. Wir haben in verschiedenen Projekten in den vergangenen zehn Jahren schmerzlich erfahren müssen, dass dieses Manko zu Verlust von Geld und Qualität - schlimmer aber noch - zum Verlust tätigen Engagements geführt hat.

Dies wollen wir nun gemeinsam ändern.

Ich wünsche mir daher, dass der 70. nur ein Datum ist und uns allen *Bernd Maelickes* unerschöpfliche Fähigkeit neue Problemlösungen zu generieren und uns mit seinem Rat zur Seite zu stehen, noch lange erhalten bleibt.

Empfang einer Delegation aus Archangelsk in Kiel im November 2004: (v.l.n.r.) *B.M.*, Justizministerin *Anne Lüttkes*, Leiter UFSIN ARH Igor Bolotin, stv. Ltr'in UFSIN ARH *Olga Dumina*

Bei B. M. zu Hause im Nov. 2004: Bolotin, Dumina , Hanne Maelicke, B. M.

Ein Reformer im Dienst einer rationalen Kriminalpolitik

Holle Eva Löhr

Eine rationale Kriminalpolitik war stets die übergeordnete Leitlinie für das fachliche Handeln von *Bernd Maelicke*. Auf einen wesentlichen inhaltlichen Schwerpunkt seines Interesses weist bereits der Titel seiner Promotion von 1973 „Entlassung und Resozialisierung“ (vgl. *Maelicke* 1977), hin. Seine wissenschaftlichen Veröffentlichungen im Bereich Strafvollzug und Straffälligenhilfe und seine Lehrtätigkeit als Dozent mit Schwerpunkten in den Themen Sozialmanagement, Organisationsentwicklung und Kriminologie sowie seine verschiedenen haupt- und ehrenamtlichen Tätigkeiten für Straffällige im Verlaufe seines weiteren Lebensweges machen deutlich, dass ihm die konzeptionelle, strukturelle und inhaltliche Reform der Straffälligenhilfe mehr und mehr zum Lebensthema wurde.

Deshalb war *Bernd Maelicke* durch viel Wissen, Erfahrung und Kompetenz geradezu prädestiniert für die Übernahme seines Amtes im Justizministerium Schleswig – Holstein als Leiter der Abteilung 2 „Strafvollzug, Soziale Dienste, Freie Straffälligenhilfe und Gnadenwesen“, in das er im Frühjahr 1990 berufen wurde. Die Wahl war auf ihn gefallen, weil er Mitverfasser eines zuvor vom damaligen Justizminister *Klingner* in Auftrag gegebenen Gutachtens zur Reform des Strafvollzuges und der Straffälligenhilfe war und man sich entsprechende innovative Impulse bei der Leitung seiner Abteilung im Justizministerium erhoffte. So erhielt *Bernd Maelicke* die für einen Wissenschaftler wohl seltene Chance, seine konzeptionellen Vorstellungen nun mit maßgeblicher amtlicher Autorität versehen in die Praxis umzusetzen. Diese Aufgabe nahm er mit der ihm eigenen außerordentlichen Schaffenskraft in Angriff und verfolgte sie mit unbeirrbarer Konsequenz in den 15 Jahren seiner Tätigkeit im Amt bis zum Frühjahr 2005.

In dieser Zeit habe ich *Bernd Maelicke* kennen und mehr und mehr schätzen gelernt und bald auch zum Freund gewonnen. Ich wurde im Herbst 1990 als Leitende Oberstaatsanwältin mit der Leitung der Staatsanwaltschaft Itzehoe beauftragt und habe dieses Amt bis zum Herbst 2006 ausgeübt. In dieser Zeit wurden die vier örtlichen Staatsanwaltschaften Schleswig – Holsteins (in Kiel, Lübeck, Flensburg und Itzehoe) durch den bis 1977 amtierenden Generalstaatsanwalt Prof. Dr. *Heribert Ostendorf*, der wie *Bernd Maelicke* Wissenschaftler war, durch eine Vielzahl von Maßnahmen zu einer rationalen, liberalen und humanen Kriminalpolitik angehalten, die auf Zurückdrängung repressiver Sanktionen, Re- Integration der Täter und mehr Schutz für die Opfer ausgerichtet war. So ergänzten und unterstützten die vom Generalstaatsanwalt *Ostendorf* in die Wege geleiteten und von den örtlichen Staatsanwaltschaften umgesetzten Reformschritte die kriminalpolitischen Zielsetzungen von *Bernd Maelicke* in vielfacher Weise. Der Nachfolger von *Heribert Ostendorf, Erhard Rex,* setzte den eingeschlagenen Weg mit Beharrlichkeit und großer Experimentierfreude fort. Es bestand deshalb während der gesamten Amtszeit von *Bernd Maelicke* im Justizministerium ein großes gegenseitiges Einvernehmen mit der Staatsanwaltschaft über die allgemeine kriminalpolitische Ausrichtung von Strafverfolgung und Strafvollzug ebenso wie über die im Einzelnen zur Zielerreichung erforderlichen Maßnahmen inhaltlicher, struktureller, personeller und finanzieller Art. Da ich eng in die einzelnen Reformschritte und Modellprojekte der beiden Generalstaatsanwälte eingebunden war und zugleich in verschiedenen Gremien von landesweiter Bedeutung mit Bezug zur Straffälligenhilfe, oft zeitgleich mit *Bernd Maelicke*, mitgearbeitet habe, konnte ich das Wirken von *Bernd Maelicke* während seiner gesamten Amtszeit in seiner konzeptionellen Ausrichtung und seinen Ergebnissen mit verfolgen und durch viele Fachgespräche und persönliche Kontakte ein Bild von seiner beeindruckenden Persönlichkeit gewinnen.

Maßgeblich für die Fortentwicklung der Straffälligenhilfe war das vom Wissenschaftler *Bernd Maelicke* entworfene Konzept von den 3 Säulen, die gleichberechtigt und in gegenseitiger Ergänzung das Gebäude der Straffälligenhilfe tragen:

- Der Strafvollzug als stationäre Unterbringung von Straffälligen, den es durch vermehrte Öffnung und Behandlungsangebote im Sinne des Resozialisierungszieles zu verbessern galt.
- Die Sozialen Dienste der Justiz (Bewährungs- und Gerichtshilfe), die während des Strafverfahrens und danach sowie nach dem Strafvollzug eine verbesserte ambulante Betreuung von Straffälligen leisten sollten.
- Die Freien Träger der Straffälligenhilfe, die in ihrer bunten Vielfalt von Angeboten als „Brücke in die Gesellschaft" vermehrt die ambulante Beratung, Unterstützung oder Betreuung von Straffälligen übernehmen sollten.

Diese wissenschaftliche Vision von den drei gleichberechtigten Säulen der Straffälligenhilfe hat *Bernd Maelicke* als Amtsleiter im Kieler Justizministerium - mit einigen für ihn schmerzlichen Abstrichen – weitgehend verwirklichen können:

- Die Freie Straffälligenhilfe als 3. Säule ist im Sinne des Vorranges von ambulanten vor stationären Maßnahmen maßgeblich gestärkt worden; die Freien Träger sind strukturell und finanziell abgesichert und in ihren Angeboten erweitert worden. Zur effektiveren Beteiligung der Freien Träger an der Fortentwicklung der Straffälligenhilfe wurde u. a. der Landesverband für Straffälligen- und Bewährungshilfe als Dachverband professionalisiert und finanziell entsprechend ausgestattet.

- Das Gleichgewicht der 3 Säulen ist gestärkt und ihre gegenseitige Unterstützung durch zahlreiche Verbindungen hergestellt worden.
- In allen 3 Bereichen sind zahlreiche Maßnahmen umgesetzt worden, die die Chancen für eine Resozialisierung von Straffälligen erhöhen.
- In allen 3 Bereichen ist als Garantie für einen professionellen Umgang mit Straffälligen die ständige fachliche Qualifizierung durch Aus- und Fortbildung institutionalisiert und abgesichert worden.

Nur hinsichtlich der Sozialen Dienste der Justiz konnte *Bernd Maelicke* seine Idealvorstellung von der Zusammenfassung von Bewährungs- und Gerichtshilfe zu einem einheitlichen sozialen Dienst (mit dem wesentlichen Ziel einer durchgängigen Betreuung eines Straffälligen über alle Verfahrensstadien hinweg) nicht erreichen. Er scheiterte insoweit an dem lang anhaltenden und heftigen Widerstand der Betroffenen und an unerwarteten politischen Entscheidungen in einer Phase personellen Wechsels auf Ministerebene. Hier musste *Bernd Maelicke*, als Sozialwissenschaftler mit der Implementation von Reformen theoretisch vertraut, die bittere Erfahrung machen, dass eine „Reform von oben“ in der Wirklichkeit ganz ungeahnte und einseitig nicht zu beherrschende Schwierigkeiten mit sich bringt.

In den 15 Jahren seiner Tätigkeit im Kieler Justizministerium hat sich *Bernd Maelicke* als ein herausragender Gestalter, Macher, Reformer erwiesen – als ein Mann, der auf wissenschaftlichem Fundament mit Kreativität, konzeptioneller Stringenz und geradezu unbändiger Schaffenskraft Innovationen eingeleitet und umgesetzt hat. Er hat auf diesem Weg viel und unermüdlich gekämpft, an vielen Fronten, gegen manche Vorurteile und erstarrte Einstellungen und oft gegen starke Widersacher, aber immer mit der unumstößlichen Rationalität seiner Argumente, immer sachlich und in äußerer Gelassenheit, mit großer Beharrlichkeit und stets geleitet von seinem sozialen Engagement für die Deklassierten und Ausgegrenzten der Gesellschaft.

Neben seinen Amtspflichten hat *Bernd Maelicke* in beeindruckender Weise seine Tätigkeit als Wissenschaftler fortgesetzt, vornehmlich als Autor und Herausgeber zahlreicher Aufsätze und Monographien zur Kriminalpolitik und Resozialisierung, zur Sozialwirtschaft und zum Sozialmanagement. Im Jahr 2004 umfasst das schriftliche Werk von *Bernd Maelicke* insgesamt mehr als 170 Publikationen. Diese umfangreiche wissenschaftliche Betätigung, verbunden mit jahrelanger Lehrtätigkeit an der Universität Lüneburg, hat dazu geführt, dass *Bernd Maelicke* im Mai 2004 zum Honorarprofessor ernannt wurde. Eine solche Kreativität und Schaffenskraft muss bei jedem Normalbürger nur Staunen und Bewunderung hervorrufen.

Bernd Maelicke war eine „Zentralfigur“ der Reformpolitik in Schleswig – Holstein im Bereich der Straffälligenhilfe. Die Spuren, die er als Abteilungsleiter im Kieler Justizministerium im Sinne einer rationalen Kriminalpolitik hinterlassen hat, werden noch lange sichtbar bleiben.

Ein zweites Mal konnte ich den Weg von *Bernd Maelicke* begleiten, dieses Mal nicht aus der örtlichen und fachlichen Distanz unterschiedlicher Ämter, sondern in ständigem persönlichem Kontakt als enge Mitarbeiterin und Vertraute bei einer gemeinsamen Aufgabe. Der Hamburger Justizsenator *Till Steffen* hatte im Frühjahr 2009 eine Kommission einberufen, die Empfehlungen zu einer effektiveren Resozialisierung von Inhaftierten durch eine entsprechende Ausgestaltung des Strafvollzuges sowie eine optimierte Entlassungsvorbereitung und Nachsorge unter Einbindung der ambulanten Kräfte der Straffälligenhilfe erarbeiten sollte. Dieses in der aktuellen vollzugs- und kriminalpolitischen Fachdiskussion unter dem Stichwort „Übergangsmanagement" zusammengefasste Thema wurde in der Fachkommission unter dem Titel „Optimierung der ambulanten und stationären Resozialisierung in Hamburg" behandelt. Mit der Leitung der Fachkommission war *Bernd Maelicke* beauftragt worden; diese Aufgabe übernahm er gern, denn hierbei konnte er sein schon in seiner Promotion angelegtes Lebensthema mit all der in den dazwischen liegenden 40 Jahren erworbenen Erfahrung und Kompetenz vertiefen und einer praktischen Relevanz zuführen. In die aus 12 Mitgliedern bestehende Kommission waren Vertreter der zuständigen Behörden und Fachorganisationen sowie unabhängige Experten berufen worden. *Bernd Maelicke* hatte mich um Mitwirkung als externe Sachverständige gebeten; diese Mitwirkung war besonders intensiv, weil ich zusammen mit ihm und dem zuständigen Referenten der Justizbehörde den engeren Arbeitsstab bildete, der die Planung und das Vorgehen lenkte und zum Schluss maßgeblich für die redaktionelle Endfassung des Berichts verantwortlich war.

Bedeutsam für das Vorgehen der Kommission und von *Bernd Maelicke* bewusst so angelegt war, dass sie den erforderlichen Analyse- und Optimierungsprozess durch ein hohes Maß an Beteiligung der betroffenen stationären und ambulanten Organisationen gestaltete. Dies wurde im wesentlichen dadurch erreicht, dass für die Bestandsaufnahme zum Sachstand und den Problemlagen der Resozialisierung in Hamburg intensive mehrstündige Gruppendiskussionen mit Führungs- und Fachkräften, in den Vollzugsanstalten auch mit Vertretern der Gefangenen, stattfanden, und zwar in Regel vor Ort. Diese Fachgespräche - insgesamt 51 Termine – wurden protokolliert und ausgewertet und dienten als Grundlage für die weitere Arbeit der Kommission. Diese bestand in der Anhörung von zahlreichen Vertretern und Experten der im Feld der Resozialisierung in Hamburg tätigen Einrichtungen, der Information durch Referate und umfassende schriftliche Materialien sowie der gemeinsamen Diskussion zur Analyse und Sammlung von Optimierungsvorschlägen. Die intensive Einbindung der betroffenen ambulanten und stationären Kräfte der Straffälligenhilfe bewirkte, dass diese sich mit ihren Problemen und Wünschen zur Verbesserung ernst genommen sahen und deshalb mit dem Ergebnis der Arbeit der Fachkommission große Erwartungen verbanden und eine erhöhte Umsetzungsbereitschaft erkennen ließen.

Am Ende entstand ein sehr umfassender Bericht der Kommission mit Empfehlungen zu grundsätzlichen strukturellen Erfordernissen einer Systemoptimierung sowie einer Vielzahl von Einzelvorschlägen zur Verbesserung der Maßnahmen zur Resozialisierung in den verschiedenen Bereichen sowie der Kooperation der stationären und ambulanten Kräfte an den Schnittstellen. Der Bericht ist in den Teilen zur grundlegenden fachlichen Einführung, den Leitlinien für eine integrierte Resozialisierung sowie den Empfehlungen zur Systemoptimierung in der abschließenden Zusammenfassung ganz von dem hohen wissenschaftlichen Niveau in der Handschrift von *Bernd Maelicke* geprägt. In den übrigen in Unterarbeitsgruppen zu den einzelnen Themenbereichen erarbeiteten und in der Kommission abgestimmten Teilen spiegelt sich die starke Einbindung der Mitglieder der Fachkommission wieder.

Dass es gelungen war, trotz des außerordentlich komplexen Stoffes, des hohen Zeitdruckes und der in etlichen Punkten stark divergierenden Auffassungen zu einem - bis auf die wichtige Frage der behördlichen Anbindung der Bewährungs- und Gerichtshilfe und ihrer fachlichen Steuerung – im wesentlichen konsensualen Ergebnis zu kommen, liegt an einer besonderen Gabe von *Bernd Maelicke* im sozialen Umgang, speziell in der Zusammenarbeit mit anderen an einer gemeinsamen Aufgabe. Mögen Mitwirkende sich noch so unwissend, unwillig oder gar widerborstig zeigen – nie werden sie abgewertet oder ausgegrenzt. Vielmehr gelingt es *Bernd Maelicke* stets, auch solchen Beteiligten eine grundsätzliche Wertschätzung entgegenzubringen und dadurch ihre weitere Motivation und Kooperationsbereitschaft sowie das Gefühl zu wecken, für die gemeinsame Aufgabe mitverantwortlich zu sein. Seine Haltung als Moderator während der Arbeit der Kommission war immer locker, und er schuf durch oftmals launige Bemerkungen bei aller Arbeitsdichte und fachlichen, nicht selten kontroversen Diskussionen in der Regel eine entspannte Grundatmosphäre. Er beeindruckte durch eine unglaubliche Präsenz und Konzentration; stets war er in der Lage, informierend, ausgleichend, korrigierend oder weiterführend in die Diskussion einzugreifen, und stets wirkte er überzeugend durch eine rationale Argumentation. So gelang ihm in der Rolle des Moderators problemlos die Führung der in Fachlichkeit und Persönlichkeit sehr unterschiedlich zusammengesetzten Gruppe und die Hinführung zu einem gemeinsamen Ergebnis.

Visionen, Mut, Querdenken und Leidenschaft

Gerd Koop

Es ist für mich eine große Freude, aus Anlass des 70. Geburtstages für *Bernd Maelicke* einen kleinen Beitrag zu verfassen. Dies umso mehr, weil die Begegnungen und gemeinsamen Erfahrungen seit 27 Jahren nicht nur fruchtbar und innovativ sind, sondern auch, weil ich mit *Bernd Maelicke* einen guten Freund und Förderer gewonnen habe.

Wir lernten uns aus Anlass der 12. Richter- und Beamtentagung des Vereins für kriminalpädagogische Praxis zum Thema „Psychosoziale Versorgung im Strafvollzug" am 21. Oktober 1983 in Stapelfeld bei Cloppenburg kennen. Ich war schon damals verantwortlicher Tagungsleiter für die inzwischen legendär gewordenen Stapelfelder Fachtagungen. Du warst damals Direktor des Instituts für Sozialarbeit und Sozialpädagogik in Frankfurt und hast mit einem Aufsatz für die Tagung, der in Heft 17 der Kriminalpädagogischen Praxis erschien, Deine „Thesen zur Weiterentwicklung der sozialen Dienste im Strafvollzug" vorgestellt. Deine fundamentale Kritik (das StVollzG war gerade einmal 7 Jahre alt) an den Arbeitsbedingungen der Sozialarbeiter im Strafvollzug, an der Zersplitterung der Sozialen Dienste der Justiz und an der Praxis der Gerichts- und Bewährungshilfe, hat bundesweit zu einer Diskussion über die psychosoziale Versorgung im Strafvollzug und der Justiz geführt. Deine Forderung nach Ausbau einer „freien und ambulanten Straffälligenhilfe" haben die Diskussion dieser Zeit geprägt. Später hast Du Deine Thesen als Abteilungsleiter im Justizministerium Schleswig-Holstein erfolgreich in der Praxis Realität werden lassen. Leider kratzt die Politik in Schleswig-Holstein gegenwärtig an Deinem Erfolgsmodell, welches dagegen von anderen Bundesländern kopiert und erfolgreich weiterentwickelt wurde.

Die zweite Begegnung mit Dir fand 1984 in der Diakonischen Akademie in Stuttgart statt, als wir beide gemeinsam mit dem damaligen Akademieleiter, Prof. *Albrecht Müller-Schöll*, seinem Stellvertreter *Manfred Priepke* und anderen Fachleuten über die Möglichkeiten von Sozialmanagement im Strafvollzug berieten. Ich war seinerzeit in der Ausbildung zum Sozialmanagement und Du der Experte von draußen, der uns die frohe Botschaft, gemeint war „der Marsch durch die Institutionen", vermittelte. Schon damals waren Deine Visionen, Dein Mut und Dein Querdenken beeindruckend. Angst schienst Du nicht zu kennen. Dafür versprühtest Du Leidenschaft und hattest hervorragende Kenntnisse über deutsche Rotweine.

Im Laufe der Jahre häuften sich unsere Begegnungen. So konnte ich Dich immer wieder als Referent bei den Stapelfelder Fachtagungen oder für Veröffentlichungen für die Kriminalpädagogische Praxis gewinnen. Wer erinnert sich nicht an Deinen legendären Aufsatz „Quo Vadis, Strafvollzug?" aus dem Jahr 2002 und Deiner Forderung, aus dem Strafvollzug endlich eine lernende Organisation zu machen, an Deinen Perspektivaufsatz 2006 mit dem spannenden Titel „Wer zu neuen Ufern will, darf das Meer nicht fürchten?" und natürlich an den Beitrag „Komplexleistung Resozialisierung – Im Verbund zum Erfolg" aus dem Jahr 2009. Alle diese Veröffentlichungen verfolgten stets ein Ziel: Die Hand in die Wunde zu legen, den Strafvollzug und die Straffälligenhilfe zu Veränderungen aufzufordern. Das war nicht immer einfach. Deine Thesen kamen nicht überall an. Das war Dir aber egal. Wenn sie Dich vorne rausgeschmissen haben, standest Du hinten schon wieder vor der Tür. Das macht Dich aus. Deine Hartnäckigkeit (z. B. bei der Debatte um die Föderalismusreform) ist Deine besondere Leistung für den Strafvollzug.

Spannend waren auch die Begegnungen beim Ziethener Kreis. Dieser Kreis besteht aus Praktikern, Wissenschaftlern und Kriminalpolitikern, der sich erstmalig 2002 auf Schloss Ziethen bei Berlin traf, um über eine humane, rationale und effiziente Kriminalpolitik zu reden und diese publik zu machen. Zahlreiche Veröffentlichungen sind hieraus hervorgegangen. Ich vermute, andere Freunde wie *Frieder Dünkel*, *Christoph Flügge* oder *Heinz Cornel* werden hierzu in der Festschrift Ausführungen machen.

Und dann wäre da noch das Forum Strafvollzug. Seit zwei Jahren darf ich als Redakteur unter Deiner Redaktionsleitung mitarbeiten. Zugegeben, Du bist nicht immer einfach und manchmal auch störrisch. Doch wenn Du aufdrehst, Dein Ideenfeuerwerk loslässt und innerhalb kürzester Zeit eine Fülle spannender Themen für künftige Hefte entwickelst, wird einem ganz anders.

Bernd Maelicke ist für mich jemand, der über viele Jahrzehnte konsequent den Strafvollzug und die Straffälligenhilfe weiterentwickelt hat und der mit Mut und Entschlusskraft für Veränderungsprozesse in vielen Feldern der sozialen Arbeit, des Strafvollzuges und der Straffälligenhilfe eintrittst. Du bist stets am Puls der Zeit und mit Deinem iPhone rund um die Uhr erreichbar, selbst wenn Du, wie gerade zum Jahreswechsel 2010/2011, auf Sylt mit Deiner lieben *Hanne* im Schnee herumspazierst.

Ich freue mich schon auf die Festschrift zu Deinem 80. Geburtstag, denn ich bin sicher, wir hören in den nächsten 10 Jahren noch viel von Dir – und das ist auch gut so.

Was haben FORUM STRAFVOLLZUG und das BayStVollzG gemeinsam?

Frank Arloth

Seit 2007 ist *Bernd Maelicke* Redaktionsleiter von Forum Strafvollzug in der Nachfolge von *Heinz Müller-Dietz*. In dieser Eigenschaft hat vor allem er das neue Erscheinungsbild der Zeitschrift seitdem mehr als vier Jahre geprägt. Mit der Neukonzeption der Zeitschrift wurde ein Forum geschaffen für alle, die sich mit dem Thema Strafvollzug und Straffälligenhilfe auseinandersetzen. Verbindendes Ziel dabei ist die Entwicklung eines bestmöglichen Strafvollzugs und einer ebensolchen Straffälligenhilfe in Deutschland, Österreich und der Schweiz.[1] Nunmehr liegen bereits vier Jahrgänge komplett vor, d. h. 24 Hefte, in denen die Redaktion unter der Federführung von *Bernd Maelicke* zahlreiche aktuelle und grundlegende Themen aufgegriffen hat. Jedes Heft hatte seinen besonderen Schwerpunkt. Entsprechend dem vorgenannten Ziel ging es *Bernd Maelicke* - wie die geschilderte Vita von *Frieder Dünkel* eindrucksvoll dokumentiert[2] - immer darum, die Fahne der Resozialisierung hochzuhalten. Demgegenüber steht und stand der Verfasser dieses Beitrags und stellvertretende Redaktionsleiter von Forum Strafvollzug in dem Ruf, die Belange der Sicherheit im Vollzug wesentlich stärker, ja vielleicht einseitig zu betonen. Kann die Zusammenarbeit zwischen einem gebürtigen liberalen Berliner und einem gebürtigen konservativen Bayern gut gehen? - Sie kann! Und zwar im Interesse des Anliegens der Zeitschrift, Forum für alle zu sein. Und bisweilen ist manches besser als sein Ruf. So hat entgegen manchen Unkenrufen[3] auch der bayerische Gesetzgeber das Ziel der Resozialisierung keineswegs aus den Augen verloren. Nach Art. 2 BayStVollzG sind Aufgaben des Vollzugs der Schutz der Allgemeinheit vor weiteren Straftaten und die Resozialisierung. Die Vorschrift stellt damit lediglich klar, dass der Schutz der Allgemeinheit nicht der Resozialisierungsaufgabe nachgeordnet ist. Dies entspricht der hier zu § 2 StVollzG ver-

1 *Maelicke*, Forum Strafvollzug, 2007, 2.
2 Siehe S. 4 ff.
3 *Callies/Müller-Dietz*, StVollzG, 11. Aufl. 2008, § 2 Rdn. 19; *Böhm/Jehle*, in: *Schwind/Böhm/Jehle/Laubenthal*, StVollzG, 5. Aufl. 2009, § 2 StVollzG Rdn. 11.

tretenen Auffassung, wonach beide Aufgaben des Vollzugs gleichrangig sind.[4] Auch nach der Begründung des Gesetzentwurfs soll eine Änderung gegenüber der bisherigen Rechtslage damit nicht verbunden sein.[5] Indes ist die Begründung insoweit nicht eindeutig. Denn darin wird auch als oberstes Ziel die Vermeidung weiterer Straftaten angesprochen, die durch eine erfolgreiche Resozialisierung der Gefangenen am besten erreicht werden kann. Insoweit sind aber – wie es auch das BVerfG formuliert hat[6] – Resozialisierung und Schutz der Allgemeinheit ohnehin kein Gegensatz, sondern zwei Seiten derselben Medaille. Die Gesetzesbegründung ist damit missverständlich. Art. 2 Satz 1 BayStVollzG ist aber auch dahingehend auszulegen, dass darin der in Art. 4 BayStVollzG näher definierte Sicherungszweck angesprochen wird. Dann stehen aber Sicherheit und Resozialisierung in einem natürlichen Spannungsverhältnis, das im konkreten Einzelfall aufzulösen ist. Alleiniges Ziel des Vollzugs bleibt aber die Resozialisierung.[7] Da zudem in Art. 2 Satz 2 BayStVollzG ausdrücklich der Behandlungsauftrag genannt wird, der in Art. 3 BayStVollzG näher präzisiert wird, und erst in Art. 4 BayStVollzG der Schutz der Allgemeinheit näher erläutert wird, ist die plakative Voranstellung in Satz 1 auch verfassungsrechtlich nicht zu beanstanden.[8] Hinzu kommt, dass – wie bisher – nur das Vollzugziel durch den Klammerzusatz legaldefiniert ist. So hat es der Verfasser dieses Beitrags auch in der Sachverständigenanhörung des Bayerischen Landtags zum BayStVollzG am 28.6. 2007 vertreten.[9] *Bernd Maelicke* - ebenfalls Sachverständiger in dieser Anhörung - hat dem dezidiert widersprochen.[10] Streit in der Sache - ja, persönlicher Streit - nein. Trotz aller - bisweilen auch grundlegender - Meinungsverschiedenheiten bleibt ein menschlich angenehmer, ja freundschaftlicher Umgang miteinander. Und dies lässt sich auch auf die Redaktionssitzungen von Forum Strafvollzug übertragen. Es ist vor allem das Verdienst des Redaktionsleiters *Bernd Maelicke*, dass die Zeitschrift heute in hervorragender Verfassung ist. Er ist unermüdlicher Motor, Antreiber und Korrektor in einer Person. Verbunden mit den besten Wünschen zum 70. Geburtstag verbleibt auch der Wunsch, dass *Bernd Maelicke* noch möglichst lange der Zeitschrift als Redaktionsleiter erhalten bleibt.

4 Arloth, StVollzG, 3.Aufl. 2011, § 2 Rdn. 10.
5 LT-Ds. 15/8101, S. 49.
6 BVerfGE 116, 69 Rz. 51.
7 *Arloth*, o. Fußn. 4, Erl. zu Art. 2 BayStVollzG.
8 BayVfGH, Forum Strafvollzug, 2009, 267.
9 Anhörung vom 28.6.2007, Protokoll S. 14.
10 Ebenda, S. 13.

„Haribo macht Nonnen froh!“

Sr. Edith Therese Krug

Als 1942 Geborene hatte ich nie über Gummibärchen nachgedacht bzw. über die Möglichkeit, dass diese farbigen Vergänglichkeiten irgendwann einmal in unserem Haus Kultstatus genießen könnten – bis *Bernd Maelike* bei uns auftrat, Jurist, Ministerialdirigent in der Regierung Schleswig-Holsteins, Spezialist in Sachen Sozialmanagement, das für uns in „Klostermanagement" umgeschrieben wurde! Natürlich nicht nur für uns auf dem Schwanberg, sondern für die VBD (Vereinigung der Benediktinerinnen im Deutschsprachigen Raum). Bei den alle zwei Jahre in Maria Laach versammelten Äbtissinnen und Priorinnen war die Organisationsentwicklungswelle angekommen: ohne große Verrenkungen können benediktinische Abteien und Priorate als Organisationen identifiziert werden und – so man aufmerksam die diesbezüglichen Entwicklungen beobachtet – entsteht auch in Klöstern der Wunsch, die dort gewonnenen Erkenntnisse für die eigene Geist- und Dienstfamilie einzusetzen.

Soweit ich mich erinnere, kamen die verantwortlichen Mütter auf der Suche nach einem Coach der Akademie Diözese Rottenburg-Stuttgart in Weingarten auf die Spur. Dort wurden und werden Seminare für Führungskräfte angeboten und als Ordensfrau suchte ich nach einem kompetenten Vertreter dieser Kunst. Was sich herausstellte, ist für mich evangelisch-lutherisch geprägte, an der Benediktusregel orientierte Ordensfrau ein Labsal: keiner der römisch-katholischen Referenten wagte sich an dieses – vielleicht heiße – Eisen! So wurde flächendeckend gesucht und frau fand den evangelischen Ministerialdirgenten in Kiel (einer Gegend wo Bonifatius erschlagen wurde!) und konnte ihn für die organisationstheoretische Mission unter römisch-katholischen Ordensfrauen gewinnen – ich war die einzige evangelisch–lutherische Priorin und als solche von den Müttern in Liebe und Geduld aufgenommen. Was tut uns denn die Kirchenspaltung? Benedikt hat 1000 Jahre davor seine Vision des gemeinschaftlichen Lebens in seiner Regula niedergeschrieben, wir sind in diesem Sinn tief verbunden!

Jetzt aber zu unserer Geschichte, der Geschichte der Communität Casteller Ring:

Aus einer kleinen Zelle 1950 in Castell in Unterfranken war bei meinem Amtsantritt 1990 eine der großen Ordensgemeinschaften in der Evangelisch-Lutherischen Kirche in Bayern mit 48 Schwestern geworden. Gleichzeitig war ein Werk gewachsen, das Geistliche Zentrum Schwanberg, mit 42 Beschäftigten, die gemeinsam mit 18 Schwestern in der St.-Michaelskirche und in den Tagungshäusern jährlich ca. 12.000 Gästen Herberge boten, von den vielen kurzfristigen Besuchern, Busgruppen und Wanderern ganz zu schweigen.

Wie zu Beginn unserer Gemeinschaft war auch im Jahr 1990 die Priorin „der Kopf" auf dem Schwanberg: Leiterin der Communitätsfamilie, 1. Vorsitzende im Communität Casteller Ring e. V. und 2. Vorsitzende – Dienstvorgesetzte vor Ort – im Geistlichen Zentrum Schwanberg e. V. Diese Anforderung stand wie ein riesiger gordischer Knoten vor mir . Das Ganze war eigentlich nicht zu schaffen, aber wir mussten durch.

Auf dem besagten Treffen der Äbtissinnen und Priorinnen informierte 1995 eben besagter Dr. *Bernd Maelicke*, unser jetzt geehrter Jubilar, über „Klostermanagement" und „Organisationsentwicklung im Kloster". Seine Ausführungen waren für mich das Aha-Erlebnis. Zum ersten Mal sah ich Land, d. h. wie die sichtbaren und undurchsichtigen Verflechtungen der Communität und der Arbeitsgebiete auf dem Schwanberg transparent werden könnten. Es gelang, ihn für „den Schwanberg“ zu interessieren und ab Februar 1997 eine Organisationsentwicklung der „Holding Schwanberg“ zu beginnen, zuerst mit der „Mutter“ Communität Casteller Ring und dann mit der „Tochter“ Geistliches Zentrum Schwanberg.

Und hier lernte ich – neben den Organisationsentwicklungskünsten - eben auch die Gummibärchen kennen. In unserer Sr. Heidrun Perpetua, heute Cellerarin der Communität, hatte *Bernd Maelicke* eine Gesinnungsgenossin, die für jedes Treffen die entsprechende Anzahl dieser bunten Tierchen bereit hielt. Und öfter, wenn irgendetwas ins Stocken kam oder uns anderweitig die Luft ausging, traten die Bärchen in Aktion.

So begleitet hatten wir die Organisationsentwicklung in der Communität Casteller Ring abgeschlossen und feierten am 4. November 1998 gemeinsam mit Schwanbergpfarrer *Helmut Jehle* und *Bernd Maelicke* unser Leitbild nach folgender Liturgie:

Eröffnung und biblischer Text 2. Mose 25, 1a, 3, 4a,7

„Und zu Mose sprach er: Steig herauf zum HERRN:
Mose kam und sagte dem Volk alle Worte des HERRN und alle Rechts-ordnungen. Da antwortete alles Volk wie aus einem Munde: Alle Worte, die der HERR gesagt hat, wollen wir tun. Da schrieb Mose alle Worte des HERRN nieder. Und er nahm das Buch des Bundes und las es vor den Ohren des Volks. Und sie sprachen: Alles, was der HERR gesagt hat, wollen wir tun und darauf hören.“

Lied 563, erste Stophe knieend:
Komm, Heilger Geist, der Leben schafft, erfülle uns mit deiner Kraft.
Dein Schöpferwort rief uns zum Sein, nun Hauch uns Gottes Odem ein.

Verlesung des Leitbildes der Communität Casteller Ring

Kurzes Wort der Priorin mit dem Inhalt, dass alles Lebendige in Bewegung und im Fluss ist, dass seit den fast 50 Jahren unseres Bestehens in unserer Gemeinschaft viel gewachsen, manches versunken, anderes wieder neue erwacht ist. Mit unserem Leitbild beschreiben wir das Heute in Dankbarkeit für die Vergangenheit und in Verantwortung für die Zukunft. Gemeinsam werden wir die Formel zur Übernahme des Leitbildes nachsprechen:

Heute, am 4. November 1998,
übernehmen wir das vorliegende Leitbild.
Christus nichts vorziehen,
das Leben unter der Führung des Evangeliums gestalten.

Mit einem festen Händedruck bekräftigen wir unsere Worte und singen.
EG 147 Wachet auf, ruft uns die Stimme der Wächter sehr hoch auf der Zinne, wach auf du Stadt Jerusalem ...

Allmächtiger, barmherziger Gott und Vater, wir danken dir, dass uns über dem Erstellen des Leitbildes der Weg neu bewusst geworden ist, auf den wir uns eingelassen haben. Wir danken dir für die Erfahrungen, die wir über dem Prozess miteinander gemacht haben.

Für die Erfüllung mit Leben bitten wir dich:
Rüste uns aus mit dem Geist der Treue und Liebe, der Weisheit und der Kraft und mit einer zugleich geduldigen und ungeduldigen Hoffnung.
Lass uns miteinander leben im Vertrauen auf dein Wort, aus der Tiefe deiner sakramentalen Gegenwart und im Gehorsam gegen deinen Willen.
Was immer wir tun – es geschehe zu deiner Ehre und den Menschen zum Segen durch Christus, unseren Herrn. Amen.

Nach dem Segen gestaltet sich unsere Freude im Lied EG 617.
„Jubilate deo omnis terra. Servite Domino in laetitia. Alleluja, alleluja, in laetitia."
Wir ziehen in einer langen Schlange durch die Kirche – und dann hinaus zur Weiterarbeit.

Jedes Jahr am 4. November wird dieser Erinnerungstext in der Communität verlesen.

Im anschließenden Prozess im Geistlichen Zentrum Schwanberg wurde neben vielem anderen sichtbar und von den Beteiligten akzeptiert, dass die Stelle einer externen Geschäftsführung eingerichtet werden sollte, die ein Gegenüber und eine Entlastung der Priorin und der Communität ist und die Position und Verantwortung der nicht kommunitären Mitarbeitenden stärkt. 2002 hatte sich die Beschäftigungslage im Geistlichen Zentrum stark verschoben. Nur mehr 6 der 38 Schwestern arbeiteten gemeinsam mit 52 „freien" Mitarbeitenden.

So begann am 1. September 2002 der erste "freie" Geschäftsführer, *Christian Klose*, das Schiff des Geistlichen Zentrums durch die unterschiedlichsten Wogen zu steuern. Leider verstarb er plötzlich und unerwartet am 24.9.2010. Unsere jetzige Priorin Sr. Dr. *Friederike Immanuela Popp* ist in diesen Tagen mit dem 1. Vorsitzenden des Geistlichen Zentrums Schwanberg, Herrn *Hartmut Hausknecht*, dabei, den Nachfolger von *Christan Klose* in der Geschäftsführung auszuwählen und einzustellen. Aus den vielen Aufgaben, die auf ihn im Geistlichen Zentrum Schwanberg warten, seien hier genannt: qualifizierte Führung und Weiterbildung der Mitarbeitenden, Öffentlichkeitsarbeit, Ausbau der EMAS-Qualifikation, Sanierung des Schlosses und des Schlossparks, Kontakt in das nahe und landeskirchliche Umland und große Loyalität zur Communität Casteller Ring, unserer benediktinisch geprägten Ordensgemeinschaft.

„Tu alles mit Rat, dann brauchst du nach der Tat nichts zu bereuen.“

Sr. Ulrike Soegtrop OSB

Gemeinschaft der Benediktinerinnen auf Burg Dinklage, 2009, Foto: Jürgen Christ

So schreibt der Hl. Benedikt schon im 6. Jahrhundert den „Chefs“ (Äbte und Äbtissinnen) benediktinischer Klöster ins Stammbuch. Für die klösterliche Organisation begründet diese Weisung eine differenzierte Ratsstruktur: die Äbtissin[2] lässt sich in wöchentlichen Sitzungen von den gewählten, bzw. ernannten Senioratsschwestern beraten; die wirtschaftlichen Angelegenheiten werden im „Wirtschaftsgespräch“ bearbeitet und für Personalfragen und andere wichtige Fragen wird das Kapitel, bestehend aus allen Schwestern mit ewiger Profess, zusammengerufen. So ist es in der Benediktinerinnenabtei St. Scholastika auf Burg Dinklage und so oder ähnlich war und ist es in allen benediktinischen Gemeinschaften quer durch die Geschichte und die Welt.

Doch: ob Benedikt von Nursia dabei wohl auch an einen externen Berater für seine monastische Gemeinschaft gedacht hatte? Oder wie sonst lässt sich rechtfertigen, dass ein Mensch wie Dr. *Bernd Maelicke* sieben Jahre lang das Wohl und Wehe der Benediktinerinnen auf Burg Dinklage beratend begleitet hat?

Es fing an mit einer Tagung „Klostermanagement für benediktinische Frauenklöster“, 1994, in der katholischen Akademie Weingarten. Wer immer auf diese Idee gekommen sein mag, er oder sie hat damit einen Nerv bei der Adressatinnengruppe getroffen. Bei den Teilnehmerinnen der Benediktinerinnenabtei Burg Dinklage fielen Themen wie Organisationslehre, Führungsverhalten und sozialwirtschaftliches know-how auf den fruchtbaren Boden aktueller organisatorischer Herausforderungen: Überlastung der Leitungsinstanz mit Ausführungsaufgaben, ein unbefriedigend verlaufendes Bauprojekt, Delegationsprobleme, Kommunikatonsstörungen vor allem in Schnittstellenbereichen etc. Der Referent der Tagung, Dr. Bernd Maelicke, konnte für das eigene Kloster als Organisationsberater gewonnen werden. Damit fing es an und wohl niemand in der Steuerungsgruppe des nun folgenden Organisationsentwicklungsprozesses ahnte zu dem Zeitpunkt, wie spannend und bewegt die gemeinsamen 7 Jahre werden würden.

Die einzelnen Schritte eines solchen Prozesses hier zu entfalten hieße ‚Eulen nach Athen‘ tragen. Natürlich haben wir ein Leitbild formuliert, Zielperspektiven vernetzt, ein Organisationshandbuch erstellt und Finanzierungsstrategien für Bau und Projekte entworfen. Vor allem aber haben wir gelernt, unser Kloster als organisatorische Größe und sozialwirtschaftliches Unternehmen wahrzunehmen und dabei neuzeitliches Managementwissen mit den uralten Weisheiten der benediktinischen Lebensweise zu verknüpfen.

Denn schnell haben wir festgestellt, dass die Regula Benedicti es mit ihren Lehren für die gute Lebenspraxis „unter der Führung des Evangeliums“[3] durchaus mit einer guten Organisations- oder Managementlehre aufnehmen kann: Führungsverhalten, wirtschaftliche Anliegen, Personalentwicklung, Kommunikations- und Entscheidungsprozesse werden vom Hl. Benedikt ebenso grundlegend vorgegeben, wie die Psalmenordnung für die Gottesdienste, die Essensmodalitäten und das Sanktionssystem bei Fehlverhalten. „Wer ist der Mensch, der das Leben liebt und gute Tage zu

2 Da im Zentrum des vorliegenden Artikels eine weibliche Gemeinschaft steht, wird ausschließlich die weibliche Sprachform verwendet.

3 Regula Benedicti, Prolog.

sehen wünscht?", fragt Benedikt im Prolog seiner Regel.[4] Für diesen Menschen schreibt er seine Regel als Anfang des menschlichen Weges zur Vollkommenheit. Der Weg zum Heil des Menschen ist aber nicht indifferent zu den organisatorischen Bedingungen und wirtschaftlichen Grundlagen eines Klosters und es drängt Benedikt, den Menschen, die in dieser Organisationsform gemeinsam leben, Orientierungshilfen für den Alltag in all seinen Vollzügen mitzugeben. So war es eigentlich „nur" unsere Aufgabe, die Weisungen des Hl. Benedikt zu übersetzen und auf ihre Kompatibilität mit all den heutigen Entwicklungen des menschlichen Selbstverständnisses, der technischen Erneuerungen und der wirtschaftlichen Herausforderungen hin zu bearbeiten. In Dr. *Bernd Maelicke* hatten wir dabei einen Partner, der den Reichtum der benediktinischen Tradition achtete und offen blieb für die Selbstheilungskräfte einer so erprobten und bewährten Lebensphilosophie.

Strategische Elemente des Klostermanagement	
1.	Analyse
2.	Selbstverständnis, Leitbild, Corporate Identity
3.	Ziele und Aufgaben
4.	Aufbau- und Ablauforganisation
5.	Personalentwicklung
6.	Finanzmanagement
7.	Marketing
8.	Innovationsmanagement

Aus einer Beratungsvorlage vom 20.05.2000.

Was also haben wir zusammen mit Dr. *Bernd Maelicke* bewirkt, erlebt und durchgestanden?

1997 wurde der „Martinscheune – Herberge für Menschen in Not e. V." gegründet, eine alte Scheune umgebaut, die seitdem Menschen, die kurzfristig ein Obdach suchen, aufnimmt und in der sie betreut werden können. Es hat sich zu einem wichtigen Standbein der benediktinischen Gastfreundschaft entwickelt. Nur ein Jahr später hatten wir die erste große Krise durchzustehen, als eine ukrainische Flüchtlingsfamilie, die wir aufgenommen hatten, abgeschoben werden sollte. Die Sitzblockade der Nonnen fand weltweit reiche Presseresonanz.

4 Ebd.

1998 wurde der „BurgKreis – Freundes- und Förderkreis Burg Dinklage e. V.“ gegründet. Zweck des Vereins ist die Unterstützung des Lebens und vor allem auch der Projektförderung im Baubereich auf Burg Dinklage. Im Laufe des Jahres haben sich ca. 300 Mitglieder eingefunden und die unterstützende Funktion ist längst durch gemeinsame thematische Wochenenden und reiches Teilen monastischen Alltags vertieft worden.

Im Juni **1999** konnten wir unseren 50. Gründungstag feiern. In dem Bildband „Domus Dei“[5] ist die Arbeit mit Dr. *Bernd Maelicke* als prägende Momentaufnahme verewigt.

Ein anderes Ergebnis des Beratungsprozesses war die weitgehende Brachlegung unseres Gemüse- und Blumengartens – ein schwerer Schritt für eine sich bisher selbstversorgende Klosterfamilie – sowie die Schliessung des Bildungshauses „Ökonomie Burg Dinklage“.

Bei einer ca. 400 Jahre alten Burganlage ist es nicht erstaunlich, dass verschiedene Bauphasen und Sanierungsprojekte mit all den damit verbundenen Organisations- und Finanzierungsfragen ein wesentliches Sorgenkind des Beratungsprozesses war.[6]

5 Münster 1. Auflage 1999, 2. Überarbeitete Auflage 2005.
6 Nicht umsonst wird das Ordenskürzel „OSB“ gerne mit „ **O**h, **S**ie **B**auen“ übersetzt.

Foto: Cathia Hecker 1999

2000 / 2001 konnte dann im ehemaligen Bildungshaus ein langjähriger Traum verwirklicht werden: die Eröffnung eines Klosterladens und –cafés. Erwartungsgemäß hat es sich zu einem Begegnungsangebot entwickelt und gleichzeitig die wirtschaftliche Basis des Klosters erweitert.

Organisationsentwicklung ist untrennbar mit dem Personalvermögen der Organisation verknüpft. Das allerdings ist ein dem Klostermilieu fremdartiger Begriff, den es zunächst einmal zu adaptieren galt. Im Gegensatz zu wirtschaftlichen Unternehmen kann ein gewünschtes bzw. für den unternehmerischen Prozess notwendiges Personalvermögen nicht einfach durch Freisetzung oder Neubesetzung gesichert werden. Eine junge Frau tritt nicht auf Grund einer Stellenbeschreibung ein. Der Hl. Benedikt kennt nur **ein** Kriterium für die Auswahl einer Interessentin: „ob sie wirklich Gott sucht".[7] Berufliche Qualifizierung kann in den ersten Jahren des Klosterlebens deshalb nur spirituelle und menschliche Qualifizierung zur Benediktinerin meinen. Das allein schon ist für einen externen Berater zweifellos eine besondere Herausforderung. Die Klostergemeinschaft bleibt aus menschlicher Perspektive letztlich unberechenbar und erfordert auf der Basis eines Höchstmaßes an Gottvertrauen viel Flexibilität und die Bereitschaft zu kreativen Veränderungen. Darauf hat Dr. *Bernd Maelicke* sich sensibel und achtsam eingelassen und ist für die Benediktinerinnenabtei Burg Dinklage ein

7 Regula Benedicti, Kap. 58.

Glücksfall gewesen. Durch seine Verwurzelung in der Sozialwirtschaft waren ihm die für ein Kloster relevanten und nicht selten dominanten, sog. „weichen“ Faktoren ebenso vertraut, wie auch die harten Fakten. Mit seiner empathischen Sachlichkeit, mit Humor und Mediationskompetenz, mit seiner wachsenden Freundschaft zu den beteiligten Schwestern, allen voran die von ihm schlichtweg „die Mutter“ genannte Äbtissin, hat er in all den Jahren zuverlässig, hartnäckig und mit großer Weitsicht den langen Entwicklungsweg begleitet.

Mutter *Máire Hickey*, Äbtissin von 1984 – 2007, Foto: *Cathia Hecker*, 1999

Hervorzuheben ist dabei die große Akzeptanz, die er in der Gesamtgemeinschaft gefunden hat - ein Kompliment, das nicht jedem externen Experten zuteilwird.

Last but not least ist die Autorin dieses Beitrags selbst Dr. *Bernd Maelicke* zu großem Dank verpflichtet. Seiner Initiative und seinem Rat ist es zu verdanken, dass ich von 1998-2002 an der AKAD Neumünster-Pinneberg das Studium der Sozialwirtschaft absolvieren konnte. Dies war ein wichtiger Beitrag zur Personalentwicklung in unserer Gemeinschaft und eine Qualifizierung für das Amt der Cellerarin.[8]

Der organisatorische Entwicklungsprozess der Bendiktinerinnenabtei Burg Dinklage fing nicht erst mit Dr. *Bernd Maelicke* an und hat auch nicht mit ihm aufgehört. BenediktinerInnen haben in ihrer 1500jährigen Tradition eine hohe Inkulturations- und Gestaltungskompetenz auf der Basis der klugen Benediktusregel ausgebildet. Doch 1995 wurde dieser Prozess als Organisationsentwicklungsprozess mit Dr. *Bernd Maelicke* neu qualifiziert. Vielleicht darf man sagen, er hat einem etwas flügellahmen Vogel wieder Aufwind gegeben und nun kann er wieder fliegen. Er fliegt und fliegt…

In den letzten 10 Jahren hat sich unsere Gemeinschaft weiterentwickelt: Junge Frauen sind hinzugekommen, Schwestern aus- und weitergebildet worden, eine neue Äbtissin wurde gewählt, wirtschaftliche Bereiche haben sich konsolidiert, ein umfangreiches Energieprojekt ist in Angriff genommen und Krisen werden als Herausforderungen und Lernchancen erlebt.

Dr. *Bernd Maelicke* hat sich in der Geschichte der Benediktinerinnenabtei Burg Dinklage verewigt.

8 =Verwaltungsleiterin; s. a. *Ulrike Soegtrop*, Nachhaltiger Wandel im Kloster, Baden-Baden 2003.

Notizen aus der Gründungszeit des Lüneburger MBA-Studiengangs „Management in der Sozialwirtschaft“

Stefan Hermann Siemer

Welchen herausragenden Ruf sich *Bernd Maelicke* als Lehrer im wörtlichen Sinne erworben hat, davon ist in anderen Beiträgen dieses Buches die Rede. Doch Lehre braucht auch Struktur, Konzept und Organisation - egal ob es um nur eine Unterrichtsstunde oder ganze Curricula geht. Ich möchte hier kurz eine Episode skizzieren, die verdeutlicht, wie verdient der Jubilar sich auch um diese unsichtbare Seite der Lehre gemacht hat.

Die Herausforderung: Es gibt nur wenige adäquate Ausbildungen auf Spitzenniveau für Führungskräfte in der Sozialwirtschaft, im Sozialmanagement sowie generell im dritten Sektor. Verstärkt wird diese prekäre Lage dadurch, dass in den nächsten Jahren allein in Deutschland zigtausende von Führungspositionen neu besetzt werden müssen.

Auf Initiative von *Bernd Maelicke* und auf Basis seiner Vorarbeiten und Konzepte hat die Universität Lüneburg (heute Leuphana Universität Lüneburg) einen entsprechenden Studiengang entwickelt. Im Frühjahr 2004 startete das Programm mit dem Titel „Management in der Sozialwirtschaft“ und dem attraktiven Alleinstellungsmerkmal, erster universitärer MBA-Studiengang für Führungskräfte der Sozialwirtschaft in Deutschland zu sein. MBA steht für Master of Business Administration und bezeichnet ein postgraduales Studium, das sich an angehende Führungskräfte richtet und darum besonders fächerübergreifend und praxisorientiert aufgebaut ist.

Rückblickend erscheint es fast als Wunder, dass der Studiengang nach nur gut einem Jahr Vorbereitungsarbeit starten konnte. Denn mit dem hohen Anspruch eines MBA-Programms sind auch hohe Auflagen verbunden. Es galt zum Beispiel, ohne große Ressourcen einen neuen Studiengang komplett en detail zu konzipieren, den Lehrkörper zu formen und namhafte Lehrbeauftragte zu gewinnen, Kooperationen mit der Universität Freiburg/Schweiz (VMI-MBA) und der Wirtschaftsuniversität Wien/Österreich (MBA Sozialmanagement, ehem. ISMOS) anzubahnen, den aufwändigen Akkreditierungsprozess in die Wege zu leiten sowie schließlich das neue Programm bekannt zu machen und Studierende für das kostenpflichtige Angebot zu gewinnen – und natürlich mussten auch hochschulinterne Skeptiker überzeugt werden.

Dass bei all diesen Aufgaben die wesentlichen Impulse von *Bernd Maelicke* kamen – also von einem Externen – könnte einen, der über Hochschule nachdenkt, ins Grübeln bringen. Für die Studiengangsentwicklung war diese Konstellation ein Glücksfall, denn sie verhinderte, was der Biologe Inzuchtdepression nennt. Zugleich war *Bernd Maelicke* Wissenschaftler unter Wissenschaftlern, frei von Angst vor dem ganz normalen universitären Wahnsinn. Dieses doppelte Mandat war einer der wichtigsten Erfolgsfaktoren.

Allerdings war dem MBA-Programm kein langes Leben beschieden, dafür gibt es viele Gründe. Unter anderem hatte sich durch die Fusion der Universität Lüneburg mit der Fachhochschule Nordostniedersachsen hochschulintern eine völlig neue Situation ergeben, in der andere Prioritäten gesetzt wurden. Was bleibt? Erstens eine Handvoll hoch qualifizierte MBA-Absolventen, die ihren Weg gehen. Zweitens der Beweis, dass die richtige Person mit Wille und Tatkraft auch unter widrigsten Umständen ihr Ziel erreichen kann. Und drittens die Vermutung, dass dieser MBA zu früh das Licht der Welt erblickt hat, also etwas später eine dauerhafte Institution hätte werden können.

Als Koordinator des Studiengangs habe ich in der turbulenten Gründungsphase des MBA eng mit *Bernd Maelicke* zusammengearbeitet. Mir hat die einjährige intensive Arbeit mit ihm viel gegeben und viel Freude bereitet. An meinem damaligen Mentor habe ich auch erlebt, was es braucht, um in solchen Strukturen seinen Menschenverstand und seine Gesundheit zu bewahren und erfolgreich zu sein: Ein fast übermenschliches Maß robuster Nettigkeit (wie im Beitrag von *Andreas Tietze* beschrieben), hohe Frustrationstoleranz und ein erfülltes Leben neben der Hochschule. In allen diesen Disziplinen ist *Bernd* seitdem eine Referenz für mich.

Ein kleiner Nachtrag: Mittlerweile arbeite ich vor allem als Marken- und Kommunikationsstratege. Das hat mir geholfen, *Bernd Maelicke* als Marke besser zu verstehen. Oder umgekehrt: An *Bernd Maelicke* kann man erkennen, was eine starke Marke auszeichnet. Eine unverwechselbare Persönlichkeit, eine eigene Handschrift und eine große Geschichte zum Beispiel. Und starke Marken stiften Vertrauen. Denn sie geben Versprechen – und halten diese Versprechen auch. Ob Qualitätsversprechen, Innovationsversprechen oder Serviceversprechen: In der Arbeit mit *Bernd Maelicke* habe ich immer diese besondere Markenstärke erleben können.

Bernd und die (Nordwest-)Schweiz

Beat Uebelhart und Agnès Fritze

Es ist hinlänglich bekannt, dass *Bernd* Anekdoten liebt …

1. Was sich ein 'grossväterlicher' Dozent alles leisten kann

Mit konstanter Regelmässigkeit ist *Bernds* erste Bemerkung nach Abschluss eines Einsatzes in einer Unterrichtssequenz, in welchem Studiengang der Hochschule für Soziale Arbeit Fachhochschule Nordwestschweiz auch immer: "Es war gut, aber zuviel Stoff". Und ausserdem hat er seine Unterlagen noch immer nicht überarbeitet, die Kopien sind alt, der rote Faden geht verloren ... – "Als Grossvater kann man sich das leisten…" Und wie! – Am Rande beklagten die Studierenden in der Auswertung nach Abschluss eines Bachelor Moduls zwar die obgenannten Punkte. Die Klage verlor sich aber eindrücklicherweise vollständig hinter den vielen anderen Aspekten, die in überwiegendem Masse zum Ausdruck kamen. Die Studierenden waren des Lobes voll: Wo nämlich ist ein Dozent bereit, sich selbst auf einen Lernprozess einzulassen, seine Planung fallen zu lassen, stattdessen von den Studierenden eingebrachte Inputs aufzunehmen, an deren Erfahrungen anzuknüpfen und sie mit dem Modulziel und seiner eigenen langjährigen Praxis zu verbinden? Es ist nicht nur dieser breite Erfahrungsschatz aus der Praxis, der die Studierenden beeindruckte, vielmehr ermunterte Bernd sie, sich öffentlich zu engagieren, an Tagungen teilzunehmen, neugierig zu sein, Fragen zu stellen und war, trotz seines umfangreichen nationalen und internationalen Beziehungsnetzes, immer an den Fragen der und an Kontakten mit den Studierenden interessiert. *Agnès Fritze*, bei der Auswertungssequenz anwesend, konnte diese Stimmung selbst beeindruckt wahrnehmen: Die Mehrzahl der Studierenden war auch in der letzten Sequenz noch anwesend und nicht nur physisch! Bernd hatte es offensichtlich geschafft, eine Lernatmosphäre der gegenseitigen Wertschätzung und den Rahmen für eine engagierte Diskurs- und Diskussionskultur herzustellen, die eine kritische Auseinandersetzung, die Anknüpfung an die Praxiserfahrungen der Beteiligten und die

Weiterentwicklung aufgeworfener Themen ermöglichte, und die die Studierenden nicht zuletzt in ihrem Auftrag motivierte, ihre Leistungsnachweise kreativ umzusetzen.

Bernds 'Narrenfreiheiten' stehen einem grossen Engagement gegenüber: Es ist jedem Grossvater und jeder Grossmutter zu wünschen, dass er/sie ein nur halb so vitales Interesse am fachlichen Diskurs mit Studierenden, die teilweise seine/ihre Enkel/innen sein könnten, an den Tag legen kann. Ja, als solcher Grossvater kann man sich Vieles erlauben!

2. Wie Bernd nach Basel 2020 kam

Nach vielen spannenden Fachdiskussionen im Rahmen dieser engen Zusammenarbeit im Master und Bachelor Studium der Hochschule für Soziale Arbeit Fachhochschule Nordwestschweiz und auf internationalen Kongressen, sind *Bernd* und wir einigen Gründen auf die Spur gekommen, weshalb in der Schweiz und in Österreich Sozialwirtschaft ‚anders' funktioniert als in Deutschland. Schnell war deshalb klar, dass dem ‚Lehrbuch der Sozialwirtschaft' (*Arnold/Maelicke* [3]2009) ein Band folgen sollte, der diese Besonderheiten zum Inhalt hat. Einer Schweizer Besonderheit ist *Bernd* bei abendlichen Streifzügen schon zuvor immer wieder begegnet: 'Wirtschaft' bedeutet in der Schweiz Gaststätte, 'Sozialwirtschaft' könnte also zu Missverständnissen führen… Substantielle Fragen folgten: Wie zum Beispiel sollten wir drei so unterschiedliche Länder und Wohlfahrtssysteme vergleichen können? Wer sollte schreiben? – Kurzum verabredeten wir uns mit *Bernd* zu einem Treffen der potentiellen zukünftigen Herausgebenden des Folgebands in Basel.

Dieser Tag kam im November 2010. *Bernd*, von den Strapazen des Nachtzugs gekennzeichnet und noch ziemlich müde, sass *Agnès Fritze* und *Beat Uebelhart*, nach langer Autofahrt durch den tiefverschneiten französischen Jura schon wieder müde, zu Beginn unseres Treffens gegenüber und sagte: "Ich hatte einen Traum" (I had a dream). Den hatten wir auch, liessen *Bernd* aber gern den Vortritt, denn es war gut, dass er die Erinnerung im Halbschlaf loswerden konnte, damit sie nicht verloren ging. Beat musste sich schon anstrengen, um den Traum wieder in Worte fassen zu können. *Bernd*: „Wir schreiben keinen Folgeband zum Lehrbuch, sondern ein Buch zu einem Social Impact Modell, das eine umfassendere Sicht auf Sozialmanagement und Sozialwirtschaft bietet und als Schweizer Besonderheit bezeichnet werden könnte!" – Wir hatten tatsächlich denselben Traum geträumt…

Es folgten die Konkretisierung unseres gemeinsamen Projekts, die Definition von Inhalt, Struktur, Autorinnen und Autoren. Eine zentrale Frage stand dabei, wie üblich, an: Wie sollten wir zu Geld kommen, um wenigstens ein gemeinsames Austausch- und Vernetzungstreffen mit allen Autorinnen und Autoren aus dem In- und Ausland durchführen zu können? *Agnès*, die in solchen Belangen auf ihr Beziehungsnetz zurückgreifen konnte, nannte uns eine Stiftung, die uns – allerdings unter Nachweis eines 'Basel-Bezugs' – finanziell in bescheidenem Mass würde unterstützen können. – Wie nur sollten wir aber diesen Basel-Bezug hinkriegen? *Bernd*, plötzlich hellwach: "Wo sitzen wir denn hier?... natürlich in Basel. Gut, dann nennen wir das Modell eben Basel 2020!" – Wir waren begeistert.

Geld gab's dann trotz kreativem Basel-Bezug keins, das Modell heisst immer noch Social Impact Modell, das gemeinsame Buch erscheint Mitte 2011 und *Bernd* übernimmt auch weiterhin Dozententätigkeiten in verschiedenen Studiengängen der Hochschule für Soziale Arbeit der Fachhochschule Nordwestschweiz.

Der 68er

Wolfhart Christoph Sommerlad

Nun sind es 36 Jahre her, seit wir uns in Frankfurt a. M. an einer Tankstelle in der Nordwest-Stadt kennenlernten. Du hattest gerade deine neue Arbeitsstelle als Leiter der Akademie für Jugend- und Sozialarbeit beim Deutschen Verein für öffentliche und private Fürsorge angetreten und außerdem in unserem Fachbereich Sozialpägagogik der Fachhochschule Frankfurt a. M. deine guten Dienste für Straffälligenhilfe und die einschlägigen juristischen Gebiete - das Strafvollzugsgesetz war gerade in Vorbereitung - schriftlich und mit Bild angeboten. So erkannte ich dich wieder und konnte dich sehr bald als Lehrbeauftragten und Mitarbeiter in dem von mir eingerichteten Projektstudiengang "Sozialpädagogische Arbeit mit Straffälligen und Strafentlassenen/Resozialisierung" gewinnen. Wir bildeten zusammen mit Studentinnen und Studenten Arbeitsgruppen mit unterschiedlichen Schwerpunkten und dem Einsatz von medialen Mitteln. Du betätigtest dich zunächst in einer Gesprächsgruppe mit straffälligen Frauen in der JVA Frankfurt a. M.-Preungesheim, während ich in der gleichen Anstalt jungen Frauen politischen Unterricht erteilte und sie im Wege der Gruppenarbeit auf die externe Abschlußprüfung der Haupt- und der Realschule vorbereitete. Wir standen sicherlich dabei im Banne von *Helga Einsele*, die zwar seit kurzem nicht mehr Leiterin der JVA war, aber immer noch mit ihren Vorstellungen und Reformansätzen zur Resozialisierung ihrer "Fehlsamen" dort nachwirkte. Du pflegtest engen Kontakt zu ihr und richtetest mit ihr die "Anlaufstelle für strafentlassene Frauen" ein, wo einige unserer Studentinnen wertvolle praktische Erfahrungen sammeln konnten. Derartige Formen der Begleitpraxis weiteten wir auf die Problematik und Praxis der gemeinsamen Unterbringung von Müttern und Kindern im Gefängnis - das neue "Mutter-Kind-Heim" wurde eingerichtet und *Hanne Maelicke* als Leiterin eingestellt-, auf den Jugendstrafvollzug in der JVA Rockenberg in Hessen, auf den Vollzug der Untersuchungshaft in der JVA Frankfurt-Höchst und auf den Jugendarrestvollzug in der Anstalt in Gelnhausen aus. Dir ging es dabei insbesondere um die Konzipierung von Alternativ-Modellen, aber eben auch um die Erprobung und praktische Umsetzung der Theoreme. Wir trafen uns in den Zielvorstellungen und in unseren Überlegungen zum

Zusammenwirken von sozial- und erziehungswissenschaftlichen Ansätzen. Außerdem versuchten wir dabei erste Ansätze "forschenden Lernens" zu entwickeln, indem wir die Studierenden zur Reflexion ihrer Arbeit und damit zur Überprüfung von Postulaten, Entwicklungsgängen und Ergebnissen anregten. Vieles floss dabei in eine große Anzahl von gemeinsam betreuten Diplomarbeiten ein.

Wir pilgerten damals, immer mit den jeweiligen Studierenden, die diesen Schwerpunkt in ihrem Hauptstudium gewählt hatten, in das"Mekka" des Strafvollzugs, in die Niederlande. "Sozialtherapeutische Anstalt" war das Zauberwort, dem wir damals recht verfallen waren. In der "Vanderhoeven-Klinik", einer derartigen Einrichtung in Utrecht, fühlten wir uns wohl auf dem Höhepunkt unserer Reformbemühungen und wünschten uns Derartiges für die BRD. In abgewandelter Form lernten wir diese Einrichtungen mit unseren Exkursionen nach Kassel und Berlin kennen und bezogen sie in unsere kritischen Reflexionen ein. Aber auch weitere alternative Ansätze zum Strafvollzug, insbesondere zum Jugendstrafvollzug, lernten wir bei Besuchen in Einrichtungen in der Schweiz (Basel, St. Gallen), z. T. in Österreich, bei dem damals dort eher rückständigem Justizsystem, kennen. Deine Verbindungen zu "Neustart e. V." in Wien waren für unsere Aufnahme und für die weitere Kooperation sehr nützlich.

Ich denke, dass es den Studierenden erst im Nachhinein bewusst wurde, wie sie in Reformvorstellungen und -entwicklungen des Strafvollzugs gedanklich und praktisch mit einbezogen waren. Wir hatten es beide - und vielleicht auch die Studierenden - damals nicht leicht, dem neuen Trend von Themen und sozialwissenschaftlich-politischen Analysen im Hochschulbereich gerecht zu werden, noch dazu, da die Fachhochschulen um 1970 gerade erst gegründet worden waren und ihren Platz neben den Universitäten oder mit ihnen zusammen (Gesamthochschulen) erst gewinnen mussten. Strömungen auf der sogenannten linken Seite des politischen Spektrums machten es wohlmeinenden oder auch entschiedenen Reformern, auch in den Hochschulen, schwer, ein Reform-Konzept mit dem Ziel der Resozialisierung im Strafvollzug zu vertreten und durchzusetzen. Es gab unter den besonnenen und an sinnvollen Veränderungen in der Gesellschaft und ihren Instituionen interessierten Studierenden auch Hitzköpfe und Anhänger der etwas verkürzt verstandenden These *Herbert Marcuses*, dass eine gesellschaftliche Umwandlung (Revolution) nur über Randgruppen erfolgen könne. Daher wären die einsitzenden Häftlinge geradezu als Stoßtrupp der Revolution geeignet. Wir brauchten viel Überzeugungskraft, um diese Vorstellungen in reformerische Bahnen zu lenken und damit auch unsere Arbeit der Praktika in den Justizvollzugsanstalten nicht behördenamtlich beenden zu lassen. Es war manchmal nicht einfach für uns, studentische Erwartungen und drängende Wünsche zu erfüllen bzw. diese abzuwehren, da wir eben doch diejenigen waren, die aus Lebens- und Berufserfahrungen einen größeren Überblick und Einblick in gesellschaftliche Zusammenhänge gewonnen und unsere Erkenntnisse ständig überprüft hatten. Dazu kam, dass ein neues Rollenverständnis sich zu etablieren begann und erst ein rechtes und belastbares Verhältnis zwischen Nähe und Distanz von Studierenden zu Dozenten auszuloten war.

Du hattest deinen Hauptberuf auszufüllen und wurdest darin mit einer anderen Rollenvorstellung und -erwartung deiner Mitarbeiter und Klienten konfrontiert. Es galt für dich, diese Problematik zu analysieren und zu verkraften.

Die für unseren Studiengang gemeinsam entwickelte "Theorie-Praxis-Transmission" hat letztlich Impulse für das sozialpädagogische Studium generell gegeben, war sie doch in das Prinzip des "exemplarischen Lernens" im Fachbereich eingebunden. In diesen Jahren wurde der Grundstein dieses Projekstudienganges gelegt. Mit notwendigen Veränderungen, wie Umstrukturierungen und Neukonzeptionierungen hat er schließlich insgesamt 27 Jahre existiert. Viele Studierende dieses Ausbildungsganges haben sich dann mit de Thematik der Resozialisierung in den einschlägigen Berufsfelder der sozialen Arbeit beschäftigt und sind z. T. heute noch dort tätig.

Zu Deinem 60. Geburtstag habe ich über dein früheres Leben an seinen vielfältigen Schauplätzen und in den von dir besuchten Institutionen allerlei Recherchen angestellt und dabei ein wenig Biografieforschung betrieben. Es war für mich sehr reizvoll, mit den heutigen Verwaltern des kulturhistorischen Nachlasses der in Frage kommenden Städte und Bundesländer Kontakt aufzunehmen und ein kleines Lebensmosaik von dir zusammenzufügen. Landschaften und deren Menschen können uns etwas über den heute dieser Lebenswelt Entwachsenen sagen.

Du wurdest am 26.4. 1941 in Müncheberg im Brandenburger Land geboren. Als Kleinkind müssen auf dich noch die letzten Kriegshandlungen eingewirkt haben, als bei der Schlacht um die "Seelower Höhen" v. 16. bis 18. April 1945 Müncheberg zu 85% zerstört wurde. Aber die "Märkische Schweiz" mit Buckow darinnen hast du bei deiner Großmama kennengelernt, die mit einem Grafen zu Dohna in zweiter Ehe verheiratet war. "Natur erleben - Tradition entdecken" heißt es dort heute. Du wirst nichts von einem geruhsamen Ferienbetrieb erlebt haben, denn Krieg und Vertreibung setzten alsbald ein. Auch das alte Lied "Märkische Heide, märkischer Sand" mit "Steige hoch du roter Adler" hatte sicher nichts jugendbewegt-romantisierendes mehr an sich, als es aus Soldatenkehlen gebrüllt wurde. Natürlich musste ich an Theodor Fontanes "Wanderungen durch die Mark Brandenburg" denken - ob du jemals später so intensiv durch die Mark gewandert bist? Aber es gibt ja noch die Möglichkeit dazu ...

Aber auch literarisch-schöngeistige Qualitäten - zumindest in deinen Jünglingsjahren - konnte ich bei dir entdecken, die dir in Lörrach in deiner Schulzeit bescheinigt wurden. Du bekamst am 15.3.1962 den "Scheffel-Preis für besondere Leistungen und gute Kenntnisse aus den Gebieten der Dichtung" vom "Volksbund für Dichtung (Scheffelbund)". Vielleicht kennt heute kaum noch jemand den Namen des Dichters oder gar sein Werk, z. B. den Roman "Ekkehard" , oder "Der Trompeter von Säkkingen, ein Sang vom Oberrhein"und die Studentenlieder alter Zeit "Alt Heidelberg, du feine", "Im Schwarzen Walfisch zu Askalon" und "Wohl auf die Luft gehr frisch und rein ". Es mag dir ähnlich wir mir in meiner Schulzeit ergangen sein, dass Lehrer uns diese Art von Liedgut und Dichtung vermittelten, aber Wichtigeres zurückstellten.

"Ekkehard" spielt auf dem Hohentwiel nahe Singen und der Heimat deiner *Hanne*. Da ist zu vermuten, dass bei einem Ausflug von Lörrach dorthin ihr euch kennenlerntet und ein wenig die romantische Geschichte darin nacherlebtet. Oder war es doch die eher nüchterne Bewährungshilfe, die euch zusammengeführt hat?

Das Studium der Jurisprudenz nahmst du in Freiburg auf. Da Politik deinen Fächerkanon bereicherte und dich sicher zum Praktizieren drängte, hattest du dich zunächst dem "Liberalen Studentenbund" angeschlossen. Damit wird deutlich, dass du über das Lernen von Fall-Interpretationen und Nachdenken über Recht hinaus starkes Interesse an politischen Fragen und praktischer Politik generell hattest. Du erzähltest mir einmal sehr anschaulich, wie du im Januar 1968 an einer Demonstration von Studenten teilnahmst, die zur Stadthalle von Freiburg führte, wo der FDP-Parteitag abgehalten wurde, der dann die neuen - linksliberalen - "Freiburger Thesen" verabschiedete. Die berühmte Diskussion zwischen *Rudi Dutschke* und *Ralph Dahrendorf*, auf dem Dach eines VW-Käfers stehend, durftest du mit anhören. Ich beneidete dich ein wenig, weil du diese politische Sternstunde miterleben konntest, konnte ich deren Flair und Inhalt doch nur aus dem spärlichen Quellenmaterial nachvollziehen.

Rudi Dutschke und Ralf Dahrendorf* – FDP Parteitag 1968 in Freiburg – mit dabei der Student *Bernd Maelicke

Es ist eine kleine Auswahl von Stationen in deinem Leben, die dich sicherlich mit prägten, in denen oder in deren Folge du aber immer handelnd aktiv warst und wie du es bis heute in deinen Arbeitsfeldern und Lebensbereichen geblieben bist.

In den vielen Jahren unserer zunächst gemeinsamen Lehr- und Ausbildungstätigkeit im Rahmen der Hochschule, später aber auch, als dich der Weg von Hessen nach Schleswig-Holstein an einen anderen Berufs- und Lebensmittelpunkt führte, haben wir immer einen guten persönlichen Kontakt gehalten, so dass daraus eine lebenslange Freundschaft erwachsen ist. Sicherlich hat dazu auch das gute Verstehen zwischen unseren Frauen und uns wechselseitig beigetragen. Es gab so viele gute Gespräche bei gemeinsamen köstlichen Gastmählern und Kunst-Genuß von Malerei und Dichtung, meist heiterer Art. Goethes Worte fallen mir dazu ein, und ich will sie besonders auf dich beziehen: "Ich liebe mir den heit'ren Mann am meisten unter meinen Gästen. Wer sich nicht selbst zum besten halten kann, der ist gewiß nicht von den Besten." Bewahre dir deinen Humor, er ist ein Reservoir der Lebenskunst!

Ich wünsche mir, dass unsere Freundschaft wirklich lebenslang anhält. Denken wir dabei an die Worte von Ernst Zacharias: "Freundschaft ist nicht nur ein köstliches Geschenk, sondern eine dauernde Aufgabe."

Schnell und konsequent

Rainer Holtschneider

Ich habe *Bernd* (und seine liebe Frau *Hanne*) im Herbst 1993 kennengelernt, als ich völlig neu und ohne jemanden dort zu kennen, von Köln/Bonn nach Kiel kam, um dort im Innenministerium als AbtL der neu eingerichteten Ausländerabteilung zu arbeiten. Den „netten" Kollegen vom Justizministerium hatte mir *Werner Ballhausen* – den ich wiederum von der SPD- Bundestagsfraktion in Bonn her kannte – empfohlen, der mir *Bernd M.* ans Herz legte und meinte:

„Das ist ein ganz Netter, mit dem wirst Du schnell Kontakt bekommen!". Und so war es denn auch! Telefonisch wurde ein Termin vereinbart und einem *ersten Besuch* in ihrem Häuschen in *Achterwehr* (westl. Vorort von Kiel) stand nichts mehr im Wege. Es war ein sehr angenehmer Abend und wir verstanden uns fachlich , politisch und persönlich auf Anhieb sehr gut.

Ab da haben wir den Kontakt gehalten und zur Freundschaft ausgebaut, auch als meine Frau *Monika* (als Gymnasiallehrerin) im Sommer 1994 nach Kiel nachkam.

Legendär sind unsere *gemeinsamen Sonntagsfrühstücke in der Schillerstraße*, meist zu viert, nachdem *Hanne* und *Bernd* für uns überraschend, aber schnell und konsequent – wie insbes. Bernd nun einmal ist! – ihr Häuschen in Achterwehr verkauft hatten und in die Schillerstr. (am Schrevenpark!) in eine sehr schöne Kieler Innenstadtwohnlage gezogen waren. Wir wohnten in der Nr. 24 und *Maelickes* in der Nr. 12, das passte! Auch der Hund „Wuschi" muss bei dieser Gelegenheit natürlich noch erwähnt werden, er war unter oder neben dem Tisch immer dabei und hat auch uns viel Freude gebracht.

1998 musste ich aus beruflichen Gründen Kiel verlassen, blieb aber per Wochenendehe und Wohnung der Schillerstr. und den Maelickes verbunden. 2003 zogen wir (meine Frau Monika und ich) dann allerdings wieder nach Köln, ab da wurde der Kontakt etwas unregelmäßiger.

Aber die gemeinsamen *„Silvesterfeste"* an verschiedenen Orten *auf Sylt* (insbes. in Wenningstedt und Kampen!) werden wir und ich nicht vergessen und Besuche von *Hanne* und *Bernd* in unserem damaligen Ferienhaus in *Roquebrune s. Arg. an der Côte* *d'Azur* auch nicht! Z. B. ein wunderschönes Buttermesser (ein Besuchsgeschenk in Südfrankreich) ziert noch heute meinen Haushalt!

Fachlich hatte ich mit *Bernd* nochmal direkt in Sachen *„Föderalismusreform und Strafvollzugskompetenz"* zu tun (2004 – 2006). Auch wenn wir nicht immer völlig einer Meinung waren, hat mir seine vehemente Kritik an dem Übergang in die Landeskompetenz doch zu denken gegeben. Das Ergebnis konnte das allerdings – aus „übergeordneten" politischen Gründen, wie man so schön sagt, sprich es war im Paket (Bernd, wir wissen auch, wer es darein gepackt hat!) und da kam es nicht mehr raus – nicht mehr beeinflussen.

Leider sind die Kontakte in der letzten Zeit weniger geworden, zwischen Köln und Kiel liegen halt auch mehr als 500 km und die Trennung von meiner Frau *Monika* 2009 spielt da natürlich auch eine bedauerliche Rolle.

Dennoch: die Erinnerung an unsere gemeinsame Zeit, lieber *Bernd*, lässt sich nicht verdrängen und sie ist - und das ist - uneingeschränkt gut!

Der Badener oder die andere Seite des Professors

Günther und Edelgard Deuschl

In diesem Band kommen naturgemäß nur solche Stimmen zu Wort, die Bedeutendes zu Kriminologie, Jurisprudenz oder zum modernen Strafvollzug beigetragen haben oder beitragen werden. Nichts von dem trifft auf uns zu. Unsere Qualifikation liegt eher im Gesundheitssektor. Die beruflichen Berührungspunkte beziehen sich auf psychologische Dimensionen des Strafvollzuges oder auf die theoretischen Möglichkeiten der Verhaltensbeeinflussung durch invasive Hirnoperationen mit Platzierung von Elektroden in emotions- und verhaltenssteuernden Hirnarealen. Die Praxisferne solcher Überlegungen und der fehlende medizinische Druck diese Probleme zu lösen, haben solche Pläne aber nie über das Stadium der abendlichen Diskussion hinauskommen lassen.

Nein - die Wahrheit ist, dass all diese Bezugspunkte verblassen gegenüber unserer persönlichen und ausgesprochen tragfähigen Beziehung zu dem Professor und seiner Frau, den wir weniger als Rechtspraktiker, Lehrer und Rechtspolitiker, sondern mehr als Badener, Genussmenschen und Freund kennen. Hier gäbe es viel zu berichten. Nach unserer früheren umfassenderen Darstellung[1] wollen wir uns hier nur mit einer einzigen Eigenschaft beschäftigen. Es handelt sich um seine Fähigkeit, aus jeder Situation das Beste zu machen und jeder Situation auch noch eine Genusskomponente abzugewinnen. Über allem steht seine Begeisterungsfähigkeit. Beispielhaft sei hier nur eine Begebenheit aus einem Norwegen-Urlaub genannt. Völlig unbedarft in Sachen Angeln und mit einer gewissen Portion gesunder Skepsis gegenüber dieser Beschäftigung in einem schwankenden Boot nahm er den Kampf mit der Natur auf. Zunächst war eine Beteiligung nur als Zuschauer geplant. Die Umstände erlaubten aber doch ein größeres Engagement und er hatte rasch eine ordentliche Hochseeangel in der Hand. Die erste halbe Stunde seines neuen Metiers verlief weitgehend ereignislos. Plötzlich ruckte es an der Angel beträchtlich und eine längere Aktivität des Einholens der Schnur samt des daran hängenden Fisches begann. Am Ende des Tages stellte sich heraus, dass er den bei weitem besten Fang des Tages gemacht hatte. Er wurde dann von immer größerer Begeisterung getragen, verschickte Grußkarten mit dem beiliegenden Bild an

1 Siehe auch: Der Badener, E. und G. Deuschl, Kiel, 2001, Eigendruck im Selbstverlag (ISBN 60-26.04.41 BM).

persönliche Meinungsbildner und war über einen längeren Zeitraum in einer definitiven Hochstimmung. Man sieht, er genießt den Augenblick weit über den Tag hinaus.

Von Gesundheit und robuster Konstitution gesegnet wünschen wir ihm eine konsequente Beibehaltung dieser so lebenserhaltenden psychischen Grundstruktur. Sie macht anderen die Freundschaft mit ihm zur Freude und erhält ihm die seelische Gesundheit.

Alles Gute für die nächste Etappe!

Dokumentation des Jagderfolges

Nachbesprechung in der Arbeitsgruppe

Hannelore Maelicke

„Wer ist denn Frau Maelicke?“

Ursula Müller

Danksagung:

Vorab möchte ich *Gérard Dépardieu* und dem Grafen von Monte Christo danken. Durch deren Vermittlung begann eine wunderbare Freundschaft zwischen *Hanne Maelicke* und mir, ein wichtiger Grund, den folgenden Text zu schreiben.

Natürlich muss es die neue Leitung eines Frauenministerium begrüßen, dass die Landesregierung Schleswig-Holsteins unter der früheren Frauenministerin beschlossen hatte, in jedem Ministerium sei ein/e Gleichstellungsbeauftragte/r, kurz GB, zu benennen. Diese Person sollte ohne zusätzliche Vergütung neben ihren regulären Aufgaben darauf achten, dass kein/e MitarbeiterIn in ihrem Zuständigkeitsbereich wegen ihres/seines Geschlechts diskriminiert würde. *Besonderes Augenmerk liegt dabei naturgemäß auf den Personalangelegenheiten. Ein/e GB genießt das mit Zeit und Arbeit verbundene Privileg, an einer Vielzahl von Sitzungen teilnehmen zu dürfen, u. a. an den wöchentlichen Abteilungsleitungsrunden unter Leitung der/des MinisterIn oder StaatssekretärIn. Dadurch erhält die/der Betreffende einen ziemlich umfassenden Einblick in die Arbeit „ihres/seines“ Hauses.* So weit die Theorie.

Aber wie sieht die Praxis in einem grünen Frauen-, Jugend- , Städte- und Wohnungsbauministerium aus, dem ich von 1996 bis Ende 1998 als Staatssekretärin angehörte?

Zunächst muss man sich die Besonderheit dieses neu geschaffenen Hauses klar machen, das in seinem fachlichen Zuschnitt bundesweit einmalig war. Die Kombination von Frauen mit Jugend war weit verbreitet, aber dazu Wohnungs- und Städtebau? Das löste selbst bei frauenpolitisch engagierten Frauen Erstaunen aus. Dabei ist der Zuschnitt bei genauerer Überlegung so abstrus nicht, im Gegenteil, hatten sich doch feministische Architektinnen und Stadtplanerinnen seit den 80er Jahren für einen „frauenfreundlichen“ Zuschnitt von Wohnungen und für eine „frauenfreundliche“ Gestaltung der Stadt ausgesprochen. Immer noch drückten auch Sozialwohnungen ihren MieterInnen allein durch den Grundriss einen bestimmten Lebensstil auf: Das Kinderzimmer war das kleinste,das Schlafzimmer wies Steckdosen rechts und links des für das Ehebett reservierten Platzes für die Nachttischlämpchen auf und die Küche war oft ein reiner Arbeitsplatz an dem die Hausfrau allein schalten und walten sollte, außer Sichtweite des Rests ihrer MitbewohnerInnen. Von einem „room of own's own", den *Virginia Woolf* für Frauen gefordert hatte, war die Planung weit entfernt, ließ auch kaum die Möglichkeit, die Räume anders als vorgesehen zu nutzen. Bekannter war vielleicht, dass lange Jahre Städte ganz auf das Auto zugeschnitten waren, autolose Menschen, darunter vor allem ärmere Frauen, hatten das Nachsehen. In diesen Themen war die neue Ministerin für Frauen etc. sehr fit, ebenso was die Verwendung umweltfreundlicher Baumaterialien anging. Der Zuschnitt war also sowohl sach- als auch personengerecht. *Das hieß aber noch lange nicht, dass Frauenbewusstsein auch in der Fachabteilung weit verbreitet gewesen wäre.*

Anders dagegen die grüne „Hausspitze", wie MinisterIn und StaatssekretärIn im Verwaltungsjargon genannt werden. Sie bestand nämlich aus zwei ehemaligen kommunalen Frauenbeauftragten, geballter Frauensachverstand also an der Spitze des Hauses.

Und dieses Haus sollte also nun auch wie alle anderen eine GB bekommen. Die weibliche Form darf ich jetzt verwenden, denn hätten die beiden ehemaligen Frauenbeauftragten einen Mann mit dieser Funktion betraut, hätten sie sich in Frauenkreisen Schleswig-Holsteins nicht mehr sehen lassen können. Eine Frau für den „Job" zu finden, war aber alles andere als eine einfache Sache angesichts der Fachkompetenz der Hausspitze. Jemand aus den vier Abteilungen (zu den drei Fachabteilungen kam noch die Allgemeine Verwaltungsabteilung dazu) sollte das Gleichstellungsgeschäft besser können? Sollte Mängel entdecken, die der Hausspitze entgangen waren? Sollte vor allem mir, der Staatssekretärin, die ja für das Personalgeschäft zuständig ist, auf die Finger sehen, nötigenfalls auf dieselben klopfen? Konnte das gut gehen? Soweit die unausgesprochenen Sorgen und Gedanken der Hausspitze.

Und die Mitarbeiterinnen? Hatten die nicht mindestens genauso viele Gründe, sich angesichts dieser Konstellation nicht gerade nach diesem Ehrenamt zu drängen? Würde sich überhaupt jemand finden, jemand es wagen, sich den Oberfeministinnen bzw. ihren Entscheidungen nötigenfalls in den Weg zu stellen?

Alle Zweifel halfen nichts, dem Gesetz musste Genüge geleistet werden. Also ging der Auftrag an die Abteilungen nach geeigneten KandidatInnen Ausschau zu halten. In erstaunlich kurzer Zeit meldete sich die Leiterin der Jugendabteilung. Ihre MitarbeiterInnen hätten für Frau *Maelicke* votiert. Aha. Aber wer bitte ist Frau *Maelicke*? Noch bevor die Kandidatin in Augenschein genommen werden konnte, machte die Abteilungsleiterin ganz klar: Ihre Leute würden es nicht akzeptieren, wenn jemand aus der Frauenabteilung GB würde. Das war mal wieder ein Paukenschlag, wie er für die Abteilungsleiterin nicht untypisch war. Am besten ließ man ihn unkommentiert verhallen. Inhaltlich war das Anliegen durchaus nachvollziehbar, hätte doch eine GB aus der Frauenabteilung signalisiert, dass nur dort frauenpolitisches Know-how und Frauenbewusstsein anzutreffen sind. Aber die Tonlage... Es warf sofort einen Schatten auf die noch unbekannte Frau *Maelicke*, dass ihre Abteilungsleiterin sie mit einer Drohgebärde ins Amt hieven wollte. Die so Eingeführte hatte keine Gegenkandidatin. Was also, wenn sie eine Niete wäre? Verständlich, dass die Ministerin bei einem Vorstellungsgespräch anwesend sein wollte, bei dem sich zeigen würde, wer denn nun Frau *Maelicke* war.

Während wir in der Hausspitze uns fragten, ob die Ausgeguckte wohl frauenpolitische Kenntnisse hätte, sah – typisch Verwaltung - das Anforderungsprofil Kenntnisse des Gleichstellungsrechts vor. Außerdem sollte er/sie über „Einfühlungsvermögen in die Situation berufstätiger Frauen“ besitzen, vermutlich um die Wahl mit hoher Wahrscheinlichkeit auf eine Frau fallen zu lassen. Typisch aber auch, dass es hier um Gefühle ging und nicht um Sachkenntnisse. Dabei schrieben wir das Jahr 1996, kommunale Frauenbeaufragte und die Frauenbewegung hatten über die Jahre eine Vielzahl von Fakten zu Tage gefördert: Über Diskriminierungsstereotypen bei der Besetzung von Stellen, über sexuelle Belästigung am Arbeitsplatz, um die hohe Betroffenheit von Frauen durch Mobbing usw. Aber niemand verlangte, dass eine GB etwas darüber wissen sollte. Dabei hatte sie laut Aufgabenbeschreibung doch Informations- und Fortbildungsveranstaltungen zu initiieren. Das konnte ja heiter werden!

Heiter und gelassen trat nun Frau *Maelicke* auf. Angesichts ihres beeindruckenden Lebenslaufs konnte sie das auch sein. Als Sozialarbeiterin hatte sie – damals bereits Mutter - in der Frauenhaftanstalt Frankfurt/Preungesheim drei Jahre lang gearbeitet und danach das Mutter-Kind-Heim 12 Jahre lang – mittlerweile Mutter von zwei Kindern – geleitet und weiterentwickelt, war von keiner geringeren als *Helga Einsele* eingestellt worden, deren Name mir, als ehemalige Frankfurterin, natürlich ein Begriff war, war doch ihr Engagement im Strafvollzug weit über die Grenzen Frankfurts hinaus bekannt. Kriminologie hatte Frau *Maelicke* später studiert, hatte neben mehreren Veröffentlichungen zum Frauenstrafvollzug eine kritische Bestandsaufnahme des Frauenstrafvollzugs in den Ländern der Bundesrepublik als Buch veröffentlicht, hatte eine dreijährige Gruppensupervisionsausbildung absolviert, um nur die wichtigsten Stationen zu nennen. WOW! Da hatten wir doch tatsächlich eine frauenbewegte Perle in unserem Haus an einer Stelle, wo niemand sie vermutet hätte. Was für ein Geschenk!

Der Eindruck, den Frau *Maelicke* im Gespräch hinterließ, war total überzeugend: selbstbewusst, eine Frau, die weiß, was sie will, freundlich, zugewandt. Da hatten wir ein Los gezogen und den Hauptgewinn bekommen. Mit ihr zusammen zu arbeiten würde Spaß machen, etwa im Vorhinein aufgekommene Konkurrenzgefühle zerfielen in Windeseile zu Staub.

Was der Ministerin sicher auch besonders imponierte war, dass eine Frau mit diesen Fähigkeiten seit sechs Jahren in der Heimberatung/Heimaufsicht tätig war. Das war nämlich ein sehr sensibler Bereich. Wie oft war es schon vorgekommen, dass in einem Heim ein Skandal aufgedeckt worden war, seien es Übergriffe auf Kinder und Jugendliche seitens des Personals, seien es kriminelle Aktivitäten der HeimbewohnerInnen. Da schauen Medien und Politik natürlich sofort auf das zuständige Ministerium und zwar auf dessen Spitze, nicht auf die FachreferentInnen. „Die hat ihren Laden nicht im Griff.“ wäre noch der mildeste Vorwurf, der da zu hören wäre. Die Angst der Ministerin vor solchen Vorkommnissen war immens, zumal es gleich zu Beginn ihrer Amtszeit ein Ereignis gegeben hatte, das zum Glück nicht hochgespielt worden war.

Vorsorglich hatte die Ministerin ihre grünen KabinettskollegInnen alarmiert, also den Umweltminister, seine Staatssekretärin und den Energiestaatssekretär, die reichlich hilflos wirkten, da zu dem Zeitpunkt noch gar keine näheren Fakten auf dem Tisch lagen. Bevor man nun aber dieses Vorgehen als Hysterie abtut, muss man sich die politische Situation 1996 vor Augen halten: Zum ersten Mal waren nach der Wahl im März die Grünen ins Parlament eingezogen und waren gleich in der Regierung gelandet. Erfahrung war also keine vorhanden. Zudem war eine rot-grüne Koalition zwar der Wunsch der SPD-Basis, aber – wie so oft im Leben – nicht der Wunsch vieler an der SPD-Spitze; die hätten lieber eine sozial-liberale Regierung gesehen. Deren Ablehnung hatte ich bereits in meinen allerersten Tagen zu spüren bekommen in Form von Unhöflichkeiten, die an Ungezogenheiten grenzten.

Vor diesem Hintergrund war es also ein wahrer Segen, dass wir an so einer wichtigen Stelle eine kompetente Fachreferentin wussten.

Auf die Zusammenarbeit mit Frau *Maelicke* begann ich mich nach der ersten Begegnung zu freuen, vor allem, weil ich vorhatte, mein Lieblingsprojekt umzusetzen, ein Konzept für das Personalauswahlverfahren. *Die Vorgeschichte dazu war, dass ich als kommunale Frauenbeauftragte nach einer Fortbildung, angefangen hatte, Personalauswahlseminare anzubieten und nun regelrecht danach lechzte, das Gelernte und das, was ich anderen vermittelt hatte, in großem Stil in die Tat umsetzen zu können.* Verwaltungs(leid)geprüft war ich keineswegs sicher, ob meine Ideen beim Personalreferat, Personalrat und Behindertenvertreter, also bei all denen, die außer der GB bei Einstellungen mitzureden hatten, auf Gegenliebe stoßen würden, hat doch Verwaltung traditionell ein großes Beharrungsvermögen beim Althergebrachten. Der karikierende Spruch, der über Verwaltungsleute kursiert, „Das haben wir schon immer so gemacht.", ist nicht weit von der Realität entfernt. Aber mit Frau *Maelicke* als GB in unserem Kreis war ich sicher, mindestens eine Mitstreiterin für frischen Wind an meiner Seite zu haben.

Ich hatte Folgendes vor: Ausschreibungstexte sollten sich eng an die Arbeitsplatzbeschreibung halten. Zu jedem Stichwort des Anforderungsprofils sollte im Vorhinein überlegt werden, wie das Vorhandensein dieser Eigenschaft oder Kompetenz im Verfahren überprüft werden könnte, ob durch das schriftliche Material oder durch Abfrage o. ä. im Gespräch. Was letzteres angeht, so sollten nach meinen Vorstellungen die zu stellenden Fragen so sein, dass sich eine Spreizung ergeben könnte. Es wäre für eine zu treffende Auswahl wenig hilfreich, wenn alle die Fragen beantworten oder nicht beantworten könnten. Nur durch wohl durchdachte Fragen wäre es möglich, zwischen mäßigen, guten und sehr guten KandidatInnen zu unterscheiden. Mit anderen Worten: wir verwendeten viel Mühe und Zeit im Vorhinein. Dadurch wurde das Verfahren transparent und demokratisch und zudem wird auf diese Weise gerade bei Stellen, die politisch wichtig waren, verhindert, dass ausgesuchte, politisch genehme Personen in der Regel mit dem richtigen Parteibuch, in die Ministerialverwaltung geschoben werden, um dort einen der jeweiligen Parteifarbe entsprechenden Filz zu erzeugen.

Kurz und gut, meine in Frau *Maelicke* gesetzten Hoffnungen erfüllten sich in vollem Umfang. Aber auch die anderen Beteiligten zogen mit. In den Vorstellungsgesprächen, an denen ich beteiligt war und die ich leitete, haben mir fast alle das Reden, insbesondere das Stellen der im Vorhinein von allen entwickelten Fragen überlassen – fast alle, denn Frau *Maelicke* hatte sich immer eigene Fragen ausbedungen, die sich dann auch stellte und ggf. nachfasste. Das sprach für ihr Rückgrat und war mir außerordentlich sympathisch.

Ergebnis des Verfahrens war: Wir konnten viele Frauen einstellen und Personen, die den Anschein erweckten, dass sie die Grundzüge einer grünen Politik mittragen würden.

Das Allerschönste für mich aber war, dass mir sehr viel später, als ich schon nicht mehr im Ministerium war und mich mit *Hanne Maelicke* angefreundet hatte, diese mir gestand, ihr Mann, Abteilungsleiter in einem anderen Haus, sei von „unserem“ (O-Ton Hanne) Vorgehen beeindruckt gewesen und hatte zugegeben, davon sei man in seinem Ministerium weit entfernt. Ich freute mich so sehr, dass *Hanne* sich voll mit dem Verfahren identifiziert hatte.

Wenig erfreulich – und das möchte ich auch nicht verschweigen – war für mich, dass ich von Mitgliedern meiner Partei dafür belächelt und verspottet wurde, dass ich mich für Qualifikation als oberstem Kriterium einsetzte; manche kritisierten mich sogar offen dafür. Grüner Filz war angesagt.

Doch zurück zu *Hanne Maelicke*. Vieles von dem, was sie als GB geleistet hat, spielte sich quasi außerhalb meines Büros ab: Sie hat Gesprächsrunden für Frauen im Schreibdienst geleitet, Seminare für deren Qualifizierung angeregt, sodass diese sich auf Mischarbeitsplätze bewerben und damit höher eingruppiert werden konnte. Dass sie ihr Hauptaugenmerk auf diejenigen richtete, die am unteren Ende der Verwaltungshierarchie angesiedelt waren, habe ich ihr hoch angerechnet. Aber auch so ungewöhnliche Dinge wie Feldenkrais-Trainings gingen auf ihre Initiative zurück. Einfallsreichtum, ein Merkmal im GB-Profil, hat sie wirklich bewiesen. Auch hatte sie das Thema Gewaltprävention und Selbstverteidigung aufgegriffen.

Ein Thema, wo wir dagegen zusammengearbeitet hatten, war die Beurteilung der MitarbeiterInnen. Dazu gab es einen Bewertungsbogen mit einer ausführlichen Anleitung. Die GB war gefordert, hatte es doch in der Vergangenheit Schieflagen, genauer gesagt eindeutige Belege für die Diskriminierung von Frauen gegeben; diese waren ebenso wie Teilzeitbeschäftigte (natürlich waren dies auch überwiegend, wenn nicht gar ausschließlich Frauen) signifikant schlechter beurteilt worden als Männer bzw. Vollzeitbeschäftigte. Als nun die Ergebnisse aus den Abteilungen unseres Hauses vorlagen, an deren Zustandekommen die AbteilungsleiterInnen maßgeblich beteiligt waren, stellte sich heraus, dass diese Tendenz nicht hatte gebrochen werden können.

Besonders auffällig waren diesbezüglich die Beurteilungen aus der Wohnungs- und Städtebauabteilung. Auf Nachfragen antwortete der Abteilungsleiter, der sich bislang durch Kreativität, Frische, Unkompliziertheit und großes Engagement in der Sache und für Umweltfreundlichkeit hervorgetan hatte: „Aber Teilzeitbeschäftigte sind doch nur eingeschränkt im Dienst, da können sie doch nicht so viel Leistung erbringen wie Vollzeitbeschäftigte.“ Es war zum Haare raufen, ging es doch bei der Beurteilung nicht um die Quantität der erbrachten Leistungen sondern deren Qualität. Die Anweisungen waren hierzu auch vollkommen klar, indem sie darauf hinwiesen, dass es um die Bewertung dessen ginge, was die Person in ihrer Arbeitszeit – unabhängig von deren Dauer – geleistet habe. *Auch was Menschen auf einem niedrig eingestuften Arbeitsplatz leisten, sollte ausschließlich an der Arbeitsplatz- und Aufgabenbeschreibung bewertet werden. Aber dass auch bei einer einfachen Tätigkeit ein Spielraum besteht, wie diese ausgeführt wird, war vor allem MitarbeiterInnen in weit höheren Positionen nicht so bewusst, wie man/frau sich das gewünscht hätte.* Im Chor fielen wir nun über jenen Abteilungsleiter her, die GB, die Leiterin der Frauenabteilung und ich. Ob ihm unsere Argumente einsichtig waren, bezweifle ich ehrlich gesagt noch heute. Aber dieses Beispiel zeigt, wie nötig eine couragierte und engagierte GB war.

Nun wird heute immer wieder kritisiert, dass sich hinter den geschlechtsneutralen Bezeichnungen „Gleichstellung" und „Gender" letztlich nur Maßnahmen verbergen, deren Zielgruppe Frauen sind. Nicht so in unserem Hause. Die Möglichkeit, einen anderen Akzent zu setzen, ergab sich, als die Landesregierung eine Kampagne für mehr Teilzeit lostreten wollte, eigentlich ein sehr zwiespältiges Thema, fanden die Ministerin und ich. Aber wir waren im Wolfsrudel gelandet und so mussten wir auch mit heulen. Das taten wir auch. Aber nach einer anderen Melodie. Im Kabinett schlug die Ministerin nach einer Beratung mit mir vor, besonderes Augenmerk auf die Reduzierung von Arbeitszeit auf solchen Stellen zu legen, bei denen die Halbierung immer noch ein existenzsicherndes Einkommen ermöglicht. Verwunderung bis Irritation bei den KabinettskollegInnen. Die Staatssekretärin eines SPD-Ministeriums war völlig begriffsstutzig: „Aber Arbeitsplätze mit niedriger Vergütung sind doch viel leichter teilbar!" meinte sie. Dass aber eine Person mit einer halben Stelle einer niedrigen Vergütungsgruppe davon nicht mehr leben kann, war dieser <u>Sozial</u>demokratin völlig gleichgültig. Das Argument selber ist natürlich absurd. Schließlich ist der gesamte Verwaltungsapparat aus der Teilung von Arbeitsplätzen entstanden. Wenn der Aufgabenbereich ein gewisses Maß überschreitet, werden neue Arbeitsplätze, manchmal gar neue Organisationseinheiten geschaffen. Naiv wird oft angenommen, Teilbarkeit sei nur möglich, wenn SachbearbeiterIn 1 die Zuständigkeit für die Buchstaben A bis L erhält, SachbearbeiterIn 2 dann die für die Buchstaben M bis Z. Viel Fantasie ist wirklich nicht nötig, auch bei anderen komplexeren Tätigkeiten eine sinnvolle, inhaltliche Teilung vorzunehmen und nicht davon auszugehen, dass die Nachmittagskraft einfach die Staffel von der Vormittagskraft übernimmt. Dass es anders gehen kann, weiß ich aus Erfahrung. So viel nur, um deutlich zu machen, auf welche GegnerInnen wir gestoßen waren. Übrigens war auch die Ministerpräsidentin selbst keineswegs auf unserer Seite.

Doch wir setzten noch einen drauf und ich setzte mich mit einer weiteren Idee durch. Nicht nur wollten wir vor allem die Teilbarkeit von Stellen im höheren Dienst propagieren, sondern dabei eine in diesem Zusammenhang vernachlässigte Personengruppe aktivieren, Männer. Teilzeit ist seit eh und je eine Frauendomäne, zum finanziellen Nachteil von Frauen, die ihre Stundenzahl reduzieren, um mehr Zeit für die Familie zu haben. Wir sahen jedoch auch das berühmte Vereinbarkeitsproblem bei Männern, in höherem Maße sogar. In Hannover wurde einmal verkündet: „Männer lösen das

Problem der Vereinbarkeit von Beruf und Familie, indem sie sich ein Foto ihrer Familienangehörigen auf den Schreibtisch am Arbeitsplatz stellen.“

Während die Ministerin anfangs noch zögerte, war die Pressesprecherin Feuer und Flamme. Also entwarf sie eine Unterkampagne mit dem Motto „Mann teilt Zeit“. Beim Ausscheiden der Ministerin war diese das einzige für die Presse Berichtenswerte aus ihrer Tätigkeit als Frauenministerin. Fast will es mir im Nachhinein erscheinen, dass wir mit unserer ungewöhnlichen Aktion die gesamte Kampagne in den Schatten stellten. Im zweiten Schritt ging es nun darum, Männer zu finden, die im gehobenen oder höheren Dienst in Teilzeit beschäftigt waren. Leichter gesagt als getan. *Hanne Maelicke* war mit Feuereifer bei der Sache und wir konnten tatsächlich im eigenen Haus zwei solcher raren Exemplare, die wir intern als „weiße Raben“ bezeichnet hatten, ausmachen. Leider aber haben sich andere Männer nicht von solchen Beispielen anstecken lassen. Trotzdem hat es sich meiner Meinung nach gelohnt, die Kampagne durchgeführt zu haben, ist es uns doch dadurch gelungen, in der Öffentlichkeit ein Bild zu korrigieren, dass Teilzeitbeschäftigte per se Frauen sind.

Ein Highlight, bei dem *Hanne Maelicke* ebenfalls mitgewirkt hat, war das Jubiläum „10 Jahre Frauenministerium in Schleswig-Holstein“, ältestes Frauenministerium der Bundesrepublik. Wir feierten auf der Stena Line, der Fähre, die von Kiel nach Göteborg fährt, während sie in Kiel vor Anker lag. Es war ein wunderschönes Fest mit klugen Reden und künstlerischen Beiträgen. Vielleicht war der Ort symbolischer zu interpretieren als uns damals klar war: Ein Schiff kurz vorm Lichten der Anker, aufbrechend nach Schweden, dem Land, das in Europa über eine lange traditionsreiche und erfolgreiche Frauenpolitik verfügt. Damit Schleswig-Holstein und Deutschland sich einmal in diese Richtung entwickeln, braucht es viel, mehr als wir damals einsetzen konnten, vor allem aber braucht es viele, viele Frauen wie *Hanne Maelicke.*

GREENPEACE

Bernd Maelicke im Gespräch mit

Daniela Friederich

„Von mir aus im Rollstuhl und mit einem I-Phone in der Hand …“

Daniela Friederich

Welche Begriffe fallen Ihnen spontan ein, die Ihre Persönlichkeit am besten beschreiben?

Optimismus - und Resilienz. Ich habe erst spät gelernt, dass das ein Fachbegriff ist für Widerstandsfähigkeit gegenüber äußeren Beeinträchtigungen. Das Dritte ist so eine Art situative Kompetenz, eine Wahrnehmung von Situationen und die Fähigkeit, daraus etwas zu entwickeln. Außerdem Empathie und Freude am Erfolg.

Welcher dieser Begriffe steht für ihre Kindheit und weshalb?

Das ist Resilienz. Definitiv. Ich bin ein Kriegskind, wir sind in Berlin drei Mal ausgebombt worden. Ich habe die früheste Kindheit zum Teil in Berlin, zum Teil auf einem Gutshof in der Märkischen Schweiz verbracht. Es gab da alltägliche Erfahrungen mit russischen Soldaten. Frauen und Kinder mussten nachts versteckt werden und tagsüber war ich dann ein kleiner Freund der Russen. 1945 ist mein Vater im Krieg gefallen. Die Bilder von Berlin-Mitte, die Ruinen und den schwarzen Markt, diese Bilder werde ich nie vergessen. Es gab nichts zu essen. Wir hatten auf dem Balkon eine Ziege und ein Kaninchen im Schlafzimmer und von dort konnte ich nachts die Sterne sehen, weil das Haus ausgebombt war – das waren existentielle Nöte. Aber gleichzeitig war das für mich eine behütete Kindheit. Ich habe keine konkreten Erinnerungen an besonders dramatische Erlebnisse. Vielleicht kommen die später mal hoch.

Von `47 bis `53 habe ich bei meinem Großvater in Göttingen, Nikolaistr. 21, gelebt. Das war dann problematischer, weil meine Mutter und mein Bruder nicht mehr dabei waren. Der Großvater konnte und wollte nicht den Vater ersetzen. Seine zweite Frau (ich nannte sie Tante Gustchen) hatte selbst nie Kinder gehabt - ich war für sie ein schwieriges Kind, das da aus Berlin gekommen war, in diese sehr bürgerliche Nachkriegssituation in der Provinzstadt. In der Volksschule war ich ein sehr schlechter Schüler. Es gab Probleme mit dem Jugendamt und so. Bis `53 war das eine kritische Entwicklung. Weil das keine Familie war, das war kein Umfeld, von dem ich mich erziehen lassen wollte. So ist dann diese Resilienz entstanden, nämlich das Leben selbst in die Hand zu nehmen und sich gegen die Anderen zu behaupten.

1953, als ich 12 war, als meine Mutter mich holte, da war ich schon so etwas wie ein junger Erwachsener, da waren diese Prägungen, diese Entwicklungen abgeschlossen, nur, dass sie jetzt eine positive Wendung bekamen weil ich am Bodensee mit meiner Mutter zusammen in behütete Verhältnisse kam. Dort bin ich auf das Gymnasium gekommen und war den Mitschülern als 2 Jahre älterer in der Sexta weit überlegen. Insofern hat sich das dann gut entwickelt. Auch, dass ich Klassensprecher wurde und Schulsprecher und Chefredakteur der Schülerzeitung und solche Geschichten Ich hatte diese 2 Jahre Vorsprung vor den anderen und habe diesen Vorsprung dann ausgebaut und genutzt.

Dann war damals der Wendepunkt in Ihrem Leben, dass Ihre Mutter Sie geholt hat…

Das werde ich nie vergessen! Eine blonde Frau kommt da in die sechste Klasse Volksschule – die Tür geht auf – und während sie noch die Lehrerin fragte „ist hier der Bernd Maelicke?“ war ich schon auf dem Marsch nach vorne zu ihr hin und sie sagte „ich nehme dich jetzt mit!“ - also das war filmreif! Ich hatte ihr viele Briefe geschrieben und später erfahren, dass die nie angekommen sind. Wäre meine Mutter nicht gekommen, wäre ich weiter abgedriftet. Und dann - wie wenn man einen Schalter umknipst - von Null auf Hundert hat sich das Leben geändert. Mein Leben lang werde ich das nicht vergessen, wenn ich mit Resozialisierung zu tun habe oder anderen sozialen Problemen: wie die Umstände die Personen prägen und wenn man die Umstände verändert, welche Chancen und Perspektiven sich für die Menschen daraus ergeben.

Ich bringe das Ereignis mit meiner Mutter immer in Verbindung mit diesem Zitat von Willi Brandt: das richtige Thema, die richtigen Person, zur richtigen Zeit. Wenn diese drei Faktoren zusammenkommen, dann kann man Erfolg haben – dann entwickeln sich die Dinge im Leben günstig.

Haben diese Erfahrungen dazu beigetragen, dass Sie später, nach Ihrem Studium, thematisch unter anderem den Schwerpunkt Resozialisierung gewählt haben?

Ich hatte später in der Schule ein weiteres prägendes Erlebnis, wo ich bei einer Jugendgerichtsverhandlung einen Anwalt erlebt habe und den phantastisch fand. Da wurde bei mir ein Gerechtigkeitsgefühl geweckt – oder bestätigt. Dazu kam, man kann das ja ruhig erzählen, dass er nach der Verhandlung vor dem Amtsgericht in einen Porsche einstieg und davon fuhr. Und das war dann der Punkt wo ich mir gesagt habe: du kannst soziale Gerechtigkeit üben und kannst auch Porsche fahren. Wenn man so will ‚Sozialwirtschaft“ mit allen wichtigen Faktoren: soziale Gerechtigkeit, Wirksamkeit, Wirtschaftlichkeit, Entrepreneurship. Und dann habe ich mich 1961 in diese Mitschülerin verliebt, wir sind ja heute noch zusammen, und ihr Vater war einer der ersten deutschen Bewährungshelfer. Hannelore hat später Sozialarbeit und Kriminologie studiert, war Bewährungshelferin, Sozialarbeiterin im Strafvollzug und Leiterin eines Mutter-Kind-Heimes in der Frauenhaftanstalt. So habe ich tiefe Einblicke in die Resozialisierungsbranche bekommen – zunächst nur der Liebe wegen.

Sie werden oft als „Innovator“ und als „Macher“ bezeichnet, als Jemand, der schon 1972 einen „modernen Führungsstil praktiziert“ hat. Woran konnten Sie damals erkennen, wie man ein wirksames Management strukturieren kann ?

Zum einen hat sicherlich eine Rolle gespielt, dass ich immer etwas älter war als die Gruppe, mit der ich zu tun hatte. Ich war einer, dem die Mitschüler einen Vorschuss geben, weil sie denken, der ist fair und der nimmt eine Situation wahr und dem können wir uns auch anvertrauen. Und deswegen war ich auch Klassensprecher und so weiter. Ich habe das richtig gern gemacht. Ich habe auch immer sowohl die Schwachen wie die Starken gesehen und habe irgendwie gewusst, wie ich die zusammenbringe. Ohne dass das professionell oder strategisch angelegt war.

Mit zunehmender Erfahrung wurde es dann fokussierter. Ich habe ein gutes Gespür, in Situationen oder bei Gruppen wahrzunehmen, welche Faktoren oder Ansichten beteiligt sind, welche Rolle sie spielen und dann die Dominanten eher zu reduzieren oder den Zurückhaltenden mehr Geltung zu verschaffen. Später habe ich in den Seminaren an den Hochschulen und Akademien diese Eigenschaften mit professionellen Begriffen und Theorien angereichert.

Ich bin auch heute noch mit Ergebnissen oder Zwischenergebnissen nie vollständig zufrieden – ohne dass ich darunter leide. Ich weiß immer, man kann es noch besser machen, insofern komme ich aus diesem Innovationszirkel nicht raus – auch mittlerweile theoretisch begründet, weil es im Sinne des kritischen Rationalismus nie einen Endzustand geben kann. Man muss systemisch denken und handeln und kontinuierlich verbessern. Das führt bei mir nicht zu einer persönlichen Unzufriedenheit, sondern zu einer hohen Befriedigung, nämlich permanent an dieser Veränderung zu arbeiten.

Und doch waren Sie mit dem, was Sie an Entwicklungspotentialen schon damals erkannt haben, Ihrer Zeit voraus...

Bevor ich studiert habe war ich ein ziemlich bürgerlicher Typ. Ich habe z. B. den Wehrdienst nicht verweigert. Ich habe dann Jura studiert und bin beim Liberalen Studentenbund in Freiburg gelandet – aber mehr aus persönlichen Beziehungen heraus, weil ich da sympathische Leute kannte. Meine große Chance war die `68er-Bewegung, da war ich voll dabei. Da lernte ich die Notwendigkeit politischer Werte- und Zielorientierung. Ich war 2 Jahre Sozialdezernent des ASTA . Wir haben in Freiburg an der Uni die ersten Krabbelstuben eingeführt, wir haben in den Studentenheimen dafür gesorgt, dass im selben Heim, später sogar im selben Haus und dann auf derselben Etage weibliche und männliche Studenten zusammen leben durften. Das war vorher unmöglich, ein Unding. Und psychotherapeutische Beratungsstellen haben wir eingeführt. Es wurde anerkannt, dass Studenten Kinder haben können, es wurde anerkannt, dass Studenten auch zusammen leben können, es wurde anerkannt, dass Studenten psychotherapeutische Beratung brauchten. Es war ein starker Emanzipationsakt, den ich mitgestalten durfte. Da ist der Netzwerkansatz zu einer Strategie geworden, nämlich mit Einzelpersonen oder Organisationen oder studentischen Vereinigungen zu kooperieren. Da fing so langsam mein professionelles Erfahren und Einsetzen von Methoden an, die man später vielleicht als Innovationsmethoden oder Managementtechniken bezeichnet hat. Ohne die 68er-Bewegung wäre ich nicht der, der ich heute bin.

Wir haben im Schwarzwald Bildungswerbung gemacht und den Arbeiter- und Bauernfamilien geraten, dass sie ihre Kinder Abitur machen lassen. Ich bin dann ins Gefängnis gegangen, um politische Bildungsarbeit anzubieten, ich habe in meinem alten Gymnasium das politische Jugendforum geleitet – es war eine unvergessliche Zeit des Aufbruchs und der Neuorientierung.

Sie haben sehr viel in Ihrem Leben bewegt, viel angeschoben, beeindruckend Karriere gemacht – von außen betrachtet sieht es so aus, als ob immer glatt gelaufen wäre – war das so?

Dass ich beruflichen Erfolg hatte, war immer mit extrem viel Arbeit verbunden und auch nur möglich, weil ich eben so glücklich in der Beziehung und mit den Kindern war, dass das auch mitgetragen wurde, und dass diese Resozialisierungsarbeit eine gemeinsame Zielsetzung war. Die Mischung zwischen privat und Arbeit oder Freizeit und Beruf war immer fließend. Morgens von 5 bis 8 habe ich z. B. meine Promotion berufsbegleitend geschrieben. Das habe ich nie als mühsam empfunden, sondern als zielorientiert und persönlich befriedigend.

Natürlich gab es auch Niederlagen. Ich wollte zeitweise beruflich noch weiterkommen, im Nachhinein muss ich sagen, Gott sei Dank hat es nicht geklappt. Immer da, wo ich tätig war, war ich organisatorisch an der Spitze der Fachlichkeit, über mir war die politische Ebene. Und natürlich denkt man sich dann, wenn man die Politiker erlebt, das kannst du doch auch! Dann hast du vielleicht noch mehr Einfluss oder so, aber wenn man dann genauer hinschaut, sieht man die unterschiedlichen Bezugssysteme und sieht, in welchen Abhängigkeiten diese Leute agieren und wie sie ihre Fachlichkeit aufgeben müssen, nur, um Kompromisse zu machen oder weil die Medien oder die Bürger es wollen oder die Partei. Das habe ich zum Glück nie machen müssen. Diese letzte Stufe der Karriere, die noch mehr Öffentlichkeit und Politik bedeutet hätte, ist mir verschlossen geblieben. Obwohl ich mal kurz davor stand und sauer war, dass ich nicht zum Staatssekretär berufen worden bin … ich hätte einen Fahrer gehabt, ja, das wäre toll gewesen! Ich habe mein Leben lang vermisst, dass ich nicht auch mal einen Fahrer hatte. Das ist wunderbar, wenn man ihn mit den Oberhemden in die Wäscherei schicken kann oder zum Blumen holen für die Gattin!

Ja, das hat was! Aber so etwas verwöhnt einen ja auch – und verändert unter Umständen negativ den Charakter! So sind Sie sich treu geblieben – oder?

Ja, ich bin mir treu geblieben und habe für Hanne selbst die Blumen geholt.

Welches Erlebnis auf Ihrem Weg nach oben ist Ihnen besonders in Erinnerung geblieben?

Also ich werde nie vergessen, wie ich das ISS damals übernahm, als ich mit 37 dort Direktor wurde, und der Aufsichtsrat grundlegende Änderungen in der Struktur und in der Unabhängigkeit des Institutes forderte. Sie hatten mich gerade erst zum Direktor gemacht und legten mir dann 30 Minuten später einen Zettel mit 33 Punkten auf den Tisch, was alles sofort in diesem Institut geändert werden müsse. Da war ich dann 12 Jahre lang im Kampf mit den Oberen, weil ich zum Verteidiger des Institutes, seiner Wissenschaftlichkeit und seiner Freiräume gegenüber den Aufsichtsgremien geworden bin. Das war fast wieder so eine Resilienz-Situation mit einem feindlichen Umfeld. Das Positive daran war, dass die Mitarbeiter gemerkt haben, dass da dieser junge Kerl für sie und ihre Interessen kämpft und so bekam ich eine sehr große Unterstützung.

Oder später in Schleswig-Holstein, diese Reform der Sozialen Dienste der Justiz – das war die professionelle Niederlage die mir heute noch weh tut, weil mir klar ist, dass das, was sich hier als Organisationspraxis über viele Jahrzehnte realisiert hat, fachlich unzulänglich für die Resozialisierungsarbeit ist. Es war eine der wenigen Situationen, in der Politiker und Fachmann gemeinsam gekämpft haben – und eine schmachvolle Niederlagen erlitten haben. Das ist wirklich das einzige Projekt, bei dem es mir nicht gelungen ist, diese Einbindung und diese Prozessorientierung zusammen mit den Fachkräften zu einem positiven Ergebnis zu bringen. Und dies ausgerechnet im Kernbereich der ambulanten Resozialisierung, um den es mir immer am meisten gegangen ist. Im Vergleich dazu waren die Reformen im Strafvollzug, die auch sehr einschneidend waren, relativ einfach. Andere Länder sind meinen Vorschlägen gefolgt, da wurde nachgewiesen, dass dieser Ansatz der Richtige ist, aber ausgerechnet in meinem Heimatland Schleswig-Holstein gibt es nach wie vor kein stimmiges Gesamtkonzept einer integrierten Resozialisierung. Noch schlimmer, z. Zt. werden wesentliche Bausteine der Reform mutwillig zerstört.

Bleiben wir bei dem Thema Reformen. In diesem Kontext hat die Frankfurter Rundschau Sie einmal als einen „harten Brocken" bezeichnet, weil Sie die verkrustete Strukturen auflockern oder auflösen wollten – haben Sie solche Kennzeichnungen verletzt?

Im Gegenteil - da war ich stolz drauf! Es ging immer um dasselbe Thema: wie kann man die ambulanten Dienste im Rahmen der Justiz stärker machen? Da war ich zeitweise der absolute Buhmann. Ich wurde ausgepfiffen, bei Personalversammlungen wurde ich mit Franz Joseph Strauss verglichen… da war es gut, dass ich eine Grundausbildung in Resilienz erfahren hatte! Es hat mich tief getroffen, aber ich konnte es eben auch wegstecken.

Die Kennzeichnungen „harter Brocken" oder „unermüdlich wie ein Prediger" waren schon berechtigt. Das kritisieren auch viele. Da war dann nicht mehr viel mit Empathie, sondern da marschierte ich schon ziemlich direkt durchs Unterholz. Aber wenn ich von einem Inhalt oder einem Ziel überzeugt bin, dann investiere ich auch sehr viel Energie. Ein Preis dafür ist dann Ablehnung oder Widerstand und keine Wertschätzung.

Wertschätzung ist das Stichwort für ein weiteres spannendes Kapitel in Ihrem Leben: die Sache mit dem Klostermanagement...

Ja, das war auch so eine Weichenstellung. 1990 kam ein Anruf von einer katholischen Akademie und die sagten „Sie sind doch fit im Sozialmanagement, wollen Sie nicht mal mit Äbtissinnen von Benediktinerinnenklöstern in Deutschland und der Schweiz eine Klausur machen, im Schwäbischen, in der Nähe vom Bodensee, in Weingarten, in einem Kloster?" Das war natürlich eine völlig andere Welt. Schon der äußere Habit der Nonnen reduziert die Wahrnehmung extrem, denn das einzige, was man sieht, ist das Gesicht der Schwestern. Das gibt ihnen etwas Unbewegliches, Statuarisches. Und das führt dazu, dass man sensibilisiert und achtsam wird, sie wahrzunehmen. Sie sind auch in der Körpersprache verhalten und man ist auf minimale Regungen und Gesten reduziert. Ich habe in dieser einen Woche viel von den Äbtissinnen im Umgang zwischen ihnen und im Umgang mit mir gelernt und darüber, wie sensibel sie in der Wahrnehmung waren. Ich musste sehr genau argumentativ differenzieren und bei Nachfragen vertiefen. Die Regeln des heiligen Benedikt in ihrer 1500jährigen Tradition waren für mich völlig neu. Er hat schon damals detailliert dargestellt, wie ein Kloster zu führen und zu leiten ist. Da werden viele der modernen Führungsprinzipien beschrieben wie z. B. Rotation, situative Führung, Vorbild des Abtes und Gruppenorientierung.

Zwei dieser Klöster haben mich als Berater für Organisationsentwicklung verpflichtet - eine Mischung aus Sozialmanagement, benediktinischen Regeln und Frauenthemen. Daraus ist auch ein Buch zum Thema Klostermanagement entstanden. Ich habe viel gelernt, z. B. was Ruhe, Gelassenheit, Achtsamkeit und Werteorientierung bedeuten. Vor wenigen Tagen habe ich die Gemeinschaften mal wieder besucht und war tief beeindruckt, wie intensiv und anhaltend noch immer die Wirkungen unserer gemeinsam erarbeiteten Meilensteine sind.

Diese Ruhe hat sich aber nicht auf Ihr Arbeitsverhalten ausgewirkt - Ihre Publikationen sind ungezählt und Sie arbeiten noch immer nach dem Motto „volle Kraft voraus“.

Von meiner Haltung her bin ich tatsächlich ruhiger und gelassener geworden. Ich bin jetzt Pensionist, habe diese Klostererfahrung, bin Großvater und werde jetzt 70. Das Publizieren ist für mich nicht wirkliche Arbeit, sondern eher die Frage, wie bringe ich es zeitlich unter. Aber das ist ein produktiver Vorgang. Ich glaube, das letzte was ich noch machen werde, im Rollstuhl, ist das Schreiben.

Allerdings haben sich Gründung und Aufbau des DISW in den letzten 5 Jahren zu einem Fulltimejob entwickelt. Da brauche ich dringend eine Nachfolgerin oder einen Nachfolger - oder Andere, die das mehr und mehr übernehmen. Diese Phase muss jetzt langsam zu Ende gehen. Da ist vielleicht der 70te kein schlechter Zeitpunkt.

Sie waren und sind immer noch viel unterwegs. Wie war das für Ihre Familie?

Die hat das immer mitgetragen! In der Familie mit Hannelore zusammen habe ich das gefunden, was ich in früheren Phasen nicht gehabt habe. Dass jemand, der selbst professionell aus der Sozialarbeit kommt und mit dem Ziel der Resozialisierung arbeitet, mit mir zusammen dieses Thema bearbeitet, das war natürlich ein Glücksumstand, weil damit Fachlichkeit und Familie eine Ehe eingegangen sind. Das war auch eine Herausforderung, weil Hanne stark das mitentwickelt und kritisiert hat, was in der Praxis der Resozialisierung stattfand, und was meine Vorschläge und Ideen betraf. Sie war in ihrem Bereich mindestens genauso engagiert, was die Praxisarbeit in den verschiedenen Arbeitsfeldern der Resozialisierung betrifft. Und die beiden Kinder… ich hatte ja nie einen Vater bewusst erlebt. Deshalb haben wir zusammen besondere Vater-Kind-Beziehungen entwickelt, die durch niemanden vorgeprägt waren. Ich musste und wollte nicht irgendein Vatermodell nachmachen. So ist das eine sehr faire und partnerschaftliche Form geworden, die wir da gemeinsam gefunden haben und weiterentwickeln. Ohne Hanne, Steffen und Kristine bin ich in meiner heutigen Entwicklung nicht erklärbar.

Sie sind auch heute noch viel als Netzwerker unterwegs – auch das ist eine Bezeichnung, die man seit Jahren mit Ihrem Namen in Verbindung bringt.

Ja, der bin ich geworden. Ich habe durch diese permanente gruppenorientierte Zusammenarbeit gemerkt, dass das eine wesentliche Fähigkeit ist – oder auch eine unverzichtbare Voraussetzung, um zu gemeinsamen Ergebnissen oder gutem Erfolg zu kommen und daraus ist, je älter ich werde, immer mehr ein strategischer Ansatz geworden. Mittlerweile plane ich viele Projekte speziell unter diesem Netzwerkansatz. Also, wer sind die Kooperationspartner, wer die Schlüsselpersonen, was sind deren Interessen, wie gestaltet sich die erste Phase des Vorschlages, der von uns kommt, und wie offen sind wir, was die Vorschläge der Anderen betrifft? Wie entwickeln wir gemeinsame Strategien, die auch Widerstände berücksichtigen und auch Gegenpositionen mit aufnehmen? Wo liegt die Schmerzgrenze, bei der man sagen muss, dann lassen wir das Projekt platzen, weil es doch nicht oder zu wenig unserer Ziele realisiert? Bei der Umsetzung geht es darum, sicherzustellen, dass die Anderen auch zum Zuge kommen und dass es nicht zu einseitigen Macht- und Interessendurchsetzungen kommt. Es gibt einen umfangreichen Katalog von Kriterien, den man berücksichtigen muss, wenn man erfolgreiche Netzwerkarbeit leisten will. Ich würde mittlerweile sagen, das ist die wichtigste Schlüsselkompetenz, um gerade bei Innovationen erfolgreich zu sein. Die alten Strategien von oben nach unten sind nicht mehr wirksam, das Expertenwissen liegt meistens bei den Anderen.

Es ist ein unglaublich produktiver Vorgang, neue Konzepte mit vielen Partnern als Komplexleistung integriert und interdisziplinär zu entwickeln. Da öffnen sich Welten, wenn man auf diese Art und Weise die Realität wahrnimmt und sie verändern will. Meine größten Fehler hätte ich vermeiden können, wenn ich die Netzwerkstrategie noch bewusster durchschaut und früher angewandt hätte.

Was machen Sie mit all diesen Erfahrungen – geben Sie sie weiter?

Was ich noch mache, ist z. B. in Kiel, Hamburg, Lüneburg, Berlin, Basel und Linz, nur um mal das letzte Semester zu benennen, weiterhin in der Ausbildung von jungen Leuten tätig zu sein, auch in der Weiterbildung mit erfahrenen Praktikern. Das macht unheimlich viel Freude. Ich lerne immer noch dazu. Ich nenne das „gemeinsame Lehr- und Lernprozesse“. Die Studierenden bringen mir ihre Sichtweise bei, wie sie heute die Welt wahrnehmen, aber auch alternative und kreative Lösungen und da ich jetzt Opa bin, hat diese Generation mit mir auch keine Autoritätsprobleme mehr. Sie verbünden sich gern mit den Senioren und ich gehöre zu denen, die sich gerne mit den Jungen verbünden. Das ist ein großes kreatives Potential. Im DISW versuche ich in ähnlicher Weise, Personalentwicklung zu verwirklichen.

Das ist auch ein Punkt, warum ich mich stark in der Seniorenpolitik engagiere, weil ich denke, dass eines der größten Probleme dieser Gesellschaft heute ist, dass sie die Senioren abschieben und deren Potentiale nicht nutzen. Ich meine, wir Alt-68er, wir haben eine hohe Verpflichtung nochmal aufzumischen und die Generationen zu anderen Formen des produktiven Zusammenwirkens zu bringen. Da setze ich das fort, was ich `68 gelernt habe.

Sie können auf 70 Lebensjahre zurückblicken – gibt es ein Fazit?

Es ist mir nichts in die Wiege gelegt worden und es gibt keinen alleinigen Erfolgsfaktor, keinen Königsweg. Die Gene haben bei mir wenig Auswirkungen gehabt, ich bin vielmehr geprägt worden durch die Verhältnisse der insgesamt 70 Jahre, also seit 1941. Ich habe die Bundesrepublik in all ihren Phasen erlebt, teilweise, in den letzten Jahren, habe ich auch Einfluss gehabt. Die Eigenschaften, die mich kennzeichnen, haben wir benannt. Und ich sage immer, solange Leute das für richtig halten, was ich zu sagen habe oder mit mir zusammen neue Konzepte entwickeln wollen, so lange will ich auch noch tatkräftig mitwirken.

Die letzte Perspektive, die ich für mein Leben habe, ist vielleicht das Projekt einer Hundezucht. So eine friedliche Idylle auf einer grünen Wiese, mit kleinen Hunden, mit Hanne - und die Kinder und Enkel kommen möglichst oft zu Besuch. Von mir aus auch im Rollstuhl und mit einem I-Phone in der Hand und mit irgendjemandem telefonieren, so könnten schon noch ein paar Jahre, die letzten Jahre, gemeinsam gestaltet werden.

Bernd Maelicke im Gespräch mit Daniela Friederich

Vita

Bernd Maelicke (BM) wurde am 26. April 1941 in Müncheberg bei Berlin geboren.

Sein Vater fiel im Frühjahr 1945. In den letzten Kriegsmonaten wurde die Familie in Berlin dreimal ausgebombt, die Besetzung der Stadt durch die Russen erlebte BM dort zusammen mit seiner Mutter und seinem Bruder Alfred. Von 1947 bis 1953 lebte BM bei Verwandten in Göttingen. Er besuchte dort 6 Jahre die Volksschule mit mäßigem Schulerfolg. Erst als seine mittlerweile an den Bodensee umgesiedelte Mutter ihn 1953 wieder zu sich und seinem Bruder holte und in das Gymnasium in Singen /Htwl. einschulte, stabilisierte sich sein weiterer Lebensweg.

1961 lernte BM Hannelore Eickmeier im Hans-Thoma-Gymnasium in Lörrach kennen. Sie war die Tochter eines der ersten deutschen Bewährungshelfer. Er bekam so Einblick in verschiedene Arbeitsfelder der Resozialisierung und wurde selbst in Einzelfällen ehrenamtlich tätig.

BM legte 1962 das Abitur ab, er bekam den Scheffelpreis für den besten Deutschaufsatz seines Jahrgangs (zuvor war er Chefredakteur der Schülerzeitung „Echo").

Von 1962 bis 1964 absolvierte BM den Wehrdienst bei den Heeresfliegern, er schied mit dem Dienstgrad eines Lt.d.R. aus.

Von 1964 bis 1969 studierte BM Jura, Kriminologie und Volkswirtschaft an der Universität Freiburg i.Br.. Er war 4 Semester Sozialreferent des ASTA, gründete die 1. Studentische Krabbelstube, die 1. Psychotherapeutische Beratungsstelle für Studierende und setze erstmals gemischte Belegung in den Studentenwohnheimen durch.

Für „Bürger im Staat" (heute Landeszentrale für politische Bildung) arbeitete er mit in der politischen Bildung für Schüler und Lehrlinge (z.B. leitete er das Jugendforum in Lörrach).

Als Jurastudent engagierte er sich ehrenamtlich in der Betreuung von Gefangenen in der JVA Freiburg – statt politischer Bildungsarbeit wurde auf deren Wunsch eine „Entlassungsgruppe" aufgebaut. Diese thematisierte konkrete Probleme wie Arbeits- und Wohnungslosigkeit, Verschuldung, Sucht, soziale Beziehungen etc.

Auf Grund dieser Praxiserfahrungen bekam BM nach seinem 1. Juristischen Staatsexamen 1969 von Prof. Dr. Rudolf Schmitt das Angebot, zum Thema „Entlassung und Resozialisierung" zu promovieren und in der Arbeitsgruppe der „Alternativprofessoren" als Hilfskraft bei der Erstellung eines „Alternativentwurfes zum Strafvollzugsgesetz" mitzuarbeiten.

BM engagierte sich darüber hinaus bei der Gründung der „Anlaufstelle für Straffällige" in Freiburg i.Br.. Nebenamtlich war er Dozent an einer Fachschule für Sozialpädagogik und an der Ev. FHS in Freiburg.

1969 heirateten Hannelore Eickmeier und Bernd Maelicke, 1972 wurde der Sohn Steffen geboren.

Hannelore Maelicke absolvierte an der Ev. FHS in Freiburg das Studium der Sozialarbeit, bis 1974 war sie danach als Bewährungshelferin in Freiburg tätig.

Nach dem 2. Juristischen Staatsexamen im Jahr 1973 begann BM 1974 seine Tätigkeit als Leiter der Abteilung Fort- und Weiterbildung beim Deutschen Verein für öffentliche und private Fürsorge in Frankfurt a.M.. Er richtete dort u.a. Fortbildungsangebote für Gerichtshelfer, Bewährungshelfer, Sozialarbeiter im Strafvollzug und in der Freien Straffälligenhilfe ein und führte zur Thematik der Resozialisierung bundesweite Fachtagungen durch. Zusammen mit Albrecht Müller-Schöll entwickelte er erste Kurse in Sozialmanagement. Seine Promotion bei Rudolf Schmitt und Günter Kaiser schloss er 1976 erfolgreich ab – die Dissertation wurde im C.F. Müller-Verlag in einer Buchreihe von Heinz Müller-Dietz publiziert.

Hannelore Maelicke wurde 1974 von Helga Einsele, der Direktorin der Frauenhaftanstalt Frankfurt-Preungesheim, in den Sozialdienst dieser Anstalt eingestellt. Später wurde sie Leiterin des dortigen Mutter-Kind-Heimes. 1980 wurde die Tochter Kristine geboren.

Von 1978 bis 1990 war BM als Nachfolger von Wolfgang Bäuerle Direktor des Instituts für Sozialarbeit und Sozialpädagogik (ISS), Frankfurt a.M.. Die wichtigsten Aufgaben dieses vom Bund institutionell geförderten Instituts waren bundesweite Projekte der Praxisforschung, wissenschaftlichen Begleitung von Modellversuchen, Institutionsberatung und Fort- und Weiterbildung – mit zeitweise über 40 wissenschaftlichen und ca. 20 weiteren Mitarbeiterinnen und Mitarbeitern. Seine persönlichen Schwerpunkte lagen in der Weiterentwicklung von Sozialmanagementkonzepten und Modellversuchen der ambulanten und stationären Resozialisierung.

Zusammen mit Renate Simmedinger, Frieder Dünkel und Heinz Cornel realisierte BM 1988/1989 im Auftrag des Justizministeriums Schleswig-Holstein ein Untersuchungsprojekt zur Bestandsaufnahme und Fortentwicklung des Strafvollzugs und der ambulanten Dienste der Straffälligenhilfe in diesem Bundesland. Die Landesregierung beschloss auf dieser Grundlage ein Reformkonzept und berief BM zum dafür zuständigen Abteilungsleiter im Justizministerium. Diese Funktion füllte er bis 2005 aus – mit zahlreichen Innovationen in den drei Säulen Strafvollzug, Soziale Dienste der Justiz und Freie Straffälligenhilfe.

Hannelore Maelicke ist seit 1990 im Jugendministerium in Kiel in der Heimberatung/Heimaufsicht tätig – berufsbegleitend absolvierte sie an der Uni Hamburg ein Studium der Kriminologie mit einer Buch-Publikation zum Frauenstrafvollzug.

Seit 2005 ist BM überwiegend als Honorarprofessor an der Leuphana-Universität Lüneburg tätig – mit weiteren Lehraufträgen an verschiedenen deutschen und ausländischen Hochschulen. Er gründete 2005 zusammen mit Andreas Tietze das Deutsche Institut für Sozialwirtschaft (DISW) und entwickelte und realisierte zahlreiche nationale und internationale Innovationsprojekte.

Das Schriftenverzeichnis von BM umfasst ca. 200 Fachaufsätze, darunter über 40 Fachbücher. Seit 2007 ist BM Schriftleiter der bundesweit im Reso-Bereich größten Fachzeitschrift „Forum Strafvollzug“ (Nachfolger von Heinz Müller-Dietz).

Schriftenverzeichnis Bernd Maelicke 1975 - 2011

Kriminologie, Kriminalpolitik, Strafvollzug, Straffälligenhilfe

1975

1. *Maelicke, B.*: Möglichkeiten und Grenzen der Resozialisierung. ZfStrVo 24, S. 198 ff.

1976

2. *Maelicke, B.*: Zentralisierung und Koordinierung in der Straffälligenhilfe. Frankfurt.

1977

3. *Maelicke, B.*: Entlassung und Resozialisierung – Untersuchungen zur Sozialarbeit mit Straffälligen. Heidelberg.
4. *Maelicke, B.*: Sozialverwaltung und Straffälligenhilfe. In: Bundeszusammenschluss für Straffälligenhilfe (Hrsg.): Straffälligenhilfe – gestern – heute – morgen, 11. Bundestagung für Straffälligenhilfe. Bonn, S. 243 ff.

1980

5. *Einsele, H., Maelicke, B.*: Anlaufstelle für straffällig gewordene Frauen. Stuttgart u. a.
6. *Einsele, H., Maelicke, B.*: Anlaufstelle für straffällig gewordene Frauen. ZfStrVo 30, S. 67 ff.
7. *Maelicke, B.*: Bedarfsgerechte Angebote für Nichtsesshafte und Strafentlassene. Gefährdetenhilfe, S. 14 ff.
8. *Einsele, H., Maelicke, B.*: Anlaufstelle für straffällig gewordene Frauen. TuP, S. 458 ff.
9. *Maelicke, B.*: Diverse Beiträge. In: Deutscher Verein (Hrsg.), Fachlexikon der sozialen Arbeit, 1. Aufl., Frankfurt.
10. *Einsele, H., Maelicke, B.*: „Wenn du draußen und allein …“. Materialien zur Situation haftentlassener Frauen. Frankfurt.

1981

11. *Maelicke, B., Best, P., Holzgreve, V., Maelicke, H., Simmedinger, R.*: Innovation in der Straffälligen- und Nichtsesshaftenhilfe, Bericht über ausgewählte Projekte in New York.
12. *Maelicke, B.*: Anlaufstellen für Strafentlassene. Gefangenenzeitung „Der Weg“.

1982

13. *Maelicke, B.*: Anlaufstelle für straffällig gewordene Frauen. ZfStrVo, S. 67 ff.
14. *Maelicke, B.*: Einige Überlegungen zur Alternativen Freiheitsstrafe in den USA. In: Sievering, U. (Hrsg.): Alternativen zur Freiheitsstrafe. Frankfurt.
15. *Maelicke, B.*: Freie und ambulante Straffälligenhilfe als Alternative zur Freiheitsentziehung. BewHi , S. 5 ff.
16. *Maelicke, B.*: Weil die Freiheitsstrafe mehr schadet als nutzt. Frankfurter Rundschau vom 11.03.1982.
17. *Maelicke, B.*: Die Resozialisierung der Sozialarbeit. Sozialmagazin.
18. *Maelicke, B.*: Ambulante Hilfe für von Kriminalitätskarrieren bedrohte mehrfach benachteiligte Jugendliche. TuP.
19. *Maelicke, B.*: Thesen zum Abbau von Freiheitsentzug und zum Ausbau einer ambulanten Straffälligenhilfe. Westermanns Pädagogische Beiträge, S. 528 ff.

1983

20. *Maelicke, B.*: Thesen zur Weiterentwicklung der sozialen Dienste in der Straffälligenhilfe. KrimPäd.
21. *Maelicke, B.*: Thesen zur durchgehenden Betreuung als zentraler Aufgabe ambulanter Straffälligenhilfe. TuP.
22. *Maelicke, B.*: Einrichtung im Strafvollzug zwischen Resozialisierung der Mutter und Wohl des Kindes. ZfStrVo, S. 144 ff.
23. *Maelicke, B.*: Möglichkeiten und Grenzen offener Sozialarbeit als Alternative zur geschlossenen Unterbringung und zur Vermeidung von Kriminalisierung und Inhaftierung . In: Blumenberg, F. (Hrsg.): Praxisorientierte Forschung in Jugendhilfe und Jugendkriminalrechtspflege. Freiburg, S. 44 ff.
24. *Maelicke, B.*: Entwicklungsarbeit in der ambulanten Straffälligenhilfe. In: Kerner, H.-J., Kury, H., Sessar, K. (Hrsg.): Deutsche Forschung zur Kriminalitätsentstehung und Kriminalitätskontrolle. Köln u. a., S. 1500 ff.
25. *Maelicke, B.*: Was Sozialarbeit leisten könnte. Recht. Strafvollzug – Dokument und Analyse.
26. *Maelicke, B.*: Ambulanz als Alternative: Sozialarbeit bei Straffälligen. Frankfurter Rundschau vom 5.9.1983.

1984

27. *Maelicke, B, Simmedinger, R.*: Diskussionsentwurf eines Modellprojektes „Bundeszentrale und berufsbegleitende Fortbildung für Jugendgerichtshelfer". TuP, S. 27 ff.
28. *Maelicke, B., Simmedinger, R.*: Struktur und Wirksamkeit ambulanter Hilfeangebote für Personengruppen nach § 72 BSHG. ZfStrVo, S. 279 ff.
29. *Maelicke, B;*: Vorschläge für eine neue Kriminalpolitik in Hessen. Hessischer Landtag, 11. Wahlperiode, Drucksache 11/1443.

30. *Maelicke, B., Simmedinger, R.*: Wirkungsweise und Wirksamkeit von zentralen Beratungsstellen für Personen mit besonderen sozialen Schwierigkeiten. Stuttgart u. a.
31. *Maelicke, B., Ortner, H., Simmedinger, R.*: Ambulante Straffälligenhilfe, Internationale Ansätze neuer Kriminalpolitik. Frankfurt.
32. *Maelicke, B.*: Herausforderungen an die Kriminalpolitik in den 80'er und 90'er Jahren. In: Maelicke, B., Ortner, H., Simmedinger, R.(Hrsg.): Ambulante Straffälligenhilfe – Internationale Ansätze neuer Kriminalpolitik. Frankfurt.
33. *Maelicke, B., Maelicke, H.*: Zur Lebenssituation von Müttern und Kindern in Gefängnissen, Materialien zur gemeinsamen Unterbringung von Müttern und Kindern in Frauenanstalten. Frankfurt.
34. *Maelicke, B., Bieback-Diel, L.*: Mütter und Kinder in Gefängnissen, Endbericht der Planungsberatung des MutterKind-Heimes der Frauenstrafanstalt Frankfurt/ M. Preungesheim. Frankfurt.
35. *Maelicke, B., Weth, U.*: § 72 BSHG, Ansätze und Entwicklungen der Hilfe zur Überwindung besonderer sozialer Schwierigkeiten. Frankfurt.
36. *Maelicke, B.*: Erfolgreiche Nichtsesshaftenhilfe bei Begrenzung auf den örtlichen Trägerbereich. In: Deutscher Verein (Hrsg.), Bericht über den deutschen Fürsorgetag 1983. Frankfurt, S. 468 ff.
37. *Maelicke, B.*: Auf Anstaltsneubauten sollte weitgehend verzichtet werden. Frankfurter Rundschau vom 22.10.1984.

1985

38. *Maelicke, B.*: Thesen zur Weiterentwicklung der sozialen Dienste in der Straffälligenhilfe. ZRP, S. 53 ff.
39. *Maelicke, B.*: Thesen zur Weiterentwicklung der sozialen Dienste in der Straffälligenhilfe. FORUM der Arbeitsgemeinschaft sozialpolitischer Arbeitskreise 85, Heft 26, S. 4 ff.
40. *Maelicke, B.*: Kriminalpolitik in Hessen – ihre Auswirkungen auf die Strafentlassenenhilfe. Info-Rundbrief 7/1985 des Aktion junge Menschen in Not e. V.
41 *Maelicke, B.*: Einsperren oder ambulante Sozialarbeit. Blätter der Wohlfahrtspflege 11. S. 253 ff.
42 *Maelicke, B.*: Umdenken im Strafvollzug. Der Weg, Niedersächsische Zeitschrift für Straffälligenhilfe, S. 85 ff.
43 *Maelicke, B.*: Veränderungsvorschläge und ambulante Alternativen zur gemeinsamen Unterbringung von Müttern und Kindern in Frauenstrafanstalten. Forum Jugendhilfe 4, S. 1 ff.

1986

44. *Maelicke, B.*: Einsperren oder ambulante Sozialarbeit. ZRP, S. 48 ff.
45. *Maelicke, B.*: Veränderungsvorschläge und ambulante Alternativen zur gemeinsamen Unterbringung von Müttern und Kindern in Frauenstrafanstalten. ZfStrVo , S. 33 ff.
46. *Maelicke, B.*: Unter welchen Rahmenbedingungen kann die Arbeit der Bewährungshilfe verbessert werden? Bewährungshilfe , S. 117 ff.
47. *Simmedinger, R., Maelicke, B.*: Ambulant aus der Sackgasse. Sozialmagazin.
48. *Maelicke, B., Simmedinger, R.*: Entwicklungsarbeit in der Straffälligenhilfe. Frankfurt.
49. *Simmedinger, R., Maelicke, B.*: Die Reform der sozialen Dienste in der Justiz, Argumente Pro und Contra. Frankfurt.
50. *Birtsch, V., Maelicke, B.*: Geschlossene oder offene Heimerziehung, Bilanz der offenen Arbeitseinsätze. Frankfurt.
51. *Maelicke, B.*: Alternativen zur Kriminalpolitik der Ausgrenzung. In: Ortner, H. (Hrsg.): Freiheit statt Strafe, S. 16 ff.
52. *Maelicke, B.*: Brauchen wir ein Bundesresozialisierungsgesetz? ZRP 19, S. 203 ff.

1987

53. *Maelicke, B.*: Anspruch und Wirklichkeit der „Strafvollzugsreform". TuP, S. 98 ff.
54. *Maelicke, B.*: Sozialarbeit und Strafjustiz. Weinheim.
55. *Simmedinger, R., Maelicke, B.*: Fortentwicklung der sozialen Dienste in der Justiz, Planungsgutachten für den Senator für Rechtspflege und Strafvollzug Bremen. Frankfurt.
56. *Maelicke, B., Simmedinger, R.*: Entwicklungsarbeit in der Straffälligenhilfe. 2. Aufl., Frankfurt.
57. *Simmedinger, R., Maelicke, B.*: Sozialarbeit und Strafjustiz, Untersuchungen und Konzeption zur Reform der Straffälligenhilfe. Weinheim.
58. *Maelicke, B.*: Sozialarbeit als ambulante Alternative. In: Ellermann, R. (Hrsg.): Kriminalpolitik 1984/1985, S. 175 ff.
59. *Maelicke, B.*: Wie Wasser von Klippe zu Klippe geworfen…, Ambulante Alternativen zum Jugendarrest und Jugendstrafvollzug. Frankfurt.
60. *Maelicke, B.*: Resozialisierung zwischen strafender Repression und sozialer Hilfe. Blätter der Wohlfahrtspflege, S. 212 ff.
61. *Simmedinger, R., Maelicke, B.*: Ambulante Straffälligen- und Nichtsesshaftenhilfe. In: Zentrale Beratungsstellen – Forschungsergebnisse und Praxiserfahrungen über ein Organisationsmodell der Hilfen für alleinstehende Wohnungslose. Heft 5, S. 4 ff.

1988

62. *Maelicke, B., Birtsch, V.*: Mütter und Kinder in Gefängnissen, Ergebnisse eines Forschungsprojektes zu MutterKind-Einrichtungen im Strafvollzug. ZfStrVo , Heft 6, S. 352 ff.
63. *Maelicke, B.*: Die Innovation der ambulanten und stationären Straffälligenhilfe – Konzeption, Strukturen und Umsetzungsschritte. In: Bundesverband der Straffälligenhilfe (Hrsg.): Gemeinsam den Rückfall verhindern. Bonn-Bad Godesberg. S. 79 ff.
64. *Maelicke, B.*: Staatliche und außerstaatliche Entlassenenhilfe. In: Schwind, H.-D.; Blau, G. (Hrsg.): Strafvollzug in der Praxis, 2. Aufl., Berlin u. a., S. 359 ff.
65. *Maelicke, B.*: Ambulante Alternativen zum Jugendarrest und Jugendstrafvollzug. Weinheim.
66. *Maelicke, B.*; *Ortner, H.*: Alternative Kriminalpolitik. Weinheim.
67. *Maelicke, B.*: Für eine neue und soziale Kriminalpolitik. In: Maelicke, B.; Ortner, H. (Hrsg.): Alternative Kriminalpolitik. Weinheim, S. 62 ff.
68. *Maelicke, B.*: Wie Wasser von Klippe zu Klippe geworfen... Ambulante Alternativen zum Jugendarrest und zum Jugendstrafvollzug. In: 12. Strafverteidigertag. Heidelberg, S. 230 ff.
69. *Maelicke, B.*: Ambulante Alternativen zum Jugendarrest und Jugendstrafvollzug. TuP 2, S. 57 ff.
70. *Maelicke, B.*: 15 Thesen zur Innovation der ambulanten und stationären Straffälligenhilfe. TuP 6, S. 223.
71. *Maelicke, B.*: Alternativen für einen besseren Umgang mit straffälligen Müttern und ihren Kindern. In: Birtsch, V., Rosenkranz, J. (Hrsg.): Mütter und Kinder im Gefängnis. Weinheim, S. 169 ff.
72. *Maelicke, B.*: Der „dritte" Weg. 15 Thesen zur Innovation der ambulanten und stationären Straffälligenhilfe. NK, S. 15 f.

1989

73. *Maelicke, B.*: Ambulant in die Sackgasse? Kriminalpolitik als fortschreitende Irrtumskorrektur. NK 1, S. 36 ff.
74. *Maelicke, B.*: Kriminalpolitik auf dem Prüfstand, Saarland. NK 3, S. 16 ff.
75. *Maelicke, B.*: Ambulante Alternativen zum Jugendarrest und Jugendstrafvollzug im Land Bremen, Bilanz und Perspektiven. In: Senator für Justiz und Verfassung der Freien Hansestadt Bremen (Hrsg).

76 *Maelicke, B., Cornel, H.*: Recht der Resozialisierung, Textausgabe, 1. Aufl., Baden-Baden.

1990

77 *Maelicke, B.*: Totale Übernahme des Modells BRD? NK 2, S. 9 ff.

78 *Maelicke, B.*: Die DVJJ am Scheideweg. NK 1, S. 4 ff.

79. *Maelicke, B., Simmedinger, R.*: Schwimmen gegen den Strom - um der Überzeugung willen, Festschrift für Helga Einsele. Frankfurt.
80. *Burmeister, J., Maelicke, B.*: Neue Kriminalpolitik in Schleswig-Holstein. Kiel, Frankfurt.

1991

81. *Maelicke, B., Ortner, H.*: Thema Kriminalpolitik: Krisenmanagement oder neuer Aufbruch? Baden-Baden.
82. *Maelicke, B.*: Zwischen staatlicher Entsorgung und Wiedervergesellschaftung. In: Maelicke, B.; Ortner, H. (Hrsg.): Thema Kriminalpolitik: Krisenmanagement oder neuer Aufbruch?, S. 60 ff.
83. *Maelicke, B., Cornel, H.*: Recht der Resozialisierung, Textausgabe, 2. Aufl., Baden-Baden.

1992

84. *Maelicke, B.*: Innovation durch Organisation. NK 1, S. 34 ff.
85. *Maelicke, B.*: Gesamtreform ist erforderlich - zur Reform des Jugendstrafrechts NK 3, S. 28 f.
86. *Maelicke, B.*: Reformen notwendig - mit Sicherheit. Socialmanagement 3, S. 27 ff.

1993

87. *Maelicke, B.*: Wo bleibt das Jugendstrafvollzugsgesetz? NK 3, S. 15.
88. *Maelicke, B., Klinger, K.*: Die Reform des Jugend- und Erwachsenenstrafvollzugs in Schleswig-Holstein. ZfStrVo 3, S. 134 ff.
89. *Maelicke, B.*: Umbau statt Ausbau. Socialmanagement 3, S. 30 ff.
90. *Maelicke, B.*: Umbau statt Ausbau - die Reform des Jugend- und Erwachsenenstrafvollzugs in Schleswig-Holstein ZfStrVo, S. 134 ff.

1994

91. *Maelicke, B.*: Umbau statt Ausbau, Phase II. BewHi 3, S. 254 ff.
92. *Cornel, H., Maelicke, B.*: Recht der Resozialisierung, 3. Aufl., Baden-Baden.
93. *Maelicke, B.*: Straffälligenhilfe im Wandel. Bonn-Bad Godesberg.
94. *Maelicke, B., Frommel, M.*: Plädoyer für ein anderes Jugendstrafrecht. NK 3, S. 26 ff.
95. *Frommel, M., Maelicke, B.*: Für ein normverdeutlichendes und liberal-rechtsstaatliches Jugendstrafrecht. NK 6, S. 28 ff.

1995

96. *Cornel, H., Maelicke, B.; Sonnen, B.-R.*: Handbuch der Resozialisierung. Baden-Baden.
97. *Maelicke, B., Reindl, R.*: Kurzstudien und Expertisen zur Fortentwicklung der Straffälligenhilfe. Bonn.
98. *Maelicke, B.*: Neuer Aufbruch in der Kriminalpolitik? NK 2, S. 15 f.
99. *Maelicke, B.*: Grüne Kriminalpolitik. NK 4, S. 32 ff.
100. *Gössner, R., Maelicke, B.*: Erneuerung der Sozialen Dienste der Justiz. In: Mythos Sicherheit. Baden-Baden, S. 503 ff.
101. *Maelicke, B.*: Zwölf Thesen zur Erneuerung der Sozialen Dienste der Justiz. Blätter der Wohlfahrtspflege 3, S. 45 ff.

1996

102. *Maelicke, B.*: Qualitätssicherung als Bestandteil von Reformpolitik im Strafvollzug. Widersprüche 6, S. 107 ff.

1997

103. *Maelicke, B.*: Sparen als Chance? Zur Notwendigkeit von Qualitätsmanagement in der Kriminalpolitik. NK 1, S. 26 ff.

1998

104. *Maelicke, B., Cornel, H.*: Recht der Resozialisierung, Textausgabe, 4. Aufl., Baden-Baden.

1999

105. *Maelicke, B.*: Der Strafvollzug und die Neue Wirklichkeit. ZfStrVo 2, S. 73 ff.

2000

106. *Maelicke, B.*: Kriminalpolitik und Straffälligenhilfe 1989 - 2009 in Schleswig-Holstein. Rundbrief Straffälligenhilfe 25, S. 15 ff.

2001

107. *Maelicke, B.*: Perspektiven des Behandlungsvollzuges in Deutschland. NK 3, S. 19 ff.
108. *Maelicke, B., Flügge, C., Preusker, H.*: Das Gefängnis als lernende Organisation. Baden-Baden.
109. *Maelicke, B.*: Sinkt die Sonne der Resozialisierung? NK 4, S. 11.

2002

110. *Maelicke, B.*: Anmerkungen zur Lage und zu den Perspektiven des Behandlungsvollzuges in Deutschland. ZfStrVo 1, S. 9 ff.
111. *Cornel, H., Maelicke, B.*: Recht der Resozialisierung, 5. Aufl., Baden-Baden.

2003

112. *Cornel, H., Maelicke, B., Kawamura-Reindl, G.*: Handbuch der Resozialisierung, 2. Aufl., Baden-Baden.
113. *Maelicke, B., Flügge, C., Preusker, H.*: Perspektiven und Strategien zur Modernisierung des Strafvollzugs. Baden-Baden.
114. *Maelicke, B.*: Arbeitsmarktpolitik und Straffälligkeit. In: Bremer Institut für Kriminalpolitik (Hrsg.): Quo Vadis III — Innovative Wege zur nachhaltigen Re-Integration straffälliger Menschen, S. 61 ff.
115. *Maelicke, B.:* Erfahrungen aus Schleswig-Holstein zur Zusammenlegung der Sozialen Dienste der Justiz. In: Landesverband Paritätischer Niedersachsen e. V. (Hrsg.): Entwicklung der Sozialen Dienste in der Strafrechtspflege und Vernetzung mit Freien Trägern.
116. *Maelicke, B.*: Überbelegung = Fehlbelegung?! Plädoyer für grundlegende Systemverbesserungen im deutschen Strafvollzug. NK 15, S. 143 ff.

2004

117. *Dünkel, F., Maelicke, B.*: Irren ist (un-)menschlich! 10 Irrtümer einer neo-konservativen Strafvollzugspolitik und ihre Widerlegung – Thesen des Ziethener Kreises. NK 16, S. 131 ff.

2007

118. *Maelicke, B.*: Auf zu neuen Ufern? Konsequenzen aus der Föderalismusreform. FS 1, S. 9 ff.

2008

119. *Maelicke, B.*: Integrierte Resozialisierung als strategische Innovationsaufgabe. FS 1, S. 7 ff.

2009

120. *Maelicke, B.*: Komplexleistung Resozialisierung: im Verbund zum Erfolg. FS 2, S. 60 ff.
121. *Cornel, H., Kawamura-Reindl, G., Maelicke, B., Sonnen, B.-D.*: Resozialisierung: Handbuch, 3. Aufl., Baden-Baden.
122. *Maelicke, B.*: Wie Wasser von Klippe zu Klippe geworfen — Der organisierte Beziehungsabbruch als Systemfehler der Resozialisierung. FS 6, S. 301 ff.

123 *Maelicke, B.*: Komplexleistung Resozialisierung – Im Verbund zum Erfolg. In: Koop, G., Kappenberg, B. (Hrsg.): Wohin fährt der Justizvoll-Zug? Strategien für den Justizvollzug von morgen. Lingen: Kriminalpädagogischer Verlag, S. 142 ff.

2010

124 *Maelicke, B.*: Optimierung der ambulanten und stationären Resozialisierung in Hamburg, DBH-Materialien 65.
125 *Maelicke, B.:* Ambulante Resozialisierung im Umbruch, FS 5, S. 252 ff.
126 *Maelicke, B.*: Vernetzung statt Versäulung, FS 5, S. 286 ff.
127 *Maelicke, B. u. a.*: Optimierung der ambulanten und stationären Resozialisierung in Hamburg. Abschlussbericht der Fachkommission. Hamburg, 8.2.2010.
128 *Preusker, H., Maelicke, B., Flügge, C.*: Das Gefängnis als Risiko-Unternehmen. Baden-Baden.

Sozialmanagement, Sozialwirtschaft

1975

129 *Maelicke, B.*: Die Akademie für Jugendarbeit und Sozialarbeit - Eine Zwischenbilanz. In: Nachrichtendienst des Deutschen Vereins für öffentliche und private Fürsorge (NDV), S. 225 ff.
130 *Maelicke, B.*: Fortbildungswerk für Sozialpädagogen - Stand der Entwicklung. In: NDV, S. 252 ff.
131 *Maelicke, B.*: Zur aktuellen Situation der Fortbildung im sozialen Bereich. In: NDV, S. 309 ff.

1976

132 *Maelicke, B.*: Zur Kontroverse über bundeszentrale Fortbildung im sozialen Bereich. In: NDV, S. 248 ff.
133 *Maelicke, B.*: Die Fortbildung im Vormarsch. Deutsches Allgemeines Sonntagsblatt vom 21.11.1976.

1977

134. *Maelicke, B.*: Praxisforschung und Praxisveränderung als kooperativer Prozess zwischen Praxis, Ausbildung und Fortbildung. In: NDV, S. 233 f.

1978

135. *Maelicke, B.*: Das Institut für Sozialarbeit und Sozialpädagogik. In: Jahrbuch 1978, Handbuch der Arbeiterwohlfahrt. Bonn, S. 90 ff.

1979

136. *Maelicke, B.*: Planung der Jugendhilfe. Archiv für Kommunalwissenschaften, S. 125 ff.

1980

137. *Maelicke, B.*: Ökologie und Obdachlose. TuP, S. 38 ff.
138. *Maelicke, B.*: Diverse Stichworte. In: Deutscher Verein für Öffentliche und Private Fürsorge (Hrsg.): Fachlexikon der sozialen Arbeit, 1. Aufl., Frankfurt

1981

139. *Maelicke, B.*: Fortbildung - Reichweite und Perspektiven - In: Projektgruppe Soziale Berufe (Hrsg): Sozialarbeit: Ausbildung und Qualifikation, Expertisen I. München.

1982

140. *Maelicke, B.*: Praxisforschung; Institutionsberatung und Fortbildung als Ansätze sozialer Innovationen. SozPäd, S. 228 ff.

1983

141. *Maelicke, B.*: Ökonomische Krise und Heimerziehung. Materialien zur Heimerziehung 2.

1984

142. *Maelicke, B.*: Praxisorientierte Entwicklungsarbeit in der Sozialarbeit/Sozialpädagogik. TuP, S. 2 ff.
143. *Maelicke, B.*: Zur Effiziemz in der sozialen Arbeit, TuP , S. 130 ff.
144. *Huster, E.-U., Hottelet, H, Maelicke, B.*: Zukunftsfragen der sozialen Arbeit. Frankfurt.
145. *Maelicke, B*: Entwicklungsarbeit in der sozialen Arbeit. Frankfurt.
146. *Maelicke, B.*: Zur Zukunft der sozialen Arbeit. Sozialmagazin.

1985

147. *Maelicke, B.*: Freie Wohlfahrtspflege zwischen Besitzstandwahrung und Innovation. TuP 10, S. 322 ff.

1986

148. *Maelicke, B.*: Widersprüchliche Zukünfte der sozialen Arbeit oder: Die Verwerflichkeit der klammheimlichen Freude an der segmentierenden Gesellschaft. Blätter der Wohlfahrtspflege 7-8, S. 158 ff.

149 *Maelicke, B.*: Sozialpolitik als Sozialarbeit. Sozialmagazin 9, S. 26 ff.

150 *Maelicke, B.*: Grundströmungen in der Sozialarbeit/Sozialpädagogik: Sozialarbeit/Sozialpädagogik zwischen Professionalisierung und Selbsthilfe. In: Metzler (Hrsg.): Zwischen neuer Armut und Neuen Technologien, Dokumentation des Forums der Gesamthochschule Siegen vom 28.10.-30.10.1986.

151 *Hottelet, H., Maelicke, B.*: Forschungsbedarf in der Sozialarbeit und Sozialpädagogik. Frankfurt.

152 *Holzheuer, J., Maelicke, B.*: Widersprüchliche Zukünfte der sozialen Arbeit, Bericht über die ISS-Zukunftswerkstatt. Frankfurt.

153 *Maelicke, B.*: Diverse Stichworte, In: Deutscher Verein für Öffentliche und Private Fürsorge (Hrsg.): Fachlexikon der sozialen Arbeit, 2. Aufl., Frankfurt.

1987

154 *Maelicke, B.*: Thesen für eine zukunftsorientierte und ganzeinheitliche Sozialpolitik. TuP 2, S. 64 ff.

155 *Maelicke, B.*: Soziale Arbeit als soziale Innovation, Veränderungsbedarf und Innovationsstrategien. Weinheim.

156 *Maelicke, B.*: Soziale Arbeit als soziale Innovation. In: NDV, S. 181 ff.

157 *Maelicke, B.*: Der Weg ist wichtiger als das Ziel. Sozialmagazin 9, S. 18 ff.

1988

158. *Maelicke, B.*: Nachwuchsprobleme in sozialen Diensten. Blätter der Wohlfahrtspflege 6, S. 139 ff.

1989

159. *Maelicke, B.*: Die gesellschaftliche Organisation sozialer Arbeit, Thesen für den Weg zu mehr Markt- und Kundennähe in der sozialen Arbeit. Blätter der Wohlfahrtspflege 1, S. 3 ff.

160. *Maelicke, B.*: Management in sozialen Organisationen, Ganzheitliche uns sozialökologische Organisationsentwicklung für Non-Profit-Unternehmen. Blätter der Wohlfahrtspflege 3, S. 67 ff.

16 . *Maelicke, B.*: Standortbestimmung und Fortentwicklung der freien Wohlfahrtspflege – Problemskizze. TuP 6, S. 216 ff.

162. *Maelicke, B.*: Ganzheitliche und sozialökologische Organisations-entwicklung. BFS-Informationen 3/4/5/7,

1990

163. *Maelicke, B.*: Neues Denken in der Erziehungshilfe. In: NDV 3, S. 80 ff.

164. *Maelicke, B.*: Organisationsentwicklung im sozialen Bereich. Frankfurt.

165. *Reinbold, B., Maelicke, B.*: Ganzheitliche und sozialökologische Organisationsentwicklung für NonProfit-Organisationen. BFS-Broschüre. Köln.

1991

166. *Maelicke, B.*: Ganzheitlichkeit und neues Denken, Socialmanagement 1, S. 25 ff.
167. *Maelicke, B.*: Funktionale Dilettanten. Socialmanagement 2, S. 64 ff.

1992

168. *Reinbold, B., Maelicke*, B.: Sozialmanagement und Organisationsentwicklung für Non-Profit-Organisationen. In: Flösser, G., Otto, H.-U. (Hrsg.): Sozialmanagement oder Management des Sozialen? Bielefeld.

1993

169. *Maelicke, B.*: Vorsicht. Berater! Socialmanagement 3, S. 65.
170. *Maelicke, B.*: Beratung und Entwicklung sozialer Organisationen. Baden-Baden.
171. *Maelicke, B.*: Management sozialer Organisationen. In: Wolf, M. (Hrsg.): Das Management Handbuch. München, S. 352 ff.
172. *Maelicke, B.*: Diverse Stichworte, In: Deutscher Verein für Öffentliche und Private Fürsorge (Hrsg.): Fachlexikon der sozialen Arbeit, 3. Aufl., Frankfurt.

1994

173. *Maelicke, B.*: Laienspieler. Socialmanagement 6, S. 41.

1996

174. *Maelicke, B.*: Qualitätsmanagement in sozialen Betrieben und Unternehmen. Baden-Baden.

1997

175. *Maelicke, B.*: Sparen als Chance? Zur Notwendigkeit von Qualitätsmanagement in der Kriminalpolitik. NK 1, S. 26 ff.
176. *Maelicke, B.*: Diverse Stichworte, In: Deutscher Verein für Öffentliche und Private Fürsorge (Hrsg.): Fachlexikon der sozialen Arbeit, 4. Aufl., Frankfurt.
177. *Maelicke, B.*: Qualität und Kosten sozialer Dienstleistungen. Baden-Baden

1998

178. *Maelicke, B.*: Handbuch Sozialmanagement 2000. Baden-Baden.
179. *Maelicke, B.*: Freie Wohlfahrtspflege im Übergang zum 21. Jahrhundert. Baden-Baden.
180 *Arnold, U., Maelicke, B.*: Lehrbuch der Sozialwirtschaft, 1.Aufl., Baden-Baden.

2000

181 *Maelicke, B.*: Veränderungsmanagement in der Sozialwirtschaft. Baden-Baden.

2001

182 *Müller, U., Maelicke, B.*: Gender Mainstreaming – Konsequent gleich. Socialmanagement 5, S. 8 ff.
183 *Maelicke, B.*: Der Entwicklungshelfer – Harald Hottetet zum 70. Geburtstag. Socialmanagement 5, S. 5 ff.
184 *Maelicke, B.*: Expertise zur Entwicklung eines Master-Weiterbildungsstudiengangs „Management in der Sozialwirtschaft". Lüneburg.

2002

185. *Maelicke, B.*: Strategische Unternehmensentwicklung in der Sozialwirtschaft. Baden-Baden.
186. *Maelicke, B.*: Neue Chancen für das Management. Sozialwirtschaft-Aktuell 8, S. 1 ff.
187. *Maelicke, B.*: Diverse Stichworte, In: Deutscher Verein für Öffentliche und Private Fürsorge (Hrsg.): Fachlexikon der sozialen Arbeit, 5. Aufl., Frankfurt.

2003

188. *Maelicke, B.*: Wer Leistung fordert, muss Sinn bieten. Sozialwirtschaft aktuell 12.
189. *Arnold, U., Maelicke, B.*: Lehrbuch der Sozialwirtschaft, 2.Aufl., Baden-Baden.

2004

190. *Maelicke, B.*: Personal als Erfolgsfaktor in der Sozialwirtschaft. Baden-Baden.
191. *Maelicke, B.*: Advanced Leadership in der Sozialwirtschaft. Baden-Baden.
192. *Maelicke, B.*: Führung und Zusammenarbeit. Baden-Baden.
193. *Maelicke, B.*: Wertschöpfung durch Wertschätzung, Gespräch mit Bernd Maelicke. Sozialwirtschaft 2, S. 11 ff.
194. *Maelicke, B.*: Hauptamtliche sind am Problem dichter dran, Bernd Maelicke im Gespräch mit Günter Famulla. Sozialwirtschaft 6, S. 13 ff.

195. *Maelicke, B.*: Zu kurz gesprungen. Sozialwirtschaft aktuell 5, S. 1.
196. *Maelicke, B.*: 4. Kongress der Sozialwirtschaft, Finanzierung im Umbruch. Sozialwirtschaft aktuell 4, S. 4.

2005

197. *Maelicke, B.*: Innovation und Management in der Sozialwirtschaft. Neuwied.
198. *Maelicke, B.*: Projektmanagement in der Sozialwirtschaft. Neuwied.
199. *Maelicke, B.*: Zur Renaissance des Projektmanagements in der Sozialwirtschaft. Sozialwirtschaft 1, S. 12 f.

2006

200. *Maelicke, B.*: Finanzierung in der Sozialwirtschaft. Baden-Baden.

2007

201. *Maelicke, B.*: Entscheidend ist das richtige Verhältnis von Plan und Improvisation, Bernd Maelicke im Gespräch mit Uni-Präsident Sascha Spoun, Leuphana-Universität Lüneburg, Sozialwirtschaft 5, S. 10 f.
202. *Maelicke, B.*: Diverse Stichworte, In: Deutscher Verein für Öffentliche und Private Fürsorge (Hrsg.): Fachlexikon der sozialen Arbeit, 6. Aufl., Frankfurt.
203. *Maelicke, B.:* Angebotsstrukturen der Zukunft – das Heim als Servicecentrum, in: Altenheim 3/2007, S. 52 ff.

2008

204. *Maelicke, B.*: Lexikon der Sozialwirtschaft. Baden-Baden.
205. *Maelicke, B.:* Diverse Beiträge. In: Maelicke, B. (Hrsg.): Lexikon der Sozialwirtschaft. Baden-Baden.

2009

206. *Arnold, U., Maelicke, B.*: Lehrbuch der Sozialwirtschaft. 3.Aufl., Baden-Baden.
207. *Maelicke, B.*: Älter werden und schöner Wohnen, Seniorenwirtschaft, 2/2009, S. 51 ff.
208. *Maelicke, B.*: Tauben füttern oder produktiv weiterarbeiten ?, Seniorenwirtschaft, 3 / 2009, S. 121 ff.
209. *Maelicke, B.*: Vorbild sein, Entscheidungen treffen, Wege des Ausgleichs finden, Sozialwirtschaft aktuell, 14 / 2009, S. 1 ff.

2011

210. *Maelicke, B.*: Integriertes Service-Center im Stadtteil, in: Jahrbuch 2011, Netzwerkentwicklung in der Seniorenpolitik, Kiel.

Autoren

Prof. Dr. Frank Arloth, Studium der Rechtswissenschaft an der Universität Augsburg. Promotion zum Dr. jur. 1986, seit 2000 Honorarprofessor für Strafrecht, ab 1986 Staatsanwalt, Richter am Landgericht, Richter am Oberlandesgericht, Ministerialrat, von 1.11. 2006 bis 31.12. 2008 Präsident des Landgerichts Augsburg, seit 1.1. 2009 Leiter der Abteilung Justizvollzug im Bayerischen Staatsministerium der Justiz und für Verbraucherschutz (Ministerialdirigent); Verfasser eines Kommentar zum StVollzG (3. Aufl. 2011).

Dr. Vera Birtsch, Dipl.-Psychologin, lebt und arbeitet in Hamburg, Leiterin der Leitstelle, Integration und Zivilgesellschaft' in der Behörde für Soziales, Familie, Gesundheit und Verbraucherschutz, 1977 wissenschaftliche Mitarbeiterin am Institut für Sozialarbeit und Sozialpädagogik, Frankfurt/M., seit 1992 Tätigkeit bei der Freien und Hansestadt Hamburg als Geschäftsführerin des Landesbetriebs Erziehung und Berufsbildung, Leiterin des Amtes für Jugend, Aufbau und Leitung des ‚Hamburger Büros für Familien-, Jugend- und Sozialpolitik' und der Leitstelle Integration und Zivilgesellschaft.

Prof. Dr. Heinz Cornel, Professor für Jugendrecht, Strafrecht und Kriminologie an der Alice Salomon Hochschule Berlin und war dort bis zum Frühjahr dieses Jahres Prorektor; Jurist, Diplompädagoge und Kriminologe und Präsident des ‚DBH- Fachverbandes für Soziale Arbeit, Strafrecht und Kriminalpolitik' sowie Mitglied des Geschäftsführenden Ausschusses der ‚Deutschen Vereinigung für Jugendgerichte und Jugendgerichtshilfen Berlin', Mitherausgeber der Fachzeitschrift ‚Neue Kriminalpolitik', und gemeinsam mit Bernd Maelicke Herausgeber des ‚Handbuches der Resozialisierung' (3. Auflage) und des ‚Rechts der Resozialisierung' (bisher in 5 Auflagen). Gemeinsam mit Frieder Dünkel und Bernd Maelicke ist er Gründungsmitglied des Ziethener Kreises.

Edelgard Deuschl-Jendrejewski, Diplom-Psychologin, Psychologische Psychotherapeutin. Studium in München, Zusatzausbildungen in tiefenpsychologisch fundierter Psychotherapie und in Katathym imaginativer Psychotherapie. Niedergelassen in eigener Praxis. Spezialqualifikationen: Freundin der Familie Maelicke, Badischer Kartoffelsalat, Borschtsch, Ungarisches Gulasch; wäscht dem Jubilar gelegentlich den Kopf.

Prof. Dr. Günther Deuschl, Direktor der Klinik für Neurologie, Universitätsklinikum Schleswig-Holstein, Campus Kiel; Christian-Albrechts-Universität Kiel. Studium und Ausbildung in München, Freiburg und Bethesda/USA. Habilitation 1988 in Freiburg. Klinische und wissenschaftliche Schwerpunkte: Bewegungsstörungen Morbus Parkinson und Tremor, tiefe Hirnstimulation, Diagnostik und Therapie der Demenzen. Wissenschaftliche Arbeiten: http://www.researcherid.com/rid/A-7986-2010. Spezialqualifikationen: Freund der Familie Maelicke, Genießer aller gemeinsamen Freizeitaktivitäten.

Prof. Dr. Frieder Dünkel, seit Mai 1992 Universitätsprofessor an der Rechts- und Staatswissenschaftlichen Fakultät in Greifswald, 1995-97 Prodekan und Dekan der Rechts- und Staatswissenschaftlichen Fakultät, Mitglied des Fakultätsrats, Senats und Konzils und seit 1994 Auslandsbeauftragter und Koordinator für Erasmus-/Sokrates-Projekte. Seit 1.10.2010 Prorektor der Universität Greifswald (Geschäftsbereich Internationales und Forschung). Er hält im Rahmen von Gastprofessuren regelmäßig in Frankreich, England, der Schweiz und Russland Vorlesungen. Frieder Dünkel studierte Rechtswissenschaften an der Universität Heidelberg und Freiburg. Er war wissenschaftlicher Mitarbeiter am Max-Planck-Institut für ausländisches und internationales Strafrecht in der Forschungsgruppe Kriminologie bei Prof. Dr. Günther Kaiser. 1979 promovierte er an der Universität Freiburg mit „summa cum laude" und habilitierte 1989 an selbiger Universität. Seine Forschungsschwerpunkte liegen im Bereich des Strafvollzugs, der ambulanten Sanktionen bzw. Alternativen zur Freiheitsstrafe (jeweils in international vergleichender Sicht), der Jugendkriminalität, Kriminalprävention, des Sanktionenrechts allgemein, etc. (34 Bücher und ca. 450 Zeitschriftenbeiträge und Buchartikel).

Dr. Josef Faltermeier, Vertretungsprofessor an der Hochschule RheinMain Wiesbaden, FB Sozialwesen; Studium an der Evangelischen Fachhochschule Freiburg i. Br., anschließend Sozialarbeiter in der Jugendarbeit. 1980 Abschluss Universitätsstudium Dipl. Päd. 2000 Promotion zum Dr. phil., von 1975 – 2009 als wissenschaftlicher Referent, stellvertr. Leiter der Abt. Fort- und Weiterbildung und zuletzt als Leiter des AF „Kindheit, Jugend, Familie, Gleichstellung" beim Deutschen Verein, Frankfurt/Berlin, seit Oktober 2009 im Rahmen einer Beurlaubung Vertretungsprofessor für „Geschichte, Methoden und Konzepte der Sozialen Arbeit".

Christoph Flügge, 1967 – 1973 Studium der Rechtswissenschaften in Berlin und Bonn; 1969 – 1971 Mitarbeiter eines Bundestagsabgeordneten; 1976 2. Juristisches Staatsexamen; 1977 – 1978 Staatsanwalt in Berlin; 1978 – 1983 Referent und Referatsleiter in der Justizvollzugsabteilung der Senatsverwaltung für Justiz in Berlin; 1983 – 1989 Strafrichter am Landgericht Berlin und am Amtsgericht Tiergarten; 1989 – 2001 Leiter der Justizvollzugsabteilung der Senatsverwaltung für Justiz Berlin; 2001 – 2007 Justizstaatssekretär in Berlin; seit 2008 Richter am Internationalen Strafgerichtshof der Vereinten Nationen für das frühere Jugoslawien Den Haag; seit 1996 Expertentätigkeit für den Europarat und für die Deutsche Stiftung für Internationale Rechtliche Zusammenarbeit für Justiz- und Vollzugsreformen u.a. in Estland, Russland und der Ukraine.

Daniela Friederich, nach dem Abitur Ausbildung zur Rundfunk-Journalistin, freiberufliche Moderatorin bei Radio NORA (Kiel), anschließend Studium der Sozialpädagogik (FH Kiel), Wissenschaftliche Mitarbeiterin beim Deutschen Institut für Sozialwirtschaft (DISW, Kiel / Lüneburg), seit 2007 tätig im Ministerium für Arbeit, Soziales und Gesundheit des Landes Schleswig-Holstein, Referat Seniorenpolitik und Bürgergesellschaft, seit 2010: Geschäftsführerin Norddeutsches Zentrum zur Weiterentwicklung der Pflege (NDZ) mit Sitz im Sozialministerium Kiel.

Prof. Agnès Fritze, Lic. phil., Dipl. Sozialarbeiterin. Professorin und Leiterin des Instituts Beratung, Coaching und Sozialmanagement an der Hochschule für Soziale Arbeit Fachhochschule Nordwestschweiz, Olten. Schwerpunkte in Lehre, Beratungs- und Entwicklungsprojekten: Sozialmanagement, Social Impact Modell. Mitglied der Fachkommission Sozialmanagement der Schweizerischen Gesellschaft für Soziale Arbeit SGSA und des erweiterten Vorstands der Internationalen Arbeitsgemeinschaft Sozialmanagement/Sozialwirtschaft INAS. agnes.fritze@fhnw.ch.

Wolfgang Gottschalk, Verwaltungsjurist, Manager für internationale Projekte, Arbeits-schwerpunkte: Kriminalpolitik, Kriminologie, Strafvollzug, Soziale Dienste der Justiz, freie Straffälligenhilfe, soziale Strafrechtspflege im Jugendbereich, Restorative Justice, Beratung und Training f. Devianzmanagement, Sozialmanagement, Projekt- und Netzwerkentwicklung
Weitere Tätigkeiten: Projektkoordinator und –leiter in osteuropäischen Projekten (Schwerpunkt Russische Föderation) des Europarats und der EU, Koordinator für „Restorative Justice“. Frühere Tätigkeiten: Referent für Gesetzgebung der sozialen Dienste der Justiz im schleswig-holsteinischen Justizministerium, Vollzugsleiter für Erwachsene und Jugendliche (U-Haft, geschl. und offener Vollzug) Bildungsstättenleiter, Geschäftsführer in der freien Straffälligenhilfe, Lehrbeauftrager für Sozialhilferecht und Jugendstrafrecht an der FH Kiel, Trainer für Sozialmanagement an der Diakonischen Akademie Stuttgart und für das Justizministerium Schleswig-Holstein, Resident Twinning Adviser in Rumänien. Ausbildung: 2. jur. Staatsexamen, Trainerlizenz für Sozialmanagement der Diak. Akademie Stuttgart

Dr Rainer Holtschneider, Studium der Rechtswiss. in Münster, Marburg und München, 1972 und 1975 1. und 2. Staatsexamen. 1975 – 1980 Bundeskartellamt Berlin, 1978 dort Heirat mit Monika H., 1980 – 1991 Dozent an der FH des Bundes für öffentl. Verwaltung Köln (jetzt Brühl), 1987 Professor, 1990/91 Promotion an der Universität Bremen. 1991 – 93 Assistent bei der SPD- Bundestagsfraktion in Bonn für die „Gemeinsame Verfassungskommission von Bundestag und Bundesrat“ (bei Hans-Jochen Vogel), 1993 – 98 AbtL im Innenministerium Kiel (Min. H.P.Bull und Ek. Wienholtz), 1998 – 2002 Staatssekretär im Innenministerium des Landes Sachsen-Anhalt in Magdeburg (Min. Manfred Püchel), 2003 – 2007 Berater der SPD-Bundestagsfraktion in Berlin für die Föderalismusreform I (insbes. für Fraktions- und Kommissionsvors. Franz Müntefering).

Gerd Koop, Kommunalverwaltungsausbildung, Sozialarbeiter (grad.), Diplom Pädagoge, Managementtrainer und Unternehmensberater, seit 1976 Mitarbeiter des nds. Justizvollzuges, seit 1991 Leiter der Justizvollzugsanstalt Oldenburg, Vorsitzender des Präventionsrates Oldenburg, Mitglied im Vorstand der Vereinigung der Anstaltsleiter in Niedersachsen, Mitherausgeber der Fachzeitschrift und der Schriftenreihe Kriminalpädagogische Praxis, Mitglied in der Redaktion Forum Strafvollzug.

Sr. Edith Therese Krug, Ordensgemeinschaft Communität Casteller Ring, Schwanberg.

Prof. Dr. Klaus Letzgus, Studium der Rechtswissenschaft an den Universitäten Tübingen, Kiel, Berlin und Freiburg, 1963 1. und 1968 2.juristische Staatsprüfung; seit 1964 Assistent am Freiburger Max-Planck-Institut für ausländisches und internationales Strafrecht, dort Promotion bei Prof. Dr. Hans-Heinrich Jescheck. Dreijährige Tätigkeit in einer Stabsstelle der Daimler-Benz AG in Stuttgart, anschließend bis 1991 tätig beim Verlag C.H.Beck in München als Cheflektor, Prokurist und Mitglied der Geschäftsleitung; ab Anfang 1992 Staatssekretär zunächst im Ministerium für Justiz, Bundes- und Europaangelegenheiten u. ab 1994 im Innenministerium des Landes Mecklenburg-Vorpommern, 1994 zugleich Bevollmächtigter des Landes in Bonn. Nach Versetzung in den einstweiligen Ruhestand wieder Niederlassung als Rechtsanwalt in München und vornehmlich als Strafverteidiger tätig, daneben auch als Berater des Verlages C.H.Beck im In-und Ausland sowie mehrere Jahre als Generalbevollmächtigter beim Nomos Verlag in Baden-Baden. Seit 1975 Wahrnehmung eines Lehrauftrags für strafrechtliche Veranstaltungen an den Universitäten München und Rostock, 1995 Ernennung zum Honorarprofessor; 12 Jahre Dozent für Arbeitsrecht an der Universität der Bundeswehr in München, 10 Jahre Mitwirkung bei der Ausbildung der Fachanwälte für Strafrecht beim Deutschen Anwaltsinstitut; von 1973 bis 2008, seit 1997 als Vorsitzender, Prüfer in der 1. und 2. juristischen Staatsprüfung im Zivil- und Strafrecht in Freiburg, Stuttgart, München und Rostock; Begründer und Mitherausgeber der Neuen Zeitschrift für Strafrecht (NStZ) sowie Autor vornehmlich strafrechtlicher Publikationen in Zeitschriften, Sammelwerken, Festschriften und Kommentaren.

Dr. Holle Eva Löhr, Leitende Oberstaatsanwältin i.R.; von 1972 – 1977 wissenschaftliche Assistentin am Lehrstuhl für Strafrecht und Rechtsphilosophie der Universität Hamburg; von 1977 – 1986 Lehraufträge an der Universität Hamburg; von 1979 – 1990 Tätigkeit im Justizdienst des Landes Hamburg als Staatsanwältin, Richterin in einer Strafvollstreckungskammer und Leiterin der Gnadenabteilung der Justizbehörde; von 1990 – 2006 Leitende Oberstaatsanwältin in Itzehoe. Mitarbeit in verschiedenen Fachgremien und Kommissionen zum Jugendstrafrecht, zur Straffälligenhilfe und Kriminalprävention.

Dr. Ursula G. T. Müller promovierte in Mathematik und ging als assistant professor für fünf Jahre an die Pennsylvania State University in die USA. Dort war sie in einer sozialistischen Hochschulgruppe aktiv, kam darüber in die Frauenbewegung, ging zurück nach Deutschland und studierte Soziologie. In Gießen arbeitet im autonomen Frauenhaus, wurde Mitarbeiterin im Zentrum für Psychosomatische Medizin und war danach zehn Jahre Kommunale Frauenbeauftragte in Hannover. Nach Kiel kam sie 1996 als Staatssekretärin im Ministerium für Frauen, Jugend, Wohnungs- und Städtebau unter Angelika Birk als Ministerin. Ende 1998 schied sie aus dem Dienst aus und ist seither in verschiedenen politischen Gruppen aktiv, zur Zeit bei attac und der Kieler Transition Town Gruppe „Kiel im Wandel“.

Helmut Ortner, gelernter Schriftsetzer, Journalist und Chefredakteur, lebt als selbständiger Medienentwickler und Blattmacher in Frankfurt am Main. Er hat über 100 nationale und internationale Zeitschriften und Zeitungen entwickelt und relauncht, zuletzt u.a. die Magazine *Cicero* und das Nachrichtenmagazin *Focus*. (www.ortner-concept.de). Daneben hat er eine Vielzahl justizkritischer und sozialhistorischer Bücher geschrieben, u.a. die Freisler-Biographie DER HINRICHTER, die Lebensgeschichte des Hitler Attentäters Georg Elser DER EINSAME ATTENTÄTER sowie FREMDE FEINDE, Der Justizfall Sacco & Vanzetti. Seine Bücher sind in mehr als 12 Sprachen übersetzt.

Gerhard Pfannendörfer, Chefredakteur der Zeitschriften Blätter der Wohlfahrtspflege, SOZIALwirtschaft und SOZIALwirtschaft aktuell. Als Mitglied der Arbeitsgruppe und Unterversorgung im Frankfurter Institut für Sozialarbeit und Sozialpädagogik (ISS) lernte er in den 1980er Jahren dessen damaligen Direktor Dr. Bernd Maelicke kennen, mit dem ihm seither eine freundschaftliche Arbeitsbeziehung verbindet, die durch den Umstand, dass beide aus Baden stammen, zusätzlich gefestigt wird. Internet http://www.gerhard-pfannendoerfer.de.

Dr. Stefan Siemer, Arbeitsschwerpunkte: NGO-/NPO-Beratung, Seniorenwirtschaft, Seniorenpolitik, Inklusionsforschung und -beratung, Innovations-Forschung, Nachhaltigkeit und Corporate Social Responsibility, Marken- und Kommunikations-Strategien, systemische Beratung. Weitere Tätigkeiten: Chef der Ambulanz für neue Kommunikation (Lüneburg/Wien).
Lehrbeauftragter / Dozent an mehreren Hochschulen. Research Associate am Forschungsinstitut für Nonprofit Management der Wirtschaftsuniversität Wien. Mitglied der Account Planning Group Deutschland. Ausbildung: M.A. der Angewandten Kulturwissenschaften, Leuphana Universität Lüneburg. 1. Staatsexamen Lehramt, Leuphana Universität Lüneburg. Promotion zum Dr.phil. an der Leuphana Universität Lüneburg, Stipendiat der Deutschen Bundesstiftung Umwelt. Marie-Curie-Fellow am Institut für interdisziplinäre Nonprofit Forschung an der Wirtschaftsuniversität Wien.

Prof. Wolfhart Christoph Sommerlad, Studium der Wirtschafts- und Sozialwissenschaften (Diplom), der Politischen Wissenschaft/ Öffentliches Recht und der Geschichte an der J. W. Goethe-Universität Frankfurt am Main und der TU Darmstadt. Assessor d. L. und Studienrat an beruflichen und allgemeinbildenden Schulen (Gymnasiale Oberstufe).Von 1972-2002 Professor am Fachbereich Sozialpädagogik der Fachhochschule Frankfurt a. M.(University of Applied Sciences). Vorlesungen und Seminare in Politik, politischer Bildung,Sozialgeschichte, Theorie und Praxis der Arbeit mit Straffälligen und Strafentlassenen (Resozialisierung). Betreuung des Ausbildungsschwerpunktes "Geschlossene Institutionen" für Berufspraktikanten im Anerkennungsjahr. Forschungsarbeiten zur Hochschuldidaktik von Studienund Praxispro-

grammen für die Resozialisierung von Straftätern. Mehrjährige Tätigkeit als ehrenamtlicher Mitarbeiter im Strafvollzug und in der Straffälligenhilfe.
Seit 1999 Lehrbeauftragter an der Universität des 3. Lebensalters an der J. W. Goethe-Universität Frankfurt a. M. für Gesellschaftswissenschaften und Politologie. Verheiratet mit der Kunsttherapeutin Brigitte Sommerlad. Wir leben in Maintal/Hessen Unser Sohn Felix Sommerlad arbeitet als Dipl.-Ing/Architekt in Berlin.

Sr. Ulrike Soegtrop, Benediktinerinnenabtei St. Scholastika, Burg Dinklage.

Prof. Dr. Andreas Strunk, Dipl. Ing. Planerstudium an der Universität Stuttgart. Ausbildung zum Supervisor (Akademie für Jugendfragen, Münster) und zum Lösungsorientierten Berater (PH Heidelberg). Dissertation "Planung und Management im System sozialer Hilfen" (Universität Bremen). Umfangreiche Führungs- und Managementerfahrung in den Bereichen Soziale Arbeit, Jugendhilfe und Wohnungswirtschaft. Bremer Förderpreis für Jugendarbeit.
Prof. Dr. Strunk vertrat an der Hochschule für Sozialwesen in Esslingen bis zum Ruhestand die Fächer Sozialpädagogik und Organisationswissen. Herausgebertätigkeit für den Nomos-Verlag Baden-Baden im Bereich Sozialwirtschaft. Zurzeit: Aufsichtsrat in der Wohnungswirtschaft, Vorstandsvorsitz eines Jugendhilfeträgers, Übernahme von Coaching- und Organisationsentwicklungs-Aufträgen für öffentliche und private Träger.

Dr. Andreas Tietze ist Dipl. Sozialpädagoge und Absolvent des ersten postgradualen Studiengangs MBA „Management in der Sozialwirtschaft“ an der Leuphana Universität Lüneburg, den er 2006 mit einem MBA (Master of Business Administration) erfolgreich abschloss. Er arbeitete als wissenschaftlicher Mitarbeiter beim Deutschen Verein für öffentliche und private Fürsorge e. V. in Berlin, als Lehrbeauftragter an der Leuphana Universität Lüneburg und als Geschäftsführer des Deutschen Instituts für Sozialwirtschaft e.V. und wurde 2010 an der Leuphana Universität mit der Dissertation: *„Management der Achtsamkeit – Ethische Kompetenz von Führungskräften in der Sozialwirtschaft“* (Doktorvater war Bernd Maelicke) zum Dr. phil. promoviert. Derzeit ist er Mitglied des schleswig-holsteinischen Landtages.

Prof. Beat Uebelhart, Master of Public Administration, Senior Consultant, Coach. Dozent und Consultant am Institut Beratung, Coaching und Sozialmanagement an der Hochschule für Soziale Arbeit, Fachhochschule Nordwestschweiz, Olten / Schweiz; Professur mit Schwerpunkt Sozialmanagement/Social Impact Management, Social Business Plan, Steuerungskonzepte, Leitungsmodelle und Wirkungsevaluationen. Er ist zudem selbständiger Coach und Organisationsberater für Organisationen im Nonprofit- und Publicbereich.

Prof. Dr. Armin Wöhrle (Sozialpädagoge, Sozialwissenschaftler) mit Lehrstuhl Sozialmanagement an der Hochschule Mittweida beschäftigt sich im Schwerpunkt mit Sozialmanagementkonzepten und Organisationsentwicklung. Er berät Organisationen der Sozialwirtschaft. Er ist Mitglied in verschiedenen Fachgremien, u.a. im Fachbeirat der SOZIALwirtschaft und im erweiterten Vorstand der Internationalen Arbeitsgemeinschaft Sozialmanagement/ Sozialwirtschaft (INAS); e-mail: woehrle@hs-mittweida.de.

Prof. Dr. Peter Zängl, Dipl. Verwaltungswirt, Dipl. Soz. Wiss. Professur mit dem Schwerpunkt Sozialmanagement an der Hochschule für Soziale Arbeit, Fachhochschule Nordwestschweiz, Institut für Beratung, Coaching und Sozialmanagement; Forschungsgebiete: Sozialmanagement, Soziale Gerontologie, Freiwilligenmanagement.